本书为2019年湖南高校教改项目“基于微信公众平台的《公文写作》教学模式创新研究”成果

公文写作理论与实践

谷文彬　主编

湘潭大学出版社

图书在版编目（CIP）数据

公文写作理论与实践 / 谷文彬主编. -- 湘潭 : 湘潭大学出版社, 2022.9
ISBN 978-7-5687-0805-0

Ⅰ. ①公… Ⅱ. ①谷… Ⅲ. ①公文—写作 Ⅳ. ①C931.46

中国版本图书馆CIP数据核字（2022）第108694号

公文写作理论与实践

GONGWEN XIEZUO LILUN YU SHIJIAN

谷文彬 主编

责任编辑：王利剑
封面设计：秦凡森
出版发行：湘潭大学出版社
社　　址：湖南省湘潭大学工程训练大楼
电　　话：0731-58298960 0731-58298966（传真）
邮　　编：411105
网　　址：http://press.xtu.edu.cn/
印　　刷：长沙印通印刷有限公司
经　　销：湖南省新华书店
开　　本：787 mm×1092 mm 1/16
印　　张：14.25
字　　数：280千字
版　　次：2022年9月第1版
印　　次：2022年9月第1次印刷
书　　号：ISBN 978-7-5687-0805-0
定　　价：68.00元

前　言

作为各类机关单位、企事业单位、社会团体等在处理公务活动中使用的一种具有特定效能和用途的文书，公文的重要地位不言而喻。对于即将或者已经迈入社会的我们而言，公文写作无疑具有很强的实用价值，它已成为对行政单位及企事业管理人员的最基本要求，成为各类管理人才成长的“催化剂”，决定着我们未来发展的潜力和前景。但公文写作并不意味着只需简单地“套用模板”即可，其背后同样需要有缜密的逻辑思维、高超的语言表达技巧。鉴于此，编者结合学习贯彻《党政机关公文处理工作条例》，总结长期从事公文写作教学的心得体会，根据当前工作实际需要，编写了这本《公文写作理论与实践》。旨在通过丰富的知识要点、直观的概述信息、具有典范性的公文鉴赏来介绍公文写作原理与实践方法。较之同类教材，本书有以下特点：

第一，比较全面、系统地介绍了公文写作原理与实践方法。全书分为上、下两编，由公文写作基本理论知识和常用公文文种写作要点构成，共 14 章。内容包括公文写作的基础知识概述、公文写作的基本格式与行文规则、公文写作的语言要求与结构模式、法规性公文写作要领、指示性公文写作要领、领导讲话稿、工作总结的撰写等。

第二，注重理论与实践相结合，构建了“以公文写作基础知识为主线、理论分析为关键、实践训练为核心”的内容新体系。我们将通过情景模拟、范文赏析和写作训练等方式，以事入文，以文说事，在实践中把握公文写作的方法和技巧。

第三，追求与时俱进、知识性和趣味性相结合。本书积极吸纳学术界最新公文理论研究成果，不仅观点和内容新，就连范文都尽可能保证新颖，选用近五年内的范文，这些范文紧贴当前公文写作实际，涉及中央机关到地方机关、企事业单位，颇具代表性。书中对一些重点例文还作了简要分析评介。另外，本书还通过“延伸阅读”这一板块，介绍一些充满趣味性或实用性的小故事、小技巧，既可以激发读者的学习兴趣，又可以加深其对所学理论知识的理解。

总之，本书力求将知识要点与实际应用紧密结合，引领大家叩开公文写作之门，探寻公文写作之幽，帮助大家较快掌握公文写作技巧，从而为未来的职业规划提前做好准备——今天养成的公文写作能力，就是明天实际的工作能力。

编　者

2022 年 9 月 1 日

目　录

上编　公文写作基本理论知识

下编　常用公文文种写作要点

上　编

公文写作基本理论知识

第一章　正确认识公文写作

第一节　由汪曾祺写公文谈起

“如何认识公文写作?”在正式探讨这个问题之前，我们先来看一则名人轶事。1982 年 7 月的某一天，著名作家汪曾祺不慎将工作证遗失。没有工作证大家可以想象，那肯定是不方便，万般无奈之下，他只好写一份申请，申请补办工作证。那么汪曾祺先生是怎么写的呢？我们一起来看看：

报　告

请准予补发工作证。

我的工作证记得是放在家里，但最近翻箱倒栊，一直找不到。我因急用(有一笔较多的稿费待取)，需要工作证，特请予补发。

我生性马虎，常将证件之类的东西乱塞，今后当引以为戒。

汪曾祺

一九八二年七月二十八日

这份报告，短短的几行字，使用了不少形象化的文学语言，如“翻箱倒栊”“生性马虎”“东西乱塞”等。括号内还有一处“有一笔较多的稿费待取”的补述，所以有人评价“有趣”。但如果我们要从公文写作的角度来说，则这份文稿差强人意。因为公文的一个最基本的要求是简洁准确，不能有半句废话。而这些要素，在这份公文中，似乎一点儿也见不到。我们初步分析，至少有三个明显错误。一是文种混用。证件丢了，申请补发，显然是申请，而不应是报告。二是不符合“申请”文种规范。开头漏写“主送单位”，如“人事科”之类。三是语言不符合公文要求。公文要求陈述性的语言，而该文通篇是描述性和形象化的语言。那如果我们代汪老先生拟一份规范的申请，应该怎样写呢？

示范

申　请

人事科：

本人不慎将工作证遗失，因需急用，特申请予以补发，恳请帮助解决。

此致

敬礼！

申请人：汪曾祺

一九八二年七月二十八日

这则轶事恰好也从一个侧面说明了公文写作与文学写作是不同的，究竟有哪些不同呢？以下大致归纳为三个方面：

（一）两者的写作思维不同

文学作品主要靠形象思维。文学语言追求形象实感和艺术美感，具有鲜明的形象性及艺术感染力。公文则以逻辑思维为主，进行构思和写作，着重于对事物进行系统的分析与论述。通过综合、归纳、分析与判断形成条分缕析的书面语言。公文是为了现实的特定工作，或为了完成特定的现实任务而制作发布的。具有很强的政治性、政策性，以及法定的权威性、体式的规范性、特定的效用性。

（二）两者的文体类型不同

文学作品允许虚构，允许夸张，它所追求的更多的是一种艺术真实。而公文不同，它必须完全真实，不能有一点虚假，换言之，它更强调的是事实的真实。公文的语言要做到庄重朴质、严谨准确、简练明白。

（三）两者的写作手法不同

创作文学作品可以绕弯子，可以“颠来倒去”，可以使用曲笔。公文写作则以直写为主，立意单一，追求开门见山的效果，有什么话就直说，它最忌讳的一点就是“眼花缭乱”。

第二节　学习公文写作的意义

一、学习公文写作是提升职场竞争力的重要途径

公文写作能力是实践能力和职业素养的重要组成部分，已成为现代人才必备的基本技能之一。美国哈佛大学前校长德雷克·博克（Derek Bok）在《回归大学之道——对美国大学本科教育的反思与展望》一书中指出："所有的本科生都需要提高各种形式的表达能力，其中最广为人知的，是精确而优美的书面表达能力，其次是清晰而有说服力的口头表达能力，这些是学生在大学期间和毕业之后都会广泛运用的能力，也是作为公民和一切从业人员所应具备的能力。"① 国内著名媒体人罗振宇也说过，职场，或者说当代社会，最重要的能力就是表达能力。因为在未来社会，最重要的资产，是影响力。影响力怎么构成？有两个能力：第一是写作，第二是演讲。现如今，随着经济的发展和改革的深入，用人单位对应聘者提出了更高要求，不仅要求应聘者既要有扎实的理论知识和熟练的专业技能，还要具备良好的知识运用能力、理论动态把握能力、分析问题和解决问题的能力、口头与书面表达能力等。而公文写作能力正是这些能力的集中体现。特别是在国家公务员招考、企事业单位招聘、机关干部选拔考试中，公文写作已成为一项重要的考核内容之一。

公文写作是一门学问，是一种技能，也是一种竞争力，与就业、薪资密切相关，"笔杆子"到处都稀缺，各行各业都十分需要文字功底强的人员，可以说写作能力的高低已影响到个人择业求职的成败与好坏。因此，我们要学会用写作能力武装自己，实现职场升维竞争。有人曾指出："一个职场人士，随着写作能力的提升，将实现四种角色的跃迁，分别是新手、写手、熟手、高手。他们的差别在于，在工作中面对问题时，思考的层面和处理的手段处于不同的层次。这也意味着，写作能力的提升能够极大地帮助你实现职场的跃迁。"② 因此，对于职场人士或者即将迈入职场的人来说，学习公文写作可以培养我们的职场思维，提高沟通协调能力和文字表达能力，为实现就业或者职场跃迁增加筹码。

因此，我们应该注重培养自己的公文写作能力，比如：拟写通知、请示、决定，撰写工作总结、述职报告等，从而强化公文写作意识，具备一定的公文写作能力，增

---

① 德雷克·博克著，侯定凯、梁爽、陈琼琼等译：《回归大学之道——对美国大学本科教育的反思与展望》，华东师范大学出版社2008年版，第40页。

② 胡森林：《这样写就对了：职场写作的30个场景》"前言"，人民邮电出版社2020年版。

强自己的就业竞争优势。今天养成的公文写作能力，就是未来实际的工作能力。

二、学习公文写作是实现高效管理的重要工具

公文是国家机关、企事业单位、社会团体组织处理政务、传达信息的重要工具。在信息时代，公文肩负着颁布政令、制定政策、传达信息、沟通情况、推广经验、吸取教训的重担。无论是党政机关，还是企事业单位，日常公务活动的正常运转都离不开公文。它能够显著提高办事效率和办事能力，进而实现组织意图，做好管理工作。可以说，公文是一个组织、一个单位乃至一个国家实现高效管理必不可少的工具和手段。如果不会写公文，许多有用的信息就不能及时发送出去。缺乏语言文字表达能力，所写的信息就会失真，不仅贻误工作，也给所在单位带来负面影响。例如，南京市人民政府2021年7月29日发布的一则关于做好新冠疫情防控通知，误将“湖南省张家界市”写成“湖北省张家界市”，出现明显的常识性错误，引发网友不满。事发后，南京市人民政府发布致歉信，并将错误公文撤回。

与之形成鲜明对比的是，中共张家界市委旅游工作委员会办公室7月30日发布的《致居留在张家界游客朋友的一封信》温情又理性，网友称赞“这才是公文的正确打开方式啊!”信中最打动人的是第三段，“我们非常理解您的归心似箭，以及渴望早日离开有确诊病例所在地的急迫想法。但请您一定要冷静思考：在没有确认自身安全的前提下，您回到单位或与家人团聚，会给身边在意的人带来什么样的潜在风险？请您能够多多考虑自己和家人安全。”疫情再起，本应快乐出游的人们遭此突变，心情焦虑、情绪紧张，都在所难免。更何况，当时滞留在张家界的还有754个旅行团，共计1.19万人。当地政府承载的压力，由此可见一斑。地方发布官方公告，更要站在公众视角，学会换位思考，温情理性地表达“拿真心换真心”，而不是生硬粗暴。同是新冠疫情防控公文，一个饱受批评，一个交口称赞，其背后是政府公信力，体现着治理能力与水平的高低。可见，学习和掌握公文写作技巧对我们每个人来说都很重要，它是一个单位、一个组织乃至一个国家实现高效管理必不可少的工具和手段。

第三节　学好公文写作的六个锦囊

公文写作是提升自我职场竞争能力的一项重要技能，是党政机关、企事业单位实现高效管理的重要工具。那么，怎样才能学好公文写作，从而提高自己的公文写作能力？

一、勤于练笔

提高公文写作水平，是一个长期的、艰苦的积累过程，没有捷径可走。水平与时间成正比，与认真程度成正比，多接触、常思考、勤动手，是提高水平的有效途径。所以第一个锦囊是勤于练笔。有人曾请教欧阳修怎么样写文章，有什么秘诀。欧阳修回答："无他术，唯勤读书而多为之，自工。"① 写文章没有什么诀窍，假如有诀窍的话，一个是勤读书，另一个是多写，就这么简单。所以我们不仅要多读，更要重苦练，任何好文章都离不了苦练。公文的写作才能、技巧，也是从刻苦实践中锻炼出来的，俗话说天道酬勤，勤能补拙。只有"经过大量的刻意练习，在练习中把体会沉淀为自己的认识，把方法转化为自己的技能，从而形成不断精进的正向循环。"②

当然，练习公文写作是一个循序渐进的过程，不可能一蹴而就的。对于一个初学者而言，我们不妨从内容单一、结构简单、篇幅短小的文体开始，比如，可以先从通知、请示、纪要等相对简单的文体学起，逐步向工作意见、工作规划、工作汇报、工作总结等相对复杂的文体拓展；也可以先从条例、请示、通知等相对来说规范性较强、模式化程度较高的文体学起，逐步向领导讲话、调查报告、工作总结等非规范化、非模式化的文体拓展；也可以先从自己熟悉的领域写起，逐步向其他领域拓展，这样可以发挥自己知识和业务方面的优势，增强写作信心。在自己的反复实践中感受、总结、领悟、升华，最终就可以达到像欧阳修《卖油翁》中的老者"取一葫芦置于地，以钱覆其口，徐以杓酌油沥之，自钱孔入而钱不湿"的境界，而其中奥秘——"我亦无他，惟手熟尔。"③

二、巧于借鉴

第二个锦囊是巧于借鉴。学习书法，首先要临帖，要看古人怎么写，这是学习书法最基本最初步的方法，公文写作当然也不例外。要提高公文写作能力，应有意识地选读一些名家名作来学习、借鉴。当然学习、借鉴，要巧学、巧借。比如，在学习范文时，可将自己融进去，首先看题目，试想一下如果由我来写，我会怎样写、怎样立意，思考文稿由哪些资料构成，该去哪里找资料，如何谋篇布局等问题，然后再去看文稿。经过预想，再和名家对比，就会发现自己的差距在那里。时间长了，就能够举一反三、触类旁通，渐入佳境、升华超越，最后就能得于心、应于手，写出一手漂亮的文稿来。至于巧借，一是借鉴他人的语言表达；二是借鉴他人的行文结构；三是借

① 苏轼：《东坡志林》卷一，中华书局1981年版，第20页。

② 胡森林：《这样写就对了：职场写作的30个场景》，人民邮电出版社2020年版，第18页。

③ 欧阳修：《归田录》，《宋元笔记小说大观》本，上海古籍出版社2007年版，第610页。

鉴他人文字背后的思想观点。当然，借鉴不是抄袭，不是生吞活剥，更不是全盘照搬，而是一个分析规律、探究规律的过程，一旦掌握其中的规律，就能实现自主创新。

三、乐于思考

第三个锦囊是乐于思考。孔子说："学而不思则罔，思而不学则殆。"想要提高公文写作水平还要乐于思考。思考的广度和深度，决定了公文写作的广度和深度。因此，写公文的人，一定要乐于思考，勤于钻研，要有问题意识，学会透过现象看本质，站在理论和全局的高度，抓住最本质的东西，这样的文章才有理论、有深度、有新意。而谋篇布局是思路的重要表现形式，所以，我们写文章要提高谋篇布局的能力，其根本在于加强思维训练特别是逻辑思维训练。毛泽东同志曾说："写文章要讲逻辑。就是要注意整篇文章、整篇说话的结构，开头、中间、尾巴要有一种关系，要有一种内部的联系，不要互相冲突。"① 只有对内容经过精心思考，对文章的谋篇布局做到胸有成竹，再动笔写作，才能写出结构严谨，逻辑性、条理性强的文章。

谋篇是拟写公文的一道重要工序，它包括三个方面：一是立主题。主题明确了，文稿也就有了"主心骨"，真实的观点、写作的主旨才会跃然纸上。二是分层次。分清篇章结构和各个层次，把握好观点之间、前后之间、主题与论点之间、论点与论据之间的内在联系。三是顺逻辑。处理好各段落、层次之间的关系，分清是包含、并列，还是递进关系，分清轻重缓急，辨明先后顺序。谋好篇，文章等于完成了一半，拟写公文就会得心应手。

四、博于选材

第四个锦囊是博于选材。有人说撰写公文通常有两条最基本的要求："上要着天，下要着地"②。所谓上着天就是知上晓上；下着地就是掌握信息、立足现实。公文重在实用，鲜明的实用性是公文首要和最本质的特点，也是公文的出发点和归宿。因此，拟写公文之前，必须掌握大量的信息材料，经过鉴别、筛选、分析、综合，将相关的材料转化为公文的内容。收集材料，需要做好材料的积累，努力建立自己丰富的"材料库"。"材料库"可分为：直接材料库，装从生活中得来的材料；间接材料库，装从书籍和资料中得来的材料。

通过积累材料，能从中学习他人的写作经验和写作技巧。学会从专业的视角去研

---

① 毛泽东：《毛泽东选集》第五卷，人民出版社 1991 年，第 217 页。

② 李荫臣：《公文写作基本功（二）》，《秘书》1997 年第 6 期，第 21—23 页。

读重要的、精彩的文章，带着问题去看，看他人怎么分析问题、解决问题，找出其中的规律，在文章中洞见门道。通过累积材料，可以从中获取信息，积累各种资料。马克思为写《资本论》，阅读和摘抄的书籍多达1500种以上。积累方法既可以把阅读过程中遇到精彩的观点或精妙的语言抄在笔记本上，也可以把报纸上好的观点、标题、典型事例及数据等感兴趣的东西记下来，条件允许的话，还可汇集成册，分类保存；此外，还可以把自己在日常工作和同他人请教交流产生的灵感记录下来。如此长久坚持下去对写作公文是大有裨益的。

五、善于比较

第五个锦囊是善于比较。学习公文写作，需要根据行文意图去辨析文体，准确使用公文文种。正如刘勰《文心雕龙》云："章以谢恩，奏以按劾，表以陈请，议以执异。"[①] 如何正确使用文种？一是要能够区分行文的方向，依据隶属关系来确定适用文种。例如，"请示"和"函"都有请求批准的功能，但由于行文方向不同，则要使用不同的文种。向具有隶属关系的上级机关行文，应该用"请示"；向无隶属关系的机关行文，应该用"函"。二是能够区分公文功能的相同点和相异点，依据公文的具体事由来确定适用的文种。报告与请示两种公文，因为同是上行文，人们往往分辨不清，在工作中常常混用、错用。通过比较，请示和报告有很大的区别，具体可归纳为三点：第一，从性质上看，报告是陈述性公文，是阅件；请示却是请求性公文，是批件、办件；第二，从内容上看，报告是汇报工作、反映情况、提出建议和答复上级询问用的，不能写请示事项；请示重在请求，要写清请示事项，要求上级批复。第三，从时限上看，报告是事后说明，请求是事前陈文，请示的发出机关，要等上级批复之后才能把请示事项付诸实施，决不能"先斩后奏"。具有以上辨识能力，是正确使用公文文种的前提条件。为此，善于比较是辨识公文文种特点，掌握公文写作的重要途径。

六、精于修改

第六个锦囊是精于修改。公文写作不仅要勤写多练，还要多修改。一篇优秀的公文出炉，往往是经过了反复的"捶打""淬火"。修改文章是提高写作能力的最有效的途径。学习公文写作，要养成修改文章的良好习惯，虚心听取领导和同行的意见，克服怕人挑"刺"的思想，对每一篇文章反复推敲，精思细改，这样写作能力才能迅速地提高。公文修改的内容主要包括：一是斟酌主题，看是否正确、深刻和突出；二

① 刘勰著，范文澜注：《文心雕龙注》，人民文学出版社1958年版，第406页。

是研究结构，看前后是否衔接，整体是否协调，层次是否清楚，段落是否分明，照应是否紧密，过渡是否自然；三是检查素材，看是否真实、典型、新鲜、生动，是否恰到好处地说明了主题；四是推敲文字，看每个段落、每句话、每个词是否得当。此外，标点符号也是要留意的，标点符号用得恰当，能够准确地表达内容；反之，就会影响内容的表达，甚至产生歧义。一旦发现问题，无论大小，都要严肃对待，认真修改。修改的方法有很多种，比如，可以将自己写的初稿同领导修改后或报刊发表后的定稿进行对比，比较一下领导和编辑都做了哪些修改；也可以自己写了文章以后，请高手帮助修改；还可以自我修改，边读边思考。

肩上有责任，笔下有乾坤。总之，要自觉把公文写作内化为一种习惯、一种坚持、一种素质，扎扎实实把公文写好。

第二章　公文写作的基础知识

第一节　公文的定义和公文的历史演变

一、公文的定义

何谓公文？从已有的文献记载来看，“公文”一词，出现于东汉末年和三国时期。《后汉书·刘陶传》：“州郡忌讳，不欲闻之，但更相告语，莫肯公文。”[①] 公文是公务文书的简称，是法定机关与社会组织在公务活动中为行使职权、实施管理而制作的具有法定效用和规范体式的书面文字材料，是传达、贯彻方针和政策，发布行政法规和规章，施行行政措施，指示答复问题，指导、布置和商洽工作，报告情况，交流经验的重要工具。

如何理解公文的这一基本含义？

首先，公文形成的主体是国家机关及其他社会组织。这些机关或组织都是依据国家的法律和有关的章程、条例建立起来的，是具有法定地位的。这种法定的地位赋予了这些机关与组织在自己的职权范围内制定和办理公文的权力。

其次，公文形成的条件是行使职权和实施管理。具有法定地位的机关、组织，都有自己的组织系统、领导关系和职权范围，有自己主管的事务与办事意图。它们在行使法定职权和实施有效管理的公务活动中，必然会产生体现自身意志的文字材料。这是公文形成的必要条件。

再次，公文是具有法定效力与规范格式的公文。这是公文区别于其他文章和图书资料的主要之点。公文的法定效力是由公文形成者的法定地位所决定的。公文的规范化格式，不仅增强了公文的权威性与有效性，也方便了公文的处理。

---

① 范晔著，李贤注：《后汉书》，中华书局 1965 年，第 1849 页。

最后，公文是国家机关及其他社会组织处理政务、办理事务的重要工具。任何一个机关、组织在日常的工作活动中都需要通过公文这一工具来表达意图，处理公务，实施管理。比如：向上级汇报工作，则使用“报告”；向下级布置工作，则使用“指示”或“通知”；向有关单位联系公务，则使用“函”；记载会议决议事项，则使用“决议”或“纪要”等。

二、公文的历史演变

可以说自从有了文字，公文也随之产生了。我国古代最早的公文统称“公牍”。古人以“书契”指称最早的汉字，也以“书契”代表滥觞时期的各类公文。上古时代，事务简单，人们只需在木条或竹片上锲刻一二行字足以应付。这种狭长的木条、竹片我们称之为“简”。随着社会的发展，各类事务日趋复杂，就改用可以刻写多行文字的方板，这种方板叫作“牍”（许多简编缀起来又叫“策”）。当时所处理的多是“公”务。先民要求公文及公文工作“既公且信”，成为立国安邦的重要途径；公文又以“牍”作为文字载体，于是古人把公文叫作“公牍”。

“公牍”这一名称从春秋时代一直沿用到中华人民共和国建立前夕，它相当于现在的“公文”。而“文书”一词则是两千多年前的西汉出现的。东汉班固的《汉书·刑法志》中所说“文书盈于几阁，典者不能遍睹”一语中的“文书”，含义已与现代相近。宋代王昭禹的《周礼详解》中，对文书的阐述概念更清楚，与现所指文书已基本一致。

西汉后的两千年间“文书”和“公牍”两个名称并存。历史上它们有过别名，如汉代曾把部分公牍称为“尺”，唐代把文书叫作“应用文”。但这些别名始终未能取代“文书”和“公牍”的名称。

传说中最早文书是“神农之禁”“伊尹四方之令”，但具体内容已无从稽考。我国最早见之于实物的文书，当推河南安阳小屯村一带出土的甲骨文书。其涉及的内容很广，包括天象变异，旬夕未来，帝王生活、政务、军事、经济等。商代公文由卜官主管，他们从事占卜，刻写甲骨文书，记录王室活动。这些卜官就是最早的文书写作人员。

《尚书》当中大量篇幅是“上古典谟训诰之文”，有学者认为，“它实际上基本是我国一部上古时代重要公文的选集或汇编”①。书中有会议记录，战争讨伐动员令，有刑律条例，还有各种文告。有些篇章写得相当精彩，堪称上古公文的范例。例如，

---

① 周森甲：《〈尚书〉——我国早期公文写作的总结》，《湘潭大学学报》（哲学社会科学版），1998 年第 4 期，第 125—128 页。

《皋陶谟》就是舜、禹、皋陶开会的一次纪要。《甘誓》《牧誓》是战争动员和讨伐令。《酒诰》是戒酒的指示。《尚书》以后，公文名篇还有李斯的《谏逐客书》、诸葛亮的《出师表》、李密的《陈情表》、魏征的《谏太宗十思疏》、柳宗元的《驳复仇议》、王安石的《本朝百年无事札子》、海瑞的《治安疏》等，至今仍闪烁着深刻的哲理和文采。

我国古代公文种类繁多，如皇帝颁布的公文，秦代有“制”“诏”等，两汉时又增设了“册”“戒”等；臣下给皇帝的公文，秦代有“奏”，两汉又增加了“章”“表”“驳议”等。用于狱讼的，周代已有“劾”“辞”等，汉代开始有个人向官府递呈的“诉状”。民间私人公文，周代开始有“契”“质剂”。公文种类历代有增无减，自春秋至清代，各类公文多达八九十种。

历代统治者对每类公文格式、用字、署时、首尾用语，包括用纸等都有严格规定。历代的公文工作制度很严密，如避讳、撰拟、誊抄、签押、判署、封装、收发登记、传递、承办、催办、保密等，都有明文规定，有所违背，则绳之以法。

历代掌管公文者职称不一，周为“史”，秦为“吏”，汉为“史书”“令史”，魏晋为“典签官”，唐为“行军”“司马”，宋为“推官”“判官”。元代虽有公文制度，但质量滥恶，管理混乱，这种情况一直延续至明前期。清雍正后，各地官员纷纷延请幕友协力，这一制度一直延至光绪三十年。

辛亥革命以后，南京临时政府于 1912 年颁布了第一个现代公文程式条例（即《公文程式条例》）。中国共产党成立后，也很快有了自己的公文体式，瞿秋白于 1931 年起草了《公文处理办法》。1942 年，陕甘宁边区政府发布了《新公文程式》。中华人民共和国成立后，国家于 1951 年就发布了《公文处理暂行办法》，以后多次修改。目前所使用的是 2012 年 4 月 16 日颁布的《党政机关公文处理工作条例》。

从以上介绍可见，在文字的草创时期，公文就已经产生了。在所有的文体中，公文可以算是最古老的。《周易·系辞》也可以证实这一点，“上古结绳而治，后世圣人易之以书契，百官以治，万民以察，盖取诸《夬》。”①

延伸阅读一

古人防止公文泄密有大招②

从古至今，公文保密都是公文处理的一项重要内容。在没有先进技术的古代，古

① 王弼、韩康伯注，孔颖达疏：《周易正义》，《十三经注疏》本，中华书局 1980 年版，第 75 页。

② 该部分内容重点参考了以下论文：倪方六：《古代如何防范“公文泄密”》（原载《决策探索》（下半月）2014 年第 6 期），梁巧丽：《简论我国古代的公文保密制度》（原载《淮北煤炭师范学院学报》（哲学社会科学版）2008 年第 2 期），瞿嵘蓉：《古代保密公文的封装方法》（原载《保密工作》2010 年第 9 期），特此致谢。

人又是如何防止公文泄密的呢？公务员如果泄密了，会有怎样的处罚呢？

一、古代公文保密大招知多少

（一）泥封法

所谓“泥封”，就是使用一种叫“封泥”的材料，对重要文档进行密封包装的方式，收件人主要通过对封泥印戳文字的真伪鉴定和封泥完好度的考察来判断是否泄密。这是我国最早防止公文泄密的方法，成本低廉，简单实用。它兴于先秦时期，到两汉时广为流行。

需要说明的是，为防止泥封伪造，古代对封泥的材质、大小、颜色等都有严格的规定，便于辨别真伪，如在汉代，皇帝封泥专用“武都紫泥”，而一般人只能“青泥封书”。

（二）斗检封法

泥封法虽然方便易行，但在长途驿马的颠簸传递中也存在容易破损的问题。针对这种情况，西汉时期出现了改良的“斗检封”，“检”就是一块竹、木板，在其中间挖出上小下大的覆斗状空间以容纳封泥，两边穿孔打通以穿过系绳，封装时将封检和文牍按照一定的规则捆绑在一起，系扣结在封斗处，封泥厚度与封检齐平，再钤以印戳。覆斗状保证了封泥不会脱落，封检保证了封泥不会意外损坏，提高了秘密公文封装的稳定性。

（三）用印法

用印制度早在周代就已创立，但直到春秋时期才运用到公文领域。秦始皇统一六国以后，明确规定了皇帝的印章称为“玺”，百官之印统称为“印”。魏晋时期，印章用朱红印泥直接印于纸上。

唐代规定“一文一印”，一件公文如有两页以上的公文纸，则要在首尾纸缝间盖“骑缝印”。明代如果出现了“盗用印信及在空白纸借用印信”，将以“上书陈言”条论斩。

二、“口不言温室之树”与“喜鹊嘴”

保密制度，就是要求知情者能严守秘密，不希望不相干或利益关系人知道内情。在中国古代，几乎历代都制定有相应的保密制度。如不得将机密公文带回家，机密公文不得让他人代笔、誊抄，不得复印，不得打听等。秦朝《行书律》规定：“行传书，受书，必书其起及到日月夙暮。”也就是说，公文的始发和收发都要写清楚时间，掌管公文秘籍的官员必须遵守相关规定，不允许擅自出借、传写“秘书”。

在中国古代，保密工作要求最严的是决策执行机构，如尚书省、中书省等重要的中央行政机构等。这些重点保密单位的工作人员不论官职大小，都必须保守机密。如汉成帝时，曾任尚书令及御史大夫的孔光，居官谨慎、严守机密，“口不言温室之树”。“温室”是汉代尚书省所在的办公场所，这句话的意思是，连温室那边种什么树孔光回家都不谈。孔光的表现，成为古代公务员严守职业机密的典范。

与孔光形成鲜明对比的则是唐人窦申。唐德宗时，宰相窦参虽然没什么学问，却精通为官之道，故而在仕途上颇为顺利。唐代的宰相拥有人事权，可以任免一些中高级官员。窦参有个远方侄子名叫窦申，此人是窦参的重要人事参谋。窦申为人干练，曾官至京兆之尹。窦参十分喜爱这亲戚，经常将朝中机密说与他听，其中说得最多的是关于任命官员的决定。窦参如果看中了某人，便会回家与窦申商量，听听他的意见。

时间一长，窦申想到一条发财之道，就是在每次窦参与其商议好任命某人为某官时，窦申立即将这个消息泄漏到那个即将被任命的人那里，让这个人积极主动地向他行贿，时人给他起了一个绰号叫“喜鹊”。后来皇帝得知此事后，窦申仍不悔改，最后被赐死。

三、立法：从制度上防止公文泄密

为防止公文泄密，统治者们还将保密制度以法律的形式予以规定，以刑法的手段强制执行和遵守。比如，朝廷会选派专门人员传递特别重要的或机密的公文，如军事命令、报告等，而且“所载传到军、县勿夺。夺中卒传，令、尉赀各二甲”。其中，清朝的保密制度堪称历代之最，它在汉代“封事”基础上，创设了“密奏”（密封奏折）制度。如中枢机构军机处，规定秘书（章京）一律不得招聘高干子弟，听差的一律选用不识字的文盲。无关人员根本不准接近军机处，并专派监察御史看守。只有奉旨到军机处恭听谕旨、查看奏折的，“方得在军机堂帘内拱立”，但“事毕即出”。

如果发生像窦申这类泄露机密的情况，朝廷会予以严厉的惩罚。如《唐律疏议·职制》颁布了四项禁令：“一曰漏泄，二曰稽缓，三曰违失，四曰忘误”，意思是，不准泄露机密，不准延误期限，不准违章失职，不准贻误公事。否则，“诸漏泄大事应密者，绞；非大事应密者，徒一年半。”

特别需要指出的是，唐代法律还首次明确提出了“间谍罪”，如果充当间谍，或明知对方的间谍身份而故意容纳止宿、停留、隐藏的，一律处以绞刑。

宋代比唐代更强调公文的保密，对泄密者惩罚相当狠，还鼓励群众举报泄密者，如告发藏匿弃毁拆换机密档案者，可获得50贯至100贯的奖赏。

总之，古代统治者们从技术层面、制度层面制定法律，改良方法，强制各级各类秘书人员遵守执行，保证了公文保密工作的顺利进行。

延伸阅读二

在唐代当公务员的外国人①

众所周知，李唐王朝是中华历史上一个兼容并蓄、大放异彩的全盛时期，当时的首都长安不仅是全国的政治、经济、文化中心，也是举世闻名的国际大都市，据美国学者谢弗的《唐代的外来文明》：“在唐朝统治的万花筒般的三个世纪中，几乎亚洲的每个国家都有人曾经进入过唐朝这片神奇的土地……前来唐朝的外国人中，主要有使臣、僧侣和商人这三类人。”他们占据长安城总人口的百分之二，数量不可谓不庞大。他们来到大唐，有的不仅在这里娶妻生子，还有的当上了公务员，甚至官职显赫，比如日本留学生阿倍仲麻吕，官至秘书监。

一、外国人如何在大唐当上公务员

一个外国人如何当上大唐的公务员呢？有哪些途径呢？

考试！考试！当然是考试了。

一个外国人如果顺利地从国子监修满学分毕业，那么他就可以去参加科举考试，考上了就可以在唐朝政府为官。不过，政府考虑到是外国人，经史知识和文章水平有限，所以为他们专设了一项考试制度——宾贡进士。所谓“宾贡”，有三个含义：一为宾服纳贡，指大唐周边国家和地区归顺纳贡；二为宾礼贡士，指古代地方向朝廷推举人才时，待以宾礼，贡于京师；三为“宾贡进士”，特指由外邦推举而来的人才应举及第者。

当然，这种宾贡进士在考试难度和录取标准方面要远远低于本土进士。

对此，著名史学家严耕望先生在《新罗留唐学生与僧徒》中说：“唐代科举取士，登第者光宠殊异。外国学生之留唐习业者，自亦羡慕而愿就试，然其学艺程度究竟远逊于华人，故唐政府特设宾贡科以待之。”

意思就是，因为外国留学生的国学修养不如唐人，所以在命题、阅卷、发榜方面有所区别，会降低录取标准，以示优待。

以新罗人为例，据有关学者统计，有姓名可考的考中“宾贡进士”的新罗人至少有23人。

不过，考试也并非唯一的途径。比如，“卑路斯，波斯王子，国亡来唐，高宗时

① 本节内容重点参考了以下文献：谢海平：《唐代留华外国人生活考述》（台湾商务印书馆1978年版），高明士：《宾贡科的起源与发展——兼述科举的起源与东亚士人出身之路》（原载《唐史论丛》（第六辑），陕西人民出版社1995年版），谢弗：《唐代的外来文明》（中国社会科学出版社1995年版），柏舟《外国人要想在唐代当官，需要走什么程序》（原载“国家人文历史”公众号2020年9月4日），特此感谢。

官拜右武卫将军，中宗时又拜左威卫将军，卒于唐。”波斯王子卑路斯亡国后，逃到大唐，朝廷同情他的遭遇，让他在唐朝当将军，他也为大唐征战了一生。

但这毕竟只是个例，绝大多数外国人想在唐朝当公务员，还是得老老实实参加考试。

二、那些顺利通过大唐公务员考试的外国人代表

第一位优秀外国人公务员代表，就是来自新罗国的崔致远。据史书记载，他年少时就聪敏好学，12 岁时随使节坐船入唐求学。临行前，他的父亲对他说：“十年不及第，就不是我的儿子，行矣勉哉!”崔致远到长安国子监后，勤奋好学，6 年后，即在 18 岁时便“一举及第”，中了进士。

作为“宾贡进士”中的出类拔萃者，他与许多诗人关系不错，比如，与江东诗人罗隐相知。罗隐自负才高，不轻易将诗作给他人看，但却曾给崔致远展示其所作的诗歌。崔致远还与同年中进士的顾云交好，在崔致远回国时，顾云赠诗送别。诗中写道：“我闻海上三金鳌，金鳌头戴山高高。山之上兮，珠宫贝阙黄金殿。山之下兮，千里万里之洪涛。旁边一点鸡林碧，鳌山孕秀生奇特。十二乘船渡海来，文章感动中华国。十八横行战词苑，一箭射破金门策。”

第二位优秀外国人公务员代表，就是来自日本的阿倍仲麻吕。他 19 岁被选为留唐学生，10 年后以优异的成绩完成规定的学业，并考取“宾贡进士”，得到吏部奖掖，授校书郎，他成为日本人在中国学习并通过科举考试取得官职的第一人。此后，他在唐历任光禄大夫、秘书监等职。

史载，阿倍仲麻吕诗文俱佳，深得唐玄宗赏识，并赐其中文名字为“晁衡”，他还与著名诗人王维、李白等结下了深厚的友谊。天宝年间李白入长安为官，两人由此结识，阿倍仲麻吕曾经送给李白一件日本裘，李白很受感动。而储光羲对他也十分赞赏，曾写诗《洛中贻朝校书衡，朝即日本人也》相赠，储光羲的诗名在当时也因阿倍仲麻吕而远播于东瀛，并被供奉于日本京都的诗仙祠中。

第三位优秀外国人公务员代表，就是来自大食的李彦升。据称其因仰慕唐朝文明昌盛，年少时便跟随长辈到中国，积极学习、钻研儒家经典，后被宣武节度使卢钧举荐参加科举。

李彦升在考试中不负众望，一举及第，成为当年全国 23 名及第之一，消息传出朝野皆惊。唐宣宗十分欣赏他的才华，钦点他为翰林学士。

我们通过这样一个饶有趣味话题的梳理，也可以从中窥见到大唐开放、自信的胸襟。

第二节　公文的特点及种类

一、公文的特点

公文，是在法定机关公务活动中形成的，是各级机关与组织行使法定职权，实施有效管理的重要工具，具有很强的现实效用性。它的特点主要表现在以下几个方面：

（一）公文有法定的作者

公文不是谁都可以任意制发的，公文是由法定的作者制成和发布的。这是公文同图书、情报资料、通讯报道，以及一般的文章作品的一个显著区别，是公文的显著特点之一。

所谓法定的作者，就是指依据法律和有关的章程、条例、决定成立的，并能以自己的名义行使法定的职能权利和担负一定的任务、义务的机关、组织或代表机关组织的领导人。在我国，各级党政机关、社会团体、企事业单位，只要是依据法律、章程、条例等规定并履行法定的程序建立和存在的，它们都是法定的作者，它们都有独立对外行文的资格。如各级党的组织、人民代表大会、人民政府及其部门是根据《中国共产党章程》《中华人民共和国宪法》及有关的《中华人民共和国地方各级人民代表大会和地方各级人民政府组织法》建立的。在《中国共产党章程》《中华人民共和国宪法》和《中华人民共和国地方各级人民代表大会和地方各级人民政府组织法》中规定了这些机关的职能及这些机关制定和发布公文的权限。

公文法定的作者指的是发文的名义。也就是说，公文主要是以机关的名义或机关的某一部门的名义制发的。例如，国务院公文、某省人民政府公文是以机关的名义制发的；某省人事厅公文、某县委组织部公文是以机关的某一个部门的名义制发的；工会、共青团、妇联的公文是以社会团体的名义制发的；工厂、学校、科研单位的公文是以企事业单位的名义制发的。这些能在自己的职权范围内制发公文的机关、部门或单位，称为行文单位。

机关的发文有时也用国家领导人或机关首长的名义，如中华人民共和国主席令、国务院总理令，以及机关首长对所属工作人员的任免令（或任职通知）等。用领导人作为发文的名义，并不是以他个人的名义出现，而是代表他所在的机关的身份来发文，也是法定的作者。这是领导人行使自己法定职权的一种表现。必须说明的是，以领导者个人的名义发文，在个人名字前面都应冠以机关的名称与职务。如中华人民共和国主席×××，某市中级人民法院院长×××，某大学校长×××等。一旦这些人不再担任这一职位，也就失去了这一法定作者的地位。

（二）公文有法定的权威

公文既然是党政机关、社会团体、企事业单位为了传达意图、办理公务、记载工作活动而制发的。这就必然要赋予公文以机关喉舌的地位。也就是说，公文可以代表机关发言，代表制发机关的法定权威。因此，公文也就成为各级机关组织开展工作的法定依据。比如，党的公文，就代表党的中央委员会这一党的最高领导机关的法定权威，传达的是党中央的意见，所以它在全党、全军、全国人民中享有极高的威信。通过党中央公文的制发，传达了党的路线、方针和政策，作为全国各条战线、各个地区、各个系统、各个部门工作的依据和准绳。再如，国务院是全国最高行政机关，它所制定和颁发的公文，代表中央人民政府的职能和职权范围，具有行政领导和行政指挥的权威等。这种法定的权威性，也叫作法规的强制力，如国家领导机关发布的命令、法令、法规等。它是通过一定的立法程序产生的，是要强制执行的，违反了是要依照法律追究的。

（三）公文有特定的效用

公文的特定效用指公文的现实效用，是公文制发机关的法定地位所赋予的。从每一份具体的公文来说，都有它本身的特定的现实效用，代表它的制发机关所赋予的法定效力和作用。比如，党政领导机关所发出的每一项指示，每一项决定，要求所属机关认真贯彻、坚决执行。即使是一份通知，同样要求地方收文机关阅知和办理。下级机关的一份报告、一份请示也同样要求上级领导机关阅知或批复等。公文所具有的特定效用是有一定的时间性的。任何公文都不是永远有效的。虽然有的公文具有历史文献价值，但从总体上说，它还是着眼于现实效用的。公文在现行工作中形成，在现行工作中使用，为推动现行工作服务。一旦它们的现行使命完成，就转化为档案保存，对今后的工作还起着参考、凭证作用。

（四）公文有规范的体式

公文有规范的体式，这是公文不同于图书、情况资料、通讯报道，以及一般文章作品的又一显著特点。由于公文是党和国家具体领导和管理政务的工具，是机关的喉舌，代表制发机关的法定权威。所以，制发公文是一件极其严肃的，具有重要政治意义的工作。为了维护公文的严肃性、权威性和便于进行公文处理，在党和国家有关部门发布的关于公文处理的一系列法规性公文中，对公文的体式作出了统一的规定，提出了统一的要求。各级党政机关、社会团体、企事业单位制发公文都必须按照规定的体式（包括文体、书面格式和版面形式），不能随心所欲，另搞一套。比如，公文的结构、附加标记都要符合规定。一般说来，正式公文都有公文版头、公文管理标记、发文字号、公文标题、主送机关、正文、发文机关、机关印章、发文日期、主题词、抄送机关、印发说明等项。

（五）公文有规定的处理程序

公文的制发和办理必须经过规定的处理程序。如公文的制发，必须经过起草、核稿、签发的程序。经过机关领导人签发的文稿才能缮印、用印和传递。几个机关的联合发文必须履行完备的会签程序；重要的规范性公文还需报请上级机关程序。任何人不得违反上述程序擅自处理。只有如此，才能维护公文的严肃性与权威性，也有利于机关公文工作的科学化、规范化、制度化，以及提高机关工作效率。

二、公文的种类

依据不同的分类标准，公文可以划分出不同的类型。现分述于下：

（一）从公文的来源来划分

一般来说，一个机关或机关内部某个部门的公文，按照他们的来源可以分为外机关发来的公文和本机关制成的公文两大类。其中，由本机关制成的公文按照制发公文的目的、发送对象，又可以分为向外机关发出的公文和在本机关内部使用的公文。因此，按照公文的来源，一个机关的公文可分为三个部分：对外公文、收来公文和内部公文。

1．对外公文

对外公文简称发文。是指本机关拟制的对外单位发出的公文，它是作为传达本机关的意图发往需要与之联系的针对机关的公文。如《湖南省人民政府关于加强乡村教师队伍建设的意见》，就是湖南省人民政府的对外公文，是发文。

2．收来公文

收来公文简称收文，是指由外机关拟制的，作为传达其自身机关的意图，发送到本机关来的公文。如教育部向国务院发出的报告，对国务院来说就是收来公文。又如上级机关发来的指示、通知，下级机关送来的报告、请示，同级机关或不相隶属机关送来的公函等，都是本机关的收文。

3．内部公文

内部公文就是指制发和使用都限于机关内部的公文。比如机关内部的规章制度、会议记录、工作计划、经验总结以及内部的通知、通报等。如《××工厂2020年度生产计划》《××大学关于加强校园管理、维护教学秩序的几项规定》，就是限定在某工厂和某大学内部使用的公文。

在机关公文工作中，为了管理公文的方便，对机关的发文、收文和内部公文，一般由公文部门或指定专人分别进行登记。需要说明的是，在实际工作中，对某份具体公文来说，这样划分又不是绝对的。有时会发生交错或互相转化的情况，这是由公文的复杂性所决定的。例如，主要用于机关内部使用的规章制度、工作计划、工作总结等，有时也要报送上级机关备案或发给下级机关参阅或与其他机关交流；有时收到上级机关的批示、通知又需要转发给下级机关贯彻执行。这样，内部公文和收来公文在一定条件下就又转化成发文了。

（二）从公文的行文关系上来划分

行文关系，是指发文机关同收文机关之间的公文往来关系。这种关系是根据机关的组织系统、领导关系和职权范围确定的。从一个单位的对外公文来说，可以按照它们的行文关系、公文的去向，划分为上行文、平行文和下行文。

1. 上行文

上行文就是指下级机关向它所属的上级领导机关所发送的公文，也就是自下而上的公文，故称上行文。比如，国务院各部、委，各省、自治区、市给国务院所报送的工作报告和请示就是上行文。一般来说，上行文是作为下级机关向上级领导机关、下级业务部门向上级业务主管部门汇报工作、请示问题、请示给予领导和指导的公文。

2. 平行文

平行文就指同级机关或者不相隶属的没有领导指导关系的机关之间的一种行文。比如，中共中央各个部之间，国务院的各个部、委、局之间，省人民政府之间，各个县委之间，各个县人民政府之间都是平级平行机关。再如，省军区和省人民政府之间，学校和工厂之间，没有领导指导关系，是一些不相隶属的机关。上述这些机关之间，在相互联系或协商工作问题时，一般都适宜于使用公函作为平行文。

需要说明的是，机关之间的上级与下级的关系并不等同于级别高与级别低的关系。在行政和业务上均无隶属关系的单位之间，即使地位有高下之分，但双方之间的行文关系仍然是平行关系。如某县公安局与邻县的县政府，某地方中学与某省军区，它们之间虽然地位、级别不等，但彼此之间联系工作仍应以平等关系行文。

3. 下行文

下行文就是指上级领导机关对所属的下级机关的一种行文。比如，中央给各个省委，国务院给各个部委局和各省人民政府所发的公文就是下行文。下行文一般常用命令、决定、通知、批复等。

下行文是上级机关对下级机关实施领导、指导责任的重要工具。对下级机关来说是重要的收文。一些面向群众的布告、通知等公文，也是下行文。

（三）从公文的秘密程度和阅读范围来划分

从公文的内容是否涉及党和国家的秘密，涉及秘密的程度，以及公文所限定的阅读范围，又可将公文划分为秘密公文、普通公文和公布公文。

1．秘密公文

秘密公文是指内容涉及党和国家的秘密，需要控制知密范围和知密对象的公文。根据公文的秘密程度，又可以确定为秘密、机密、绝密三种，通称“三密”公文。密级越高，传送、阅读和保管的要求也就越严。因此，确定和划分公文的密级要十分慎重，力求准确。否则，密级过高不利于公文内容的传播；密级过低则扩大了知密范围，给党和国家造成不应有的损失。当然，公文的保密要求不是一成不变的，密件的内容随着时间的推移和形势的发展，其秘密的性质也会发生变化。所以公文的保密要求应当有时间限制，经过一定的时间，应按有关规定对“三密”公文进行清理，该降密的应做降密处理，该解密的则应予解密。

2．普通公文

普通公文是相对秘书公文而言的，从这个角度说，也可称非密公文。这种普通公文也并非无密可保，可以供任何人阅看的。如机关、组织的决议、工作计划、总结，对工作人员的处理决定、通报等。这类普通公文阅读的范围比较宽。但一般只限于本机关、组织内，不对外传播。

3．公布公文

公布公文就是向人民群众和国内外公开发布的公文。如一些公告、通告、公报、法律、法令、中央领导同志的某些重要讲话、报告等，通常都可以采用广播、电视播放、报刊登载，公开张贴或口头传达等方式进行公布。

（四）从公文制发机关的性质和公文作用来划分

从公文的制发机关的性质和公文的作用可以将公文分为法规公文、行政公文和党的公文。

1．法规公文

法规公文是指由中央和地方各级权力机关、行政机关所制发的法律、法令和行政法规公文。法规公文一般分为以下三种：

（1）法律公文。法律公文是体现统治阶级的利益和意志，以国家强制力来保证其实施的行为规则，是实行阶级专政的一种工具。法律公文在我国是由行使最高立法权的机关——全国人民代表大会按照立法程序制定的。如《宪法》《刑法》《刑事诉讼法》等。

（2）法令公文。法令公文是根据宪法的有关规定所制发的一种公文，通常是以中华人民共和国主席或国务院总理的名义发布的。如公布法律的命令以及宣布施行重大强制性行政措施时发布的命令等。

（3）行政法规公文。行政法规公文是由国家行政机关和地方行政机关，为具体贯彻执行法律、法令和行政法规，对于行政措施、行政制度和活动规则所制定的条例、办法、细则、规定等。

2. 行政公文

行政公文主要是指国家机关在日常公务活动中所形成和使用的公文。具有行政指挥、领导指导工作和公务联系的作用。如政府机关、行政管理机关使用比较普遍的命令、通知、请示、报告等。

3. 党的公文

党的公文是指由党的机关、组织形成和使用的公文，反映党的领导、党的工作和党的建设等活动。其中，只限定在党的组织和党员中间阅读和传达的公文，又叫党内公文。

（五）从公文的内容和特点来划分

按照公文的性质、内容和特点，可以将公文分为指挥性公文、规范性公文、报请性公文、知照性公文、记录性公文等。

1. 指挥性公文

指挥性公文是指上级领导机关对下级机关或群众发出的用以领导和指导工作的公文。它需要下级机关单位和有关人员认真学习和贯彻执行，是下级单位决策和进行工作活动的依据。如命令、指示、决定、意见、批复和政策性通知等。

2. 规范性公文

规范性公文是指由机关、组织、社会团体制定的，要求其成员在活动工作等方面严格遵守的行为规范，它是一种兼有政策性和法规性的公文，有较强的规范性和强制性。如章程、条例、规定、办法、细则、规则等。

3. 报请性公文

报请性公文是下级机关向上级机关汇报工作、反映情况、请示问题时所使用的陈述性、请求性公文。这类公文主要是报告、请示等。

4. 知照性公文

知照性公文是指机关单位发布的需要周知或遵守，以及各机关单位之间联系工作，通报情况所使用的公文。如公报、公告、通知、通报、函等。

5. 记录性公文

记录性公文是指各机关、组织用以记载公务活动以备查考的公文。如会议记录、纪要、大事记、日志等。

除以上的分类方式外，公文还有以下的分类方式：从公文的缓急程度上划分，可分为急件和平件，急件又可分为特急件和急件；从公文的使用范围来划分，可分为通用公文、专用公文和技术公文；从公文的发送目的来划分，可分类为主送件、抄送件和批转件、转发件；从公文的处理要求上来划分，可以分为需办公文和参阅公文等。

第三节　公文的作用

公文的性质、任务和特点，决定了公文的作用是多个方面的，下面将从几个方面进行概述。

一、公文发挥着参谋决策的作用

各类领导机关在制定决策和决策实施过程中，离不开信息的搜集、处理，离不开调查研究和征求意义，公文以其法定渠道，承载着各种信息，为领导层提供参谋决策的作用，用北宋著名政治家司马光的话来讲就是“资治通鉴”。比如，调查报告、调研报告、工作总结、领导讲话稿等都是以文辅政的直接体现。总之，公文参谋层次最高、内容最全、思路最明、作用最大，在各种参谋当中地位无与伦比。

二、公文发挥着联系沟通的作用

各类领导机关在实施管理、开展公务活动，经常需要联系工作、交流信息、沟通情况、商洽问题，公文作为一种联系沟通的重要手段在公务活动中广泛应用。譬如人们通过制定决议、发布指令、统一认识，做到步调一致，保证公务活动正常有效地运转。

三、公文发挥着宣传舆论的作用

各类领导机关在推动工作、实施管理的时候，需要行之有效的宣传舆论支持，公文具有较强的政策性和理论性，发挥着阐明事理、启发觉悟、凝聚人心、提高认识水平的宣传教育作用，特别是指导意见、纪要、表彰性通报更具有明显的宣传教育作用。

四、公文发挥着存储凭证的作用

公文还是各级领导机关职能活动的真实记录，是研究和处理问题的基本依据。公文在执行的时候是这样的，成为档案之后更是这样。某种程度而言，公文具有历史文献的作用，特别是记载一些重大历史事件的公文，它的历史价值更大，也是后人回顾历史、查考历史的重要依据。故有人认为“今天的公文，就是明天的历史”。

简言之，公文一直在发挥着参谋决策、明事通情、宣传舆论和存储凭证的作用。它“不仅与历史的脉搏紧密相连，而且清晰地感受到时代的风雷激荡。①”

课后实践练习

一、填空题

1．公文的主要作用有四点，即____________、____________、____________和____________。

2．公文的行文关系，主要有____________、____________和____________三种。

3．公文的特点可概括为____________、____________、____________、____________和____________。

4．从公文内容的性质和特点来划分，公文的类型有：____________、____________、____________、____________和____________。

二、选择题

1．根据内容涉及国家秘密的程度，含有重要的国家秘密，泄露会使国家的安全和利益遭受严重损害的公文属于（　　）。

A．内部使用公文　　B．秘密公文

C．机密公文　　D．绝密公文

2．上行文是指（　　）。

A．向具有隶属关系的上级领导、领导机关报送的公文

B．向所属被领导机关或组织发出的公文

C．向一切比本机关级别层次高的机关发出的公文

D．向一切比本机关级别层次低的机关发出的公文

3．下列哪种文种不属于下行文（　　）。

A．决定　　B．批复

C．命令　　D．请示

4．公布性公文不包括（　　）。

① 何新国：《机关文字工作五十讲》，浙江大学出版社 2013 年版，第 77 页。

A．公告　　B．通告

C．公示　　D．报告

三、思考题

1．结合本书，简述公文的特点与作用。

2．按行文方向对公文进行分类的意义是什么？

3．结合本书，阐述公文写作的基本要求。

4．结合所学知识，谈谈你对公文写作的认识。

第三章　公文写作的基本格式和行文规则

第一节　公文写作的基本格式

公文的格式是公文区别于文学作品、新闻作品最重要的一个特征。它是公文写作在长期实践中形成的，是党政机关和社会团体都要共同遵守的。根据《党政机关公文格式》GB/T9704—2012 的规定，公文的基本格式包括三个部分，即版头、主体和版记，如图 3. 1 所示。

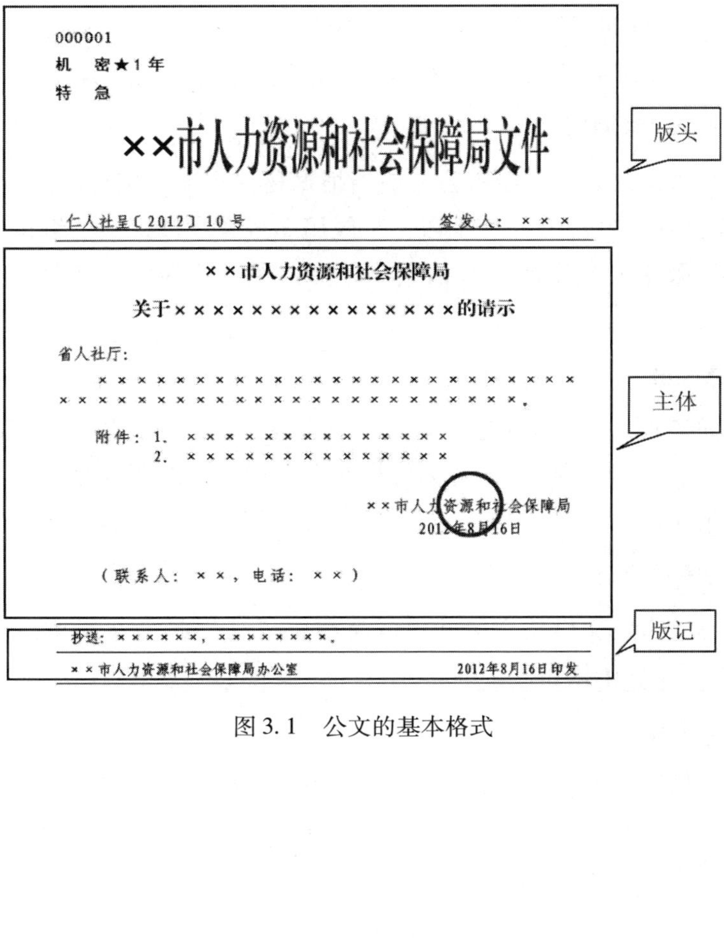

图 3. 1　公文的基本格式

其中，公文首页红线分割线以上的部分称为版头；红色分割线以下、公文末页首条分割线以上的部分称为主体；末页首条分割线以下、末条分割线以上的部分称为版记。

一、公文的版头格式

公文的版头通常由份号、密级和保密期限、紧急程度、发文机关标志、发文字号和签发人组成，如图 3.2 所示。

图 3.2　公文版头格式

（一）份号

公文份号即公文印制份数的顺序号。涉密公文应当标注份号。如需标注份号，一般用 6 位数的 3 号体字的阿拉伯数字标注，顶格编排在版心左上角第 1 行。

（二）密级和保密期限

密级即公文的保密等级。涉密公文应当根据秘密程度分别标注“绝密”“机密”和“秘密”。如需标注密级和保密期限，一般用 3 号黑字体，顶格编排在版心左上角第 2 行；保密期限中的数字用阿拉伯数字标注；秘密等级与保密期限之间用“★”隔开。

（三）紧急程度

紧急程度即签发者对该公文送达和办理的时限要求。根据紧急程度，紧急公文应当分别标注“特急”或“加急”。如需标注紧急程度，一般用 3 号黑体字，顶格编排在版心左上角第 3 行。

（四）发文机关标志

发文机关标志由发文机关全称或规范简称加“文件”两字组成，也可不加“文件”。发文机关标志居中排布。

（五）发文字号

发文字号包括发文机关代字、年份代码、发文顺序号。例如：“×人社呈〔2012〕

10号”，代表××市人力资源和社会保障局2012年第10号公文，“×人社”是××市人力资源和社会保障局的代字，〔2012〕是年号，“10”号是发文顺序号。几个机关联合发文，只标明主办机关发文字号。

编写发文字号有利于统计发文数量，便于公文管理，有利于备案查找，在引用时，可以作为公文的代号使用。发文字号一般编排在发文机关标志下空两行位置，居中排布；年份代码、发文顺序号用阿拉伯数字标志；年份应标全称，用六角括号“〔〕”括入；发文顺序号不加“第”字，不编虚位（即1不编为01），在阿拉伯数字后加“号”字。

上行文的发文字号居左空1字编排，与最后一个签发人姓名处在同一行。

（六）签发人

上行文应当标注签发人。由“签发人”三字加全角冒号和签发人姓名组成，居右空1字，编排在发文机关标志下空两行位置。“签发人”三字用3号仿宋体字，签发人姓名用3号楷体字。

二、公文的主体格式

公文的主体由标题、主送机关、正文、附件说明、发文机关署名、成文日期、印章、附注和附件组成。

（一）标题

公文标题是对公文内容的精确概括，要准确、简要，一般由发文机关名称、事由和文种三部分组成。它表明了公文的来源、主要内容及其性质。如“湘潭大学关于举办公文写作比赛的通知”这个公文标题，一看就知道，这是湘潭大学发出的一个通知，内容是关于举办公文写作比赛方面的事项。

公文的标题一般用2号小标宋体字，编排在红色分隔线下面空两行的位置。如果标题太长，需要回行的话，要注意做到词意完整、排列对称、长短适宜、间距恰当，排列的形式应当使用梯形或菱形。

3个或3个以下机关联合发文时，标题中应该列出所有发文机关的全称；4个或4个以上机关联合行文时，可以采用排列在前的发文机关名称加个“等”字的方式。

在公文标题中除法规、规章名称加书名号外，一般不用标点符号。

（二）主送机关

主送机关是行文的主要对象，即要求主办或答复这份公文的对方单位。准确地确定主送机关是公文发出后能否及时得到处理的关键。主送机关应当使用机关的全称、规范化简称或者同类型机关的统称。其中，使用简称要注意规范、准确，机关的规范化简称和统称应由上级机关明确，不得随意编造机关简称。使用统称，包括的地区、部门、单位要齐全，称呼要准确。

对下级发出的指示、通知、通报等称为普发公文，可以主送几个以上机关，凡其下属机关都是主送机关；向上级报告、请示的公文，一般只写一个主送机关，不能多头主送，如需报送另一个上级机关时，可以用抄报的形式，以免责任不明，处理延误。布告、通告、公告等公布性公文，不写主送机关，可在发表或发送时，另附一个通知或公函给主送机关。

主送机关一般写在正文之前、标题之下，顶格写。

（三）正文

正文是公文的主体，正文的作用是直接体现党和国家的方针政策，反映公文作者的意图。发文的目的能否实现，主要在正文的书写。因此，正文的写作应该观点鲜明，内容清楚、简洁、通畅，标点符号准确。正文一般在主送机关之后另起一行空两格书写。

正文中标题字号的使用：文种结构层次依次可以用“一、”“（一）”“1.”“（1）”的方法标注，一般一级标题用黑体字，二级标题用楷体，三级和四级和正文一样，用3号仿宋体字。

正文一般分为开头、中段、结尾三个部分，不同文种的正文结构还有些细微的差别。

开头要开篇明意，简要说明发文的根据和理由、发文的目的或结论。如是复文，要引述来文的日期和标题。

中段是公文主体，要根据办文的目的、国家的有关政策，将情况、问题、要求阐述清楚。内容较多的，可依次表述，或分段写，或用序数表明项目，以资醒目。

结尾应简洁明晰，向对方提出要求，请求解决某项问题。结尾用语要按照行文关系，写得妥帖得体：上行文，可用“以上报告妥否，请批示”“以上报告如无不妥，请批转”；平行文，可用“专此函复”“特此通知”；下行文则常用“希遵照执行”“此复”“此令”等语。

（四）附件说明

公文正文中的一些内容，如图表、名单、规定等，如果把它们穿插在公文正文当中，往往会隔断公文前后的联系，造成阅读上的不便。因此，制作公文时，需要将它们从公文的正文中抽出来，附在公文的正文后面，便于单独查阅。这也就是附件。

如有附件，要在正文下空1行左边空2个字的位置标注“附件”两个字，再在这两个字后面标全角冒号和附件名称。如有多个附件，使用阿拉伯数字标注附件顺序号。注意：附件名称的后面不要加标点符号；当附件名称较长需要回行时，要与上一行附件名称的第一个字对齐。

（五）发文机关署名、成文日期和印章

发文机关署名又称落款，应写在正文的下面偏右，与正文保留适当的空格，以便盖章。发文机关应写明全称，以示严肃负责。以机关领导人名义行文时，应冠以职务、身份。

1. 加盖印章的公文

成文日期一般右空 4 字编排，印章用红色，不得出现空白印章。

单一机关行文时，一般在成文日期之上、以成文日期为准居中编排发文机关署名，印章端正、居中下压发文机关署名和成文日期，使发文机关署名和成文日期居印章中心偏下位置，印章顶端应当上距正文（或附件说明）一行之内。

联合行文时，一般将各发文机关署名按照发文机关顺序整齐排列在相应位置，并将印章一一对应、端正、居中下压发文机关署名，最后一个印章端正、居中下压发文机关署名和成文日期，印章之间排列整齐、互不相交或相切，每排印章两端不得超出版心，首排印章顶端应当上距正文（或附件说明）一行之内。

2. 不加盖印章的公文

单一机关行文时，在正文（或附件说明）下空 1 行右空 2 字编排发文机关署名，在发文机关署名下一行编排成文日期，首字比发文机关署名首字右移 2 字，如成文日期长于发文机关署名，应当使成文日期右空 2 字编排，并相应增加发文机关署名右空字数。

联合行文时，应当先编排主办机关署名，其余发文机关署名依次向下编排。

3. 加盖签发人签名章的公文

单一机关制发的公文加盖签发人签名章时，在正文（或附件说明）下空 2 行右空 4 字加盖签发人签名章，签名章左空 2 字标注签发人职务，以签名章为准上下居中排布。在签发人签名章下空 1 行右空 4 字编排成文日期。

联合行文时，应当先编排主办机关签发人职务、签名章，其余机关签发人职务、签名章依次向下编排，与主办机关签发人职务、签名章上下对齐；每行只编排一个机关的签发人职务、签名章；签发人职务应当标注全称。签名章一般用红色。

4. 成文日期

发文日期为公文生效的起始时间，用阿拉伯数字将年、月、日标全，年份应标全称（如2019 年不得写成19 年），月、日不编虚位（即1 不编为01）。发文日期一般以机关领导人签发日期为准；会议通过公文以会议通过日期为准；一般性例行公文如通知、函等以实际发出日期为准；法规性以公文的批准日期为准，或公文最后专门规定生效、执行日期，如“本条例自发布之日起施行”。

成文日期写在公文末尾、发文机关下面，并稍向右错开。

5. 特殊情况说明

当公文排版后所剩空白处不能容下印章或签发人签名章、成文日期时，可以采取调整行距、字距的措施解决。

（六）附注

附注一般是对公文的发放范围、使用时需注意的事项加以说明。请示件应当在附注的位置上标注联系人和联系方式。如有附注，居左空 2 字加圆括号编排在成文日期下 1 行。

（七）附件

附件应当另面编排，并在版记之前，与公文正文一起装订。“附件”两个字及附件顺序号用 3 号黑体字顶格编排在版心左上角第 1 行。附件标题居中编排在版心第 3 行。附件顺序号和附件标题应当与附件说明的表述一致。附件格式要求同正文。

如附件与正文不能一起装订，应当在附件左上角第 1 行顶格编排公文的发文字号并在其后标注“附件”两个字及附件顺序号。

三、公文的版记格式

图 3.3　公文版记格式

公文的版记包括抄送机关、印发机关和印发日期。

（一）抄送机关

抄送机关是指除主送机关外，需要执行或者知道公文内容的其他机关，可以是上级、平级、下级及不相隶属的机关。公文的抄送范围应当严格按照工作需要确定，不能滥抄一通，但也不能错抄和漏抄。在排列顺序上，一般按机关性质和隶属关系确定，先上级，再平级，最后是下级。一般用 4 号仿宋体字，编排在印发机关和印发日期上面一行，左右各空 1 个字。

如果需要把主送机关移至版记，那么除将“抄送”两个字改成“主送”外，编排方法跟抄送机关是一样的。既有抄送机关又有主送机关时，应当将主送机关放在抄送机关上面一行，中间不要加分隔线。

（二）印发机关和印发日期

印发机关是指公文的印制主管部门，一般是各党政机关办公厅（室）或文秘部门。发文机关没有专门的办公厅（室）的，发文机关就是印发机关。

印发机关和印发日期一般用4号仿宋体字，编排在最后一条分隔线之上，印发机关左边空1个字，印发日期右边空1个字，标注方法和成文日期是一样的，都用阿拉伯数字，年、月、日要标全，年份要标全称，月、日不能编虚位，后面加上“印发”两个字。

四、特定公文格式

以上介绍的是常用公文的格式，但在实际工作中还会遇到特殊的公文。下面将介绍三种特定公文格式。

（一）信函格式

发文机关标志上边缘距上页边的距离为30 mm，推荐用红色小标宋体字，字号由发文机关酌定。联合行文时，使用主办机关标志。

发文机关标志下4 mm处为一条红色双线（上粗下细），距下页边20 mm处为一条红色双线（上细下粗），两条线长均为170 mm，居中排布。

如需标注份号、密级和保密期限、紧急程度，应当顶格居版心左边缘编排在第一条红色双线下，按照份号、密级和保密期限、紧急程度的顺序自上而下分行排列，第一个要素与该线的距离为3号汉字高度的7/8。

发文字号顶格居版心右边缘编排在第一条红色双线下，与该线的距离为3号汉字高度的7/8。

标题居中编排，与其上最后一个要素相距2行。

第二条红色双线上1行如有文字，与该线的距离为3号汉字高度的7/8。

首页不显示页码。

（二）命令或者令格式

发文机关标志由发文机关全称加“命令”或“令”字组成，居中排布，上边缘至版心上边缘为20 mm，推荐使用红色小标宋体字。发文机关标志下空2行居中编排令号，令号下空2行编排正文。签发人职务、签名章和成文日期的编排按照公文主体部分加盖签发人签名章的格式执行。

（三）纪要格式

纪要标志由“×××××纪要”组成，居中排布，上边缘至版心上边缘为35 mm，推荐使用红色小标宋体字。

标注出席人员的名单，一般用3号黑体字，在正文或附件说明下空1行左空2字编排“出席”两个字，后标全角冒号，冒号后用3号仿宋体字标注出席人单位、姓名，回行时与冒号后的首字对齐。

标注请假和列席人员名单，除了另起一行并将“出席”两个字改为“请假”或“列席”外，编排方法同出席人员名单。

纪要的格式可视具体情况灵活调整。

总之，公文格式规范化是公文自身的要求，它有助于公文在最大程度、最大范围内实现有效沟通，从而方便、快捷、有效地处理公务。鉴于此，我们应该对公文的基本格式熟稔于心，并在实际的写作中严格遵守。

延伸阅读一

公文用纸有讲究

《党政机关公文格式》不仅对公文的组成要素进行了严格的规定，而且对公文的纸张和印刷也有详细的规定，它通常采用GB/T 148中规定的A4型纸，其成品幅面尺寸为：210 mm×297 mm。公文用纸天头（上白边）为37 mm±1 mm，公文用纸订口（左白边）为28 mm±1 mm，版心尺寸为156 mm×225 mm。一般每面排22行，每行排28个字。为了防止出现“此页无正文”字样，在调整行距、字距时，每页既可减少1行，每行可减少1~2个字，也可每页增加1~2行，每行增加1~2个字。

公文要双面印刷。公文页码用4号半角白体阿拉伯数字标注，置于版心下边缘之下，数字左右各放一条4号一字线，一字线距版心下边缘7 mm，单页码居右空1字，双页码居左空1字。公文装订与公文排印一致，左侧装订，不掉页。

延伸阅读二

公文中数字、标点符号和单位的正确用法①

公文处理是一门学问，发出的公文代表一个部门的整体形象，但是在日常收发公文工作中，如公文中数字、标点符号和单位的用法依然发现一些不容忽视的问题。

一、公文中关于数字的用法

（一）多位数的写法。整数部分每三位一组，以半角“,”分节，小数部分不分节。四位以内的整数可以不分节。如：62,400.1256。

---

① 本节内容来源于“贵州改革”微信公众号2021年第269期。

（二）数值范围。在表示数值范围时，采用“～”连接。如：12,400～20,000元。

（三）含月、日的专名。含有月、日的专名采用阿拉伯数字表示时，应采用间隔号“·”将月、日分开。如：“3·12”中国植树日、“5·1”国际劳动节。

（四）年、月、日的数字用法。年、月、日的表达顺序应按照口语中年、月、日的自然顺序书写。如2008年8月8日。年月可用“－”替代，但年、月、日不完整时不能替代。8月8日不能写为8－8，2008年8月不能写为2008－8。四位数字表示的年份不应简写为两位数字。如：2021年不能写为21年。

二、公文中括号的运用

括号的主要形式有：圆括号“（）”、方括号“［］”、六角括号“〔〕”和方头括号“【】”等。

标示公文发文字号中的发文年份时，应用六角括号。如：××办发〔2021〕3号

标示注释内容或补充说明，均用圆括号。如：中共中央办公厅和国务院办公厅联合下发了《党政机关公文处理工作条例》（以下简称《条例》）。

三、公文中使用计量单位的要求

《党政机关公文处理工作条例》明确要求，公文中计量单位的用法要“按照有关国家标准和规定执行”，即按照《国际单位制及其应用》（GB3100—1993）、《有关量、单位和符号的一般原则》（GB3101—1993）和《力学的量和单位》（GB3102.3—1993）等标准的规定来使用。

例如：质量单位应使用千克，而不用市斤；长度单位应使用米，而不用尺等。

四、公文中常出现的错误

（一）易出现多个书名号或引号并列时使用顿号分隔。标有书名号或引号的并列成分之间通常不用顿号。例如：我小时候喜欢看《一千零一夜》《格林童话》《安徒生童话》

（二）易出现二级提纲在换行分段情况下使用句号的错误。二级提纲在换行分段时不使用句号，如使用句号则不需要换行分段。

（三）易出现在图、表说明文字末尾使用句号的错误。图或表的短语式说明文字，中间可用逗号，但末尾不用句号。即使有时说明文字较长，前面的语段已出现句号，最后结尾处仍不用句号。比如：注：以上各项数据统计截至2020年12月31日；城市人口指常住户籍人口；规模工业企业个数统计为新口径

（四）在标示数值和起止年限时使用连接号不规范。标示时间、地域的起止一般用一字线（占一个字符位置，即“—”），标示数值范围起止一般用波纹线（即“～”）。

（五）易出现在并列分句中使用句号后再使用分号的错误。分项列举的各项或多项已包含句号时，各项的末尾不能再用分号。

（六）易出现同一形式括号套用的错误。同一形式的括号要避免套用，必须套用括号时，应采用不同的括号形式配合使用。比如：围绕政府半年工作开展回头看，认真总结上半年工作，科学谋划下半年工作。[责任单位：各镇（街道）]

（九）易出现书名号内用顿号表示停顿的错误。书名号内标示停顿时应用空格。

（十）易出现附件名称后使用标点符号的错误。附件说明中的附件名称后不用任何标点符号。比如：1. ××领导小组成员名单

第二节　公文的稿本形态

公文的稿本指公文的文稿、文本。在公文形成过程中，有多种文稿、文本产生，它们在内容、外观形式，特别是在效用方面有很大不同。公文的稿本主要有以下几种：

一、草稿

草稿是供讨论、征求意见、修改审核、审批用的原始的非正式文稿，内容未正式确定，不具备正式公文的效用。

草稿的外观特点是没有生效标志（签发、用印等）；文面上常见“讨论稿”“征求意见稿”“送审稿”“草案”“初稿”“二稿”“三稿”等稿本标记，标记大都位于标题下方或右侧加括号。

二、定稿

定稿是内容已确定，已履行法定生效程序的最后完成稿，具备正式公文的效用，是制作公文正本的标准依据。定稿一经确立，如不经法定责任者（如签发人，讨论通过该公文的会议等）的认可，任何人不得再对其予以修改，否则无效。

三、正本

正本是根据定稿制作的供主要受文者（主送机关）使用的具有法定效用的正式文体，其内容必须是对定稿的完整再现。

正本的外形特征是格式正规并有印章或签署等表明真实性、权威性、有效性的标志，在一些特殊公文上还标有“正本”字样的标记。

四、试行本

试行本是规范性公文正本的一种特殊形式，即试验推行本，在规定的试验推行期间具有正式公文的法定效用。试用本主要适用于发文机关认为公文内容待一段时间的实践检验后可能将予修订的情况下使用的文本。

试行本的外形特征主要是在公文标题中加注稿本标记，一般是在文种后用括号注明“试行”字样。

五、暂行本

暂行本也是规范性公文正本的一种特殊形式，即暂时推行本，在规定的暂行期间具有正式公文的法定效用。暂行本常用于发文机关认为因时间紧迫，公文中的有关内容可能存在不够详细周密等缺欠，不长的一段时间之后可能将予修订的情况之下。

暂行本的外形特征是在公文标题的文种之前加注“暂行”字样，如《行政法规制定程序暂行条例》。

六、副本

副本是指再现公文正本内容及全部或部分外形特征的公文复制本或正本的复份。

作为正本复份（与正本同时印刷）的副本与正本在外形上基本上没有区别，这种副本只在送达对象和使用目的上与正本有所不同，正本送达主送机关，供对方直接办理，副本送抄送机关了解内容或由本机关留存备查、归档等，在效用方面均具备正式公文的法定效用。

作为复制件的公文副本（如抄本、复印本等），因不能再现公文的全部特征（如印章或无非复制的印迹或签署者的亲笔签名），公文的真实性无切实保障，因此，不具备正式公文的法定效用，只能供参考、备查。此类副本常需加注“副本”字样的标记。

七、修订本

规范性公文正本的另外一种特殊形式，是已发布生效的公文，经实践检验重新予以修正补充后再发布的文本。自修订本生效之日起，原文本即行废止。

修订本的外形特征除与其他正本相同之外，需要做出稿本标记，可在标题结尾处标作“（修订本）”，也可在标题下做题注，在圆括号内注明“某年某月修订”。

八、不同的文字稿本

同一公文在形成过程中，需要用两种或两种以上文字撰写和制作时，会形成不同文字的文稿或文本。在我国，以汉文和其他兄弟民族文字撰制的同一公文的不同文字的文稿、文本的效力完全等同。在涉外场合，公文中应对用何种不同国家和民族文字撰制，以及它们是否具有同等效力作出明确的规定，并应指明在理解上产生纠纷时以何种文字的文本为准。

第三节　公文写作的行文规则

为了确保公文迅速而准确地传递，避免行文紊乱，防止公文“旅行”，国家有关部门制定了控制行文数量及行文方向、行文方式的有关规定，这就是行文规则。遵守行文规则的客观必要性在于：加强对公文传递过程的控制，使公文的行文方向正确，传递速度合理，保证公文能够准确、可靠、快捷、有效地到达目的地；使机关之间相互行文有法可依，有规可循，从而维护正常的行文秩序。防止行文紊乱；精简公文，简化手续，提高机关行政管理的效率。

一、根据机关之间的工作关系行文

机关单位工作关系有如下四种类型：

（一）隶属关系

指处于同一组织系统的上级机关与下级机关存在领导与被领导的关系。

（二）业务指导关系

指处于同一专业系统的上级主管业务部门与下级主管业务部门之间存在指导与被指导关系。

（三）平行关系

指处于同一组织系统或专业系统的同级机关之间的平行关系。如全国各省、自治区、直辖市人民政府之间。

（四）不相隶属关系

指非同一组织系统、专业系统的机关之间，无论级别高低，均为不相隶属关系。如军事机关与各级地方人民政府之间。

二、选择适宜的行文方式

一般不得越级行文。行文方式是指机关之间公文传递路线的结构形式，有逐级行文、多级行文、越级行文、直接行文等多种。机关对外发文，应依据需要和可能的条件选择适宜的行文方式，在一般情况下不得越级行文。为了维护正常的领导关系，具有隶属关系或业务上有指导关系的机关之间应基本采取逐级行文的方式，即按层级逐级上报、下发公文或只对直属的上一级机关或所属下一级机关制发公文。为加快公文传递，在必要时可采用多级行文的方式，即同时向若干层级的上级机关或下级机关制发公文，包括直达基层组织和向人民群众公布。为了维护组织或专业系统中的合理分工和正常的工作秩序，防止工作上的脱节、被动或抵触，在一般情况下应避免越级行文。

在下列特殊情况下应采用越级行文的方式：一是由于情况特殊紧急，如逐级上报和下达会延误时机造成重大损失；二是经多次请示直接上级机关而问题长期未予解决；三是由上级机关交办并指定直接越级上报的具体事项；四是出现需要直接询问、答复或联系的具体事项；五是需要检举、控告直接上级机关等。因特殊情况越级行文时，一般应抄送越过的机关。

同级或其他不相隶属的机关之间相互行文时应采取直接行文的方式，即不受系统归属与级别层次的制约而直接向对方机关制发公文。

三、正确选择主送机关与抄送机关

机关对外发文，应正确选择主送机关。除普发性公文外，通常一份公文只选择一个主送机关，防止由于多头主送而贻误处理。除领导直接交办的事项外，不应将公文直接报送领导个人。

选择抄送机关时，应注意不要扩大抄送范围，但向下级机关的重要发文应同时抄报直接上级机关，受双重领导的机关向上级机关请示，应写明主送机关和抄送机关，由主送机关答复；上级机关向受双重领导的下级机关行文，必要时应当抄送其另一个上级机关；公文内容涉及有关机关的职权范围需要征得配合时应向其抄送。

属下列情况则不得抄送：一是请示在上报同时不得向下级机关抄送；二是接受抄送的机关不得再向其他机关抄送；三是凡与公文办理无关的机关一律不得抄送。

四、联合行文时，作者应是“同级机关”

因工作需要，可以以两个或两个以上机关的名义联合行文，但联合行文的机关必须级别层次相同或相近。同级政府之间、政府各部门之间、上级政府部门与下一级政府之间可以联合行文；政府及其部门与同级党委、军队机关及其部门可以联合行文；政府部门与同级人民团体和行使行政职能的事业单位、公司也可以联合行文。联合行文应当确有必要，单位不宜过多。

五、严格控制公文数量，简化行文手续

机关行文应注重实效，坚持少而精的原则。对于可发可不发的公文坚决不发；对必须印发的公文应严格控制发文数量与范围，杜绝滥发乱送，避免重复行文。除此，还应简化行文手续，为减少行文的中间环节，上、下级各业务主管部门应尽量直接对口行文。为缩短公文传递时间，扩大传递范围，增强公文透明度，经批准在报刊上全文发布的行政法规与规章，应当视为正式公文依照执行，可不再行文。同时，由发文机关印制少量文本，供存档备查。

课后实践练习

一、填空题

1. 一份完整的公文格式，是由__________、__________、__________三大部分组成的。

2. 文头又称版头，由份号、密级和保密期限、紧急程度、________________、______________和签发人等项目组成。

3. 发文字号由__________、__________、__________三部分组成。

4. 秘密等级分为__________、__________、__________三级。

5. 公文的紧急程度分____________、____________两种，位置在“秘密等级”的__________。

6. 签发人指____。

7. 完整的公文标题是由__________、__________、__________三要素组成的。

8. 标题中除__________、__________名称加书名号外，一般不加标点符号。

9. 公文附件的标注位置，在正文之后、成文时间之前，且应注明附件的______________和______________。

10. 公文用纸一般采用国际标准型__________纸。

二、选择题

1. 以下哪个文号是准确的（　　）。

A. 沪府发（13）第001　　　　B. 沪委发（2013）第1号

C. 中办发〔2013〕1号　　　　D. 中办发〔2013〕第001

2. 下列文稿中具有正式公文效用的是（　　）。

A. 议论稿　　　　　　　　　　B. 送审稿
C. 征求意见稿　　　　　　　　D. 定稿

3. 请大家思考下：根据公文行文规则，下列行文正确的是（　　）。
A. 行政机关可以向党的组织发布指令性公文
B. 行政机关可以向党的组织报告工作或请求批示、批准
C. 党政机关应尽量联合行文
D. 政府部门与同级人民团体之间可以联合行文

4. 发文给对方，称其为“贵单位”，说明对方是发文方的（　　）。
A. 上级　　　　　　　　　　B. 平级
C. 下级　　　　　　　　　　D. 平级或者下级

5. 公文的标题一般由哪些要项组成（　　）。
A. 版头、发文字号　　　　　B. 抄送机关、版头、主题词
C. 份号、密级标志、主题词　　D. 发文机关名称、内容、文种

6. 主送机关是指公文的主要（　　）。
A. 发文机关　　　　　　　　B. 公文拟写机关
C. 受理机关　　　　　　　　D. 下级机关

7. 下列公文排版规格，表述正确的是（　　）。
A. 正文用3号宋体字，一般每页排22行，每行排28个字
B. 正文用3号仿宋体字，一般每页排22行，每行排26个字
C. 正文用3号仿宋体字，一般每页排22行，每行排28个字
D. 正文用3号仿宋体字，一般每页排24行，每行排28个字

8. 下列通知的标题正确的是（　　）。
A.《做好农民进城务工就业管理和服务工作的通知》
B.《国务院关于清理检查“小金库”的通知》
C.《吉林省人民政府办公厅转发省环保局省农业厅关于加强农业农村污染防治工作的通知》
D.《中共吉林省委办公厅、吉林省人民政府办公厅印发〈关于领导干部报告个人重大事项规定的实施办法〉的通知》

9. 下面四个选项中，可以联合行文的机关是（　　）。
A. 中共天津市委、天津市人民政府、天津市财政局
B. 天津市人事局、天津市工商管理局、天津市财政局
C. 天津市人民政府、天津市工商管理局、天津市财政局
D. 中共天津市委、中共天津市委组织部、中共天津市委宣传部

三、简答题

1．本书列举了公文的哪些分类法？

2．选择公文文种的依据主要有哪几条？为什么？

3．根据《党政机关公文处理工作条例》的规定，公文一般由哪些部分组成？

4．公文的成文时间应如何确定？

四、病文修改

1．试指出下列文章存在哪些毛病并进行修改。

× × 市 府 公 文　　　　　　［紧急］

（05）×府发 21 号

××市人民政府严厉打击非法出版活动的通知

当前，我市一些地方非法出版活动十分猖獗，传播有害书刊和音像制品。这类出版物内容腐朽，大量宣传凶杀、色情和迷信，对群众特别是青少年的身心健康危害极大，严重地影响了社会主义精神文明的建设，破坏了社会安定，已成为社会一大公害。对此，各级政府应采取有力措施，严厉打击非法出版活动。现将有关事项通知如下。

（以下略）

附件：如文

××市人民政府

2005 年×月×日

主题词：出版　通知

报：（单位略）

送：（单位略）

二 00 五年×月×日　　×市人民政府办公厅印

（共印 500 份）

五、根据下列素材拟写公文标题

1．省人民政府就保护森林禁止乱砍滥伐的问题，向全省人民发出要求遵守周知的公布性文告。

2. 市人民政府针对少数犯罪分子在该地区拐卖妇女、儿童带来严重危害一事，做出坚决打击此类严重犯罪活动的决定，并以张贴、广播、登报等形式向全市公布决定事项内容。

3. 国务院办公厅同意国家经贸委、国家计委、财政部、农业农村部、外经贸部、人民银行、海关总署、税务总局、质检总局《关于进一步扶持农业机械工业发展若干意见》，并转发给各省（自治区、直辖市）人民政府，国务院各部委、各直属机构贯彻执行。

4. 国务院同意《云南省人民政府关于请求撤销丽江地区设立地级丽江市的请示》，并对丽江市各类机构的设立原则、经费与人员编制、行政区划调整等问题提出明确要求。

5. ××大学就××系学生张××擅自离校外出旅游，严重破坏学校纪律，给予记过处分一事通报全校。

6. ××市人民政府为了提高本市绿化水平，拟在××林场内建立一座具有一定规模的××市植物园，为此行文至××省人民政府，请求批准。

7. 为加强对城镇失业人员的管理，进一步做好劳动就业工作，××市劳动局决定对全市城镇失业人员进行统一登记，为此行文告知市属各有关部门和辖区群众。

第四章　公文写作的语言要求与结构模式

第一节　公文写作的语言要求

一、由茹太素挨打说起

《明史》记载了一桩轶事，全文不长，兹录如下：

> （茹太素）陈时务累万言，太祖令中书郎王敏诵而听之。中言："才能之士，数年来幸存者百无一二，今所任率迂儒庸吏。"言多忤触。帝怒，召太素面诘，杖于朝。次夕，复于宫中令人诵之，得其可行者四事。慨然曰："为君难，为臣不易。朕所以求直言，欲其切于情事。文词太多，便至荧听。太素所陈，五百余言可尽耳。"①

故事大意为明洪武九年（1376年）十二月，刑部主事茹太素上了一个陈时务书，长达一万七千字，共谈五件事。朱元璋叫中书郎王敏读给他听。读了六千三百七十个字还没有切入正题。朱元璋大怒，叫人将茹太素打了一顿。第二天叫人接着读，直读到一万六千五百字，才读到所谈的五件事。五件事仅有五百字，且只有四件事可行。这件事对朱元璋触动很大，于是下令中书省规定一个奏报的格式，革新文风，以杜绝废话长文。

这则轶事读来虽令人发笑，但也道出了公文写作的语言要求不同于文学写作，它更多的是强调简明、准确、规范、得体。

二、公文写作语言的四点要求

（一）简明

简明有两层含义：一是简洁，言简意赅；二是明了，表达既要简洁，又要清楚，

---

① 张廷玉等：《明史·茹太素传》，中华书局1974年版，第3986—3987页。

两者缺一不可。具体要求如下：

第一，要开门见山，直陈其事，最忌兜圈子。上面谈到的茹太素就是一个很好的反面例子。

第二，用语要精确，最好能达到“以一当十”的效果。在公文写作中之所以会有繁文的情况，多半是因为用语不够精确，只好用语句去弥补，结果文章越写越长，道理越混乱。在这一点上，古人倒是给我们提供了不少的案例。比如，古代有一妇女，她的丈夫去世后想改嫁，但那时候必须写申请、陈诉理由，报县衙批准，否则就是不守妇道、丧失贞节，这个寡妇在申请中只写了八个字：“夫死，无嗣，翁鳏，叔壮。”县官一看，人家丈夫死了，又没孩子，公公独身一人，小叔子年轻力壮，一个寡妇不改嫁何以安身？虽然字数寥寥无几，理由却相当充分。于是，二话没问，立马判一字“嫁”。你看，仅仅八个大字，就把要改嫁的原因说得清清楚楚、明明白白。所以我们在实际写作中也要做到用语确切。

第三，要使用规范化的简称。只要不是众所周知或者只是在特定范围、特定人群中使用的简称，首次出现的时候都要用全称，以后再出现才可以用简称。如“湘大”是“湘潭大学”的简称，首次出现的时候要用全称，如“湘潭大学（以下简称‘湘大’）”。另外，使用简称的时候要使用约定俗称的规范用法，如将“中华人民共和国人力资源和社会保障部”简称为“人力资源社会保障部”，将“中华人民共和国住房和城乡建设部”简称为“住房和城乡建设部”，将“国家市场监督管理总局”简称为“市场监管总局”。不能生造，比如“全国两会”，就不能说“全国二会”，否则让人看不懂，耽误了事情。

第四，多用陈述句、祈使句，少用描述句、疑问句和感叹句。如撰写报告的时候，要尽量使用陈述句，把问题表达清楚；当写请示的时候，尽量使用祈使句。换言之，就是上行文要尽量使用陈述句，下行文要尽量使用祈使句。

第五，要适当地使用一些文言词汇。使用文言词汇的一个主要原因，就是因为文言词汇比现代汉语更精炼，比较下面一段文字：

例 1　有的人不符合上级有关规定，有的人超出标准支取费用，这两种费用，以及寻找各种漂亮借口以出差名义绕道游览，利用公款游山玩水、寻欢作乐的，是不能也是不可给予报销的。

例 2　凡不符合制度规定而超标的费用开支，或以出差名义游山玩水的，一律不予报销。

例 1 未用文言词语，显得过于口语化，语言松散欠精炼。例 2 是较规范的公文语言，与例 1 比，语气上简洁、严肃有力，原因就在于公文用语中适当配合使用了文言词“凡”“一律”“不予”等。

（二）准确

准确是公文语言最基本的要求，也是公文的生命。它是指用词、造句要准确贴切，句子和句子之间逻辑关系要严谨，不能让人产生误解。具体要求如下：

第一，概念要清楚，不能产生歧义，不能模棱两可。对那些容易产生歧义的词语要谨慎使用。关于这一点，日本政府给我们提供了一个反面教材。据说，1945 年，盟军战胜了纳粹德国，欧洲地区的战事已结束，轴心国只剩下日本还在负隅顽抗。苏、美、英三国发表了《波茨坦公告》，日本天皇收到《波茨坦公告》后，发现条件并不算太苛刻，明确表示可以接受。日本的内阁成员私下里对于《波茨坦公告》内容要求也基本同意，但因这份声明公告尚未通过正规的途径送到内阁手中，因此当时的首相铃木贯太郎在 1945 年 7 月 28 日接见新闻界人士时说，日本内阁对声明正采取一种“默杀（mokusatsu）”政策，意思是：“不加以评论”。那么问题来了，日文汉字“默杀”它是个多义词，除了有“暂不评论”的解释，还可以理解为“不予理睬”之意。因为文化上的差异，盟国新闻社的译员们在翻译成英文时，便选择了“不予理睬”这一释义。这样一来，战争再无转圜的余地。美国人见日本顽固到底，决定给其一个残酷的教训，先后在广岛、长崎投下了两颗原子弹。此外，对模糊词语比如“大约”“也许”“可能”“尚可”等也要慎用。

第二，要讲究语言和逻辑。这主要包括三个方面的内容，一是句子成分一定要完整，要有主、谓、宾、定、状、补这六种句子成分，其中主、谓、宾是句子的主干，定、状、补是句子的辅助，不能随意省略。二是句子要有逻辑，不能出现自相矛盾、种属混乱的现象。如某单位写了一份关于党的群众路线教育实践活动的报告，其中有这么一句，“我们组织机关党员和干部职工，深入街道、社区、乡镇、村组、工厂、企业等基层一线体验生活，与基层群众交心谈心。”这里列举的一些类别彼此之间有交叉，不能放在一起表述，譬如，党员里面有干部职工，干部职工里也有党员。三是词语搭配要恰当，要符合事理和习惯。比如，周恩来《在文艺工作座谈会和故事片创作会议上的讲话》中“我是主张先把本民族的东西搞通，吸收外国的东西要加以溶化，要使它们不知不觉地和我们民族的文化溶合在一起。这种溶合是化学的化合，不是物理的混合，不是把中国的东西和外国的东西焊接在一起。”该例通过对“溶化”“溶合”“化合”“混合”“焊接”等意义上有联系但又有区别的词语的辨正，形象地说明了“溶化”是这样的而不是那样的，使读者一目了然。

第三，要注意区别词语的感情色彩和语体色彩。感情色彩，是指作者要明确表达的意图和指向，或赞成或反对、或歌颂或批判，必须旗帜鲜明、毫不隐讳，以增强语言的表现力。为此，就要正确区分褒义词、贬义词和中性词，不能错用或滥用，否则就会因褒贬失宜而影响感情色彩的正确表达。语体色彩主要包括口头语体色彩和书面语体色彩两种，对此要注意区别使用。在公文中要使用严谨、庄重、简洁而又典雅的书面语体，摒弃口头语体。

第四，注意不要滥用文学语言。公文用语要精确、庄重、简洁。即要实事求是，不能过分修饰、渲染。如“罪犯张某，在我公安人员的追捕下，抱头鼠窜……”其中“抱头鼠窜”就是文学语言，在此运用欠妥。

（三）规范

规范是指公文的语言除了要遵守基本的语法规定外，还需要遵守公文语言自身的标准。这套标准是中共中央、国务院统一规定的，必须按照规定撰写，具体要求包括：

第一，要使用规范的文字，不写错别字，不写不规范的简化字。在这一方面，故宫博物院给大家提供了一个反面例子。2011 年 5 月，为了感谢北京警方迅速破获故宫展品失窃案，故宫博物院向北京市公安局赠送了一面锦旗，上有十个字“撼祖国强盛，卫京都泰安”，锦旗上的“撼”字引起了广大网友的热议，因为“撼”是动摇之意，不仅不与“捍”意思相通，而且相反，一字之差，导致所要表达的意思完全相反了。由此可知，公文写作不能掉以轻心。

第二，要使用符合规范的现代汉语的书面语言，禁止使用地方话、半文半白、中文中夹杂不必要的英文单词等情况。

第三，要正确使用标点符号并按照国家标准使用汉字数字和阿拉伯数字。

（四）得体

公文语言得体包括三个层面：一是庄重，二是通俗，三是质朴。

庄重通常是就上行文和平行文而言，要求庄重文雅，严肃认真，谦虚恭敬，诚挚恳切，体现出对对方的尊重。在具体写作过程中，要用书面语，慎重使用口语，这是因为书面语的语感比口语更正式。比如，口语中的“到美国去考察”，在公文中我们则可以说成“赴美考察”。此外，为了体现出庄重，撰写公文的时候尽量使用公文的专用语，如“兹”“鉴于”“惊悉”“阅悉”“谨悉”等。

通俗则主要针对下行文而言，要求所使用的语言通俗易懂，肯定明确，朴实平易，能让下级机关准确理解上级机关的意思。在具体的写作过程中，要做到少用艰涩难懂的词语，尽量使用大家都能理解的词句。这一点，北宋陆参断案可谓是反面例子，据司马光《涑水记闻》卷三载：“（陆参）举进士及第。尝为县令……有讼田者，判其状尾而授之，曰：‘汝不见虞、芮之事乎？’讼者赍以示所司，皆不能解，复以见参，参又判其后曰：‘嗟乎，一县之人，曾无深于《诗》者！’”① 两个农民为一块田地的归属问题到县衙打官司，这本是一桩情节十分简单的案件，但陆参的判决书写得“太深奥”，他援引了《诗经·大雅》的典故，不仅当事人看不懂，就连司法人员也不明其意，自然也就无法执行了。此外，尽量少用专业术语，即便是撰写专业性比较强的公文，在不损害内容表达的前提下尽量选择使用通俗易懂的词语来表达。

质朴要求语言不溢美、不矫饰。老子说：“信言不美，美言不信”②，意思是说，华美的言辞、文章，内容往往不真实，对公文写作更是如此，溢美和矫饰是公文语言之大忌。比如，某单位在报送活动总结的报告中写道：“活动现场十分火爆，宣传展板前人头攒动，赠书展台前，前来咨询、领书、办证群众络绎不绝，活动受到基层群众的热烈追捧”，这里的“十分火爆”“人头攒动”“络绎不绝”“热烈追捧”，形容当时的场面，文字虽然十分花哨，但不朴实，不适合公文写作。

三、提高公文写作语言表达能力的具体途径

前面既然谈到了公文写作的语言要求，那么怎样才能提高自己的公文语言表达技巧呢？我们认为，提高公文写作语言表达能力是一项复杂的系列工程，其具体途径主要有：

（一）广泛地参加社会实践活动

公文写作是以求真为目标的，要从实践出发，实事求是地反映情况和问题。公文写作者只有亲自参加社会实践，才能达到公文写作求真求实的目的，除此则别无他途。

（二）不断丰富自身知识积累

公文写作者除了深入社会生活，坚持社会实践外，还应注重学习，努力扩大自己的阅读面，不断积累和更新自己的知识，以适应形势发展的需要。

首先，精读公文名篇特别是经典著作，重点是用心钻研马克思列宁主义、毛泽东思想、邓小平理论、“三个代表”重要思想、科学发展观、习近平新时代中国特色社会主义思想。通过对这些著作的学习，不仅可以培养公文写作的感受能力，从中学习公文写作方法、体式规范、结构的安排及各种手法和技巧，更重要的意义在于学会运用马克思列宁主义基本原理与方法观察和分析问题，提高自身的理论水平和认识能力。尽可能多地掌握专业学科方面的基础理论，会大大减少我们从事公文写作的困难。

---

① 司马光：《涑水记闻》，《宋元笔记小说大观》本，上海古籍出版社 2007 年版，第 807 页。

② 高明：《帛书老子校注》，中华书局 1996 年版，第 155 页。

其次，精读经典名著还要同广泛阅读结合起来。阅读范围越广，则愈能得到多方面的启迪。通过广泛阅读，我们就能比较、判断写作者把握社会事物情况的能力，领略其感受高低。同时，反复阅读、鉴赏活动，能够对我们产生一种潜移默化的作用，使感官对物的刺激更具敏感性，能尽快地触发感受，刺激情感的宣泄。可见，广泛阅读对提高公文写作者的深厚的写作能力具有重要的作用，它是培养公文写作者素质的重要途径。

最后，公文写作者还必须具备一定的法律知识。为此，提高公文写作者的法律修养，已成为当务之急。可采取脱产、半脱产学习，有目的、有重点地进行培训，使公文写作者的法律素质得到迅速提高，使他们在公文写作中能自己遵守党的基本路线、方针、政策和法律法规。

（三）注重自我语言表达能力的修养

具体来说包括以下几个方面：

1. 广泛选用俗语和缩略语

俗语，是指在民间约定俗成、为群众所创造的口语性的固定词组和句子，脍炙人口、简练通俗、生动形象、表现力强、并富有哲理。一般包括谚语、歇后语、顺口溜，以及口头性的群众语言等。例如，“耳听为虚，眼见为实”“当面鼓对面锣”“一言既出，驷马难追”“众人拾柴火焰高”“三个臭皮匠，赛过诸葛亮”“天下无难事，只怕有心人”“庄稼一枝花，全靠肥当家”等。

缩略语，是为了便利表达而对一些文字比较长的概念、机构等专有名称的简略叫法，语言简约、含义明确，便于理解。如“党中央”“环保”“双规”“低碳”“三农”“三个代表”“廉租房”“反腐”“十八大”等。

2. 恰当运用修辞，增强表达效果

鲁迅先生曾说过：“正如作文的人，因为不能修辞，于是就不能达意。”① 比如，援引典故和经典，可以增强文章的表现力，丰富文章的内涵。

“芳林新叶催陈叶，流水前波让后波。”此诗出自唐代著名诗人刘禹锡的《乐天见示伤微之、敦诗、晦叔三君子，皆有深分，因成是诗以寄》，意为新陈代谢是自然规律，生生死死是不以人的意志为转移的客观规律，没有陈叶就不会有新叶，没有前波就不会有后波，新旧事物不是截然对立、毫无关联的。新事物中包含了旧事物中的优秀成分，旧事物中孕育了新事物的某些基因。习近平总书记在2018年春节团拜会上的讲话就援引了这句诗，“‘芳林新叶催陈叶，流水前波让后波。’改革开放40年来，我们以敢闯敢干的勇气和自我革新的担当，闯出了一条新路、好路，实现了从‘赶上

① 鲁迅：《鲁迅全集》第九卷，人民文学出版社2013年版，第354页。

时代’到‘引领时代’的伟大跨越。”

又比如，“不驰于空想、不骛于虚声。”出自著名革命家李大钊，意思是不能不切实际地空想，不付诸行动，去追求一些虚幻的东西。习近平总书记发表2018年新年贺词时就引用了这句经典名言，“2018年是全面贯彻中共十九大精神的开局之年。中共十九大描绘了我国发展今后30多年的美好蓝图。九层之台，起于累土。要把这个蓝图变为现实，必须不驰于空想、不骛于虚声，一步一个脚印，踏踏实实干好工作。”

（四）善于搜集具有典范意义的公文作品，增强语感

陆机《文赋》云：“收百世之阙文，采千载之遗韵。谢朝华于已披，启夕秀于未振。”[①] 强调了搜集的重要性。搜集不是对既有知识简单摘录，而是一种创造性的活动，它能增强我们的语感。在搜集的过程应做到以下两个结合：

一是专题搜集和广泛搜集相结合。广博与专深，是进行搜集时首先要处理好的一对关系，专题搜集是建立在广博搜集的基础上，只有对有关资料知识进行广泛的涉猎，才有可能进行深入的专题搜集。广泛搜集与专题搜集是相辅相成的。广泛搜集会相应地丰富专题搜集，而在大力进行专题搜集的同时，也应注意其他门类知识的采撷，这往往导致发现专题项目与其他门类知识的神妙联系，在二者相互撞击中闪烁出创造的光芒，形成深刻而奇妙的写作灵感。

二是抄录与转述相结合。各种名篇浩如烟海，各类刊物缤纷杂陈，为储存资料，可采取抄录式和转录式相结合。当然，进行搜集时要有明确的目的性，抄录式搜集可以只抄录几句，也可大段式抄录。若公文篇幅过长，可进行转述，转述尤其应注重其完整性，更应准确地把握公文的思想观点和逻辑思路，特别同一论题而观点又对立时，还有必要简述公文的论述环节。这样有助于自己积极思考，予以争论。这样，转述对象便会给我们留下深刻的印象，感知的内容就非常强烈而丰富了。

（五）关注公文的实际效果

很多人以为公文写出来就万事大吉了，但实际上公文写出来之后，它的生命旅程才刚刚开始。作为撰稿人，我们要高度关注文章在每一个阶段的有关情况，并根据有关情况总结调整自己的写作行为。只有不断改进写作方法，才有可能逐步提高写作水平，这就需要对于公文写作进行跟踪问效。如何进行跟踪问效？有人总结了三个方面[②]：

第一，密切关注公文的审签过程，分析、研究领导修改文稿的情况。要认真分析、研究领导的修改情况。如果没有修改，是写得非常好而不用修改呢，还是写得非

① 郭绍虞：《中国历史文论选》第十册，上海古籍出版社1979年版，第170—171页。

② 何新国：《机关文字工作五十讲》，浙江大学出版社2013年版，第98—99页。

常差而无法修改呢？前者值得祝贺，后者则要推倒重来。最为常见的还是具体文字方面的修改，要分清哪些是语法、修辞、逻辑方面的修改，哪些是政策、法律、事实方面的修改，哪些是文章技巧、机关习惯、人生阅历方面的修改。通过深入仔细地琢磨，领会其中之奥妙，长此以往，必有所成。这里还有一个态度问题，不管是哪个层级领导人的修改，都要一视同仁，只要你认真领会，都会有所收获。因为你在琢磨领导文字修改的同时可以了解领导的某些思路，这些思路既有写文章方面的也有工作方面的。通过文稿修改了解领导的思路，文字工作者得天独厚，可以说这才是最大的收获。但同时，审批层次比较多，做出修改的领导比较多，修改来修改去，难免会出现个别差错，撰稿人在誊清的时候就要特别注意，既要尊重领导的修改，但也不能将错就错，个别改错了的地方或者不通之处，还是要负责地及时与领导沟通，并予以改正。对错是原则问题，高低是水平问题，对于领导做出的修改，只问对错而不论高低。

第二，亲自到会议现场去旁听，观察、分析领导演讲的实际情况。公文写作是一个完整的过程，这个过程应该延伸到领导演讲、会后印发等环节，而不是写完送审就了事。那么，拟稿人到会场去听什么呢？一要听领导在演讲过程中是否增加了新的内容；二要听领导在演讲时是否流畅、顺利；三要听现场与会人员的反应。不光是听，还要记，记录插话等增加的新内容，记录此时此刻自己的感受想法，这些在今后工作中有的要具体落实，有的要认真总结，有的要予以改进。

第三，深入到基层市县甚至乡镇，倾听干部群众的具体反映。党委一些重要会议上的领导讲话稿和公文印发之后，一般都会组织督查组赴基层辖区就贯彻落实情况进行督促检查。拟稿人员如有可能，要尽量参加督查组，这对于了解讲话稿等公文的落实情况，反思自己的文稿写作工作是很有帮助的。当然，也可以利用平时到基层调研的机会，在座谈会上、在行走之间、在休息的片刻，通过交谈来了解贯彻情况和基层的反映。

总之，公文语言表达能力的提升并非一朝一夕即可解决的事情，古人云："冰冻三尺非一日之寒"，它与公文写作的实践相始终。

延伸阅读一

公文常用的语言集锦

一、称谓语

称与对方有关的事物常用"你"，如"你省""你部"。如是平行文则宜用敬辞"贵"，如"贵部""贵局""贵市""贵会""贵社""贵公司""贵单位"等。

称与自己有关的事物常用“我”“本”，如“我省”“我部”“我局”“本公司”“本会”等。

公文中间接称呼有关的人或单位常用“该”，如“该同志”“该人”“该地区”“该单位”等。

二、起首语

对下级机关或人民团体来文有所批复时，起首常用“关于《……的报告》收悉”“关于……的电文已悉”等。

通知常用“为了……”开头。

三、承启语

在公文的缘由表述完毕后，常用“为此，特作如下通知”“特此命令你们”等领起下文。

四、结尾语

是各类公文正式结尾时表收束、强调、祈请等的用语，可用“以上各项，望各地遵照执行”“请结合本地区、本部门实际情况，认真贯彻执行”“是否有当，请予批复”“当否，请批示”“请予审批”“以上报告如无不妥，请批转各地、各有关部门执行”。

五、专用语

开头用语有：“按照”“为了”“根据”“鉴于”“依照”“据查”“关于”“报告悉”“电悉”“奉”“查”“前奉”“据”“……报称”“……电称”“制定”“特派”“任命”“兹聘”“派”“惊悉”“阅悉”“谨悉”等。

结尾用语有：“望”“请”“特此函告”“为盼”“是否可行”“当否”“请批示”“祈请批复”“盼回复”“望遵照执行”“特此通知”“请批转……执行”“特此布告”“此复”“此致”“谨呈”“谨报告”“特此电陈”“此令”“此批”“此布”“为荷”等。

过渡用语有：“为此”“为此……特……”“对比……”“为……”“结合……”等。

称谓用语有：“贵省”“贵局”“该地区”“我市”“我县”“本镇”等。

表时间的模糊词语有：“最近”“近期”“适当时候”“现在”“将来”“曾经”“同时”“有时”“一直”等。

表范围的模糊词语有：“有关”“各部门”“乡（县市省）内外”“国内外”“左右”“上下”等。

表条件的模糊词语有：“在可能的情况下”“在……情况下”“在……基础上”

“符合一定条件”“在特殊情况下”等。

表数量的模糊词语有：“许多”“多数”“广大”“某些”“有此”“一些”“个别”“部分”等。

表程度的模糊词语有：“很”“一般”“更加”“进一步”“基本上”“显著”“一定……”“较”等。

表频率的模糊词语有：“经常”“不断”“有时”“反复”“再三”“多次”“偶尔”等。

延伸阅读二

蔡元培因用字不当道歉①

1912 年 3 月，蔡元培就任中华民国教育总长后，无意中读到一个叫胡玉缙的人写的《孔学商榷》，引起了他的浓厚兴趣，便决定将其聘请到部中任职。于是，他指示下属官员拟写了一封信。信的全文是：“奉总长谕：派胡玉缙、王丕谟接受典礼院事务，此谕。承政厅谨传。”

胡玉缙在当时学术界知名度还不是很高，他与蔡元培素昧平生，有蔡元培这样的大人物来举荐他，本应是感激不尽。可出乎预料的是，胡玉缙接到邀请信后，非但没有感激，还给蔡元培写了一封抗议信。

> 昨晚接大部来函，内开：“奉总长谕：‘派胡玉缙、王丕谟接收典礼院事务，此谕。’承政厅谨传，等因。”展阅之下，无任惶悚。窃念国民下级官当服从上级官，此不易之理。惟“谕”字似承亡清陋习，现虽一切程式尚未规定，而专制性质之字样，必屏而弗用。民国前途，方有冀幸。况玉缙为前学部人，与今教育部初无继续之关系，未知从何谕起！在玉缙略具知识，甚愿为民国服务。如相契以道德，固所乐从；若以为犹是希望先生之谕而不可得者，则民国之大，此辈车载斗量，亦何必以玉缙滥厕其间。先生富于共和思想，玉缙亦珍重民国前途，用敢直陈，惟恕其狂愚，幸甚！肃此布臆。
>
> 敬颂
>
> 台安
>
> 胡玉缙敬启

① 本节内容重点参考了以下文献：崔鹤同：《蔡元培曾主动担责致歉：因部署拟稿用字失当》（原载《人民政协报》2014 年 5 月 15 日），特此致谢。

从这封“抗议信”中可以看出，胡玉缙对蔡元培下属官员写给他的请任信中的一个字颇感不满，这个字就是其中的“谕”字。

胡玉缙不满的原因有两点：

第一，“谕”字是“亡清陋习”，是专制王朝用的词汇；当时已是都民国，虽然文化生活中的许多程式尚未规定，但此类带有专制性色彩的字样若再次出现，有背时之嫌，出于这方面的考虑，应该摒弃不用。

第二，“谕”字是上级对下级发号施令的文体，胡玉缙认为此时还不是教育部雇员，不存在上下级关系，因此他感到不是滋味。蔡元培接到胡玉缙的抗议信后，内心深为不安，立即给胡玉缙复信表示歉意。

复胡玉缙函

（一九一二年六月初）

绥之先生大鉴：

于报端得读大著《孔学商榷》篇，无任钦佩。深愿得一朝夕奉教之机缘。

适有接受典礼院一事，似与先生所精研之孔学不无关系，故以奉烦。无论专制共和，一涉官吏，便不能免俗，曰谕，曰派，皆弟所蹙然不安者。以冗故未遑议改，致承政厅遂袭用之。奉惠书后，即传示厅员，彼等有所答辩，附奉一览。字句小疵，想通人必不芥蒂。民国初立，教育界除旧布新之事，所欲请教者甚多，尚祈惠然肯来，相与尽力于未来之事业，敬为全国同胞故以请。并维起居安善为祝！

蔡元培敬启

大意是先解释了一下邀请的缘由，之前读了先生《孔学商榷》文章，很是钦佩。正好现在典礼院需要用人，所以邀请先生来。

然后，解释了一下，说因为公务繁忙没有细看，导致承政厅沿用了前清的“谕”。“字句小疵，想通人必不芥蒂”，即“字句上的小毛病，希望您大人有大量”之意。

最后，回归正题，再次邀请胡玉缙，“民国初立，教育界除旧布新之事，所欲请教者甚多，尚祈惠然肯来，相与尽力于未来之事业，敬为全国同胞固以请”。蔡元培的诚恳致歉，打动了胡玉缙，他欣然答应到教育部任职，负责筹备国立历史博物馆，担任筹备处主任。后来，蔡元培出任北京大学校长，胡玉缙也赴北京大学任教。

“谕”字事件，既让我们领略到蔡元培律己不苟的高尚情怀，也让我们认识到书面语中用词规范的重要性。

第二节　公文写作的结构模式

结构是文章的组织方式、排列次序和内部构造，古人非常重视结构，著名文学理论家刘勰在《文心雕龙・附会》篇说："何谓附会？谓总文理，统首尾，定与夺，合涯际，弥纶一篇，使杂而不越者也。若筑室之须基构，裁衣之待缝缉矣。"[①] 翻译过来，就是什么叫"附会"？"附会"就是统率文章的义理主题，联系文章的首尾段落，决定材料的取舍，组合衔接文章章节，包举全篇，使内容丰富而不散漫。这就好像建筑房屋必须打好地基，裁制衣服要细针密缝一样。清代戏曲家李渔在《闲情偶寄・词曲部・密针钱》也说："编戏有如缝衣，其初则以完全者剪碎，其后又以剪碎者凑成。剪碎易，凑成难。"[②] 曾国藩在其日记中道："思古文之道，谋篇布势是一段最大工夫。"[③] 古人的这些名言，无疑都强调了结构的重要性。那么，公文的结构有哪些？如何合理地安排结构呢？

一、公文写作常见的结构模式

朱光潜认为"在作文运思时，最重要而且最艰苦的工作不在搜寻材料，而在有了材料之后，将它们加以选择与安排，这就等于说，给它们一个完整有生命的形式。材料只是生糙的钢铁，选择与安排才显出艺术的锤炼刻画。"[④] 公文写作同样如此。因此，我们在动笔之前，应该先对要写的公文的基本内容、主旨框架、层次段落、开头结尾等方面，都要进行一番思量和设计，思路没理顺就动笔行文，这是写作之大忌。

大家都知道文章结构通常由四个组合八个要素构成，分别是开头和结尾、层次与段落、过渡与照应、主次与详略。但在我们的公文写作过程中，这些要素并非一成不变的，而是经常发生变异的，或者不需要结尾，或者层次简单，或者篇段合一，这是因为公文都有固定的体例和相对稳定的结构模式。比如，"命令（令）"基本结构主要是原因或目的、规定或措施、希望或要求构成；"通报"基本结构是事情缘由、处理情况、经验教训总结、落实或预防要求；"工作总结"则分为基本情况、成绩经验、缺点教训、今后打算四大块。

那么，公文结构就没有常用模式吗？答案是否定的，一般来说，公文写作的常用

---

① 刘勰：《文心雕龙・附会》，人民文学出版社 1958 年版，第 650 页。
② 李渔：《闲情偶寄》，中华书局 2007 年版，第 24 页。
③ 曾国藩：《曾国藩日记》第一册，岳麓书社 2015 年版，第 459 页。
④ 朱光潜：《选择与安排》，《朱光潜美学文学论文选集》，湖南人民出版社 1980 年版，第 270 页。

模式有以下几种：

第一种是“篇段合一”式。所谓“篇段合一”是指全篇的结构为一段，这种形式主要用于内容一种单一、篇幅简短的公文，如令、报告、转发性通知、印发性通知、任免通知、批复。比如《国务院关于同意设立“中国农民丰收节”的批复》的正文：

关于申请设立“中国农民丰收节”的请示收悉。同意自2018年起，将每年农历秋分设立为“中国农民丰收节”。具体工作由你部商有关部门组织实施。

这个批复就是典型地运用了“篇段合一”的结构形式，篇幅短小，言简意赅，一文一事。

第二种是“分项”式，即开头先说明目的、依据、原因，或阐明主旨，然后在分项表述有关内容，从而形成总—分—总的结构，这种形式在公文写作中十分普遍，如请示、决定、通知、函、纪要，一般采用这种结构。

第三种是条款式。条款式，又叫条文式，意思是全文从头到尾采用条文结构，将一个事项作为一“条”，以汉字序数逐条排列。条款式主要用于法规性公文。条款式主要有两种：一是章段条连式，全文分为若干章，章下列条，条目序号不受章的限制，全文条目序号连续编排，这种结构适用于内容多、篇幅长的法规、规章。二是条文并列式，全文不分章，条目序号连续编排，篇幅较短的规章、制度一般采用这种形式。当然也有的条文并列式结构不用条标识，直接以汉字序号排列。

第四种是分部式。分部式，又叫文章式。意思是将内容分为几大块或若干层次，每个部分可用小标题揭示该部分主旨，以相对完整的一个意思组成若干段落，以若干部分或若干段落形成篇章。分部式结构有两种：一种是全文内容分为若干部分，每部分以小标题显示该部分的主旨，下面阐述具体内容。这种形式通常在篇幅比较长的报告中使用；另一种是全文按层次直接分段排列，不加标题和序号，如有的奖惩型通报会采用这种形式。①

了解和掌握了这四种常见结构模式后，我们可以在实际工作中灵活使用。一般来说，内容比较简单的公文，有比较固定的结构，但对于内容复杂的公文，结构的变化就比较复杂，这就需要我们根据主旨和材料来具体确定。

二、合理安排公文的结构四个原则

如何安排好公文的结构？这就需要我们把握好四个原则，分别为层次清晰、段落衔接、内容照应、主次分明详略得当。以下详论之：

---

① 胡森林《公文高手的修炼之道：笔杆子的写作必修课》，人民邮电出版社2018年版，第11—13页。

（一）层次清晰

所谓层次是指公文的思想内容展开的次序。安排层次的时候要注意做到突出主旨，顺序合理，避免交叉，层次清晰。在层次的安排上，通常有四种方式：

一是总分式，也叫主从式。先从总体上概述，然后分述有关事项，最后小结或提出要求。总分关系是总说为主，分说为辅，这种形式在公文写作中比较常见。如请示、决定、意见、指示性通知、会议通知、综合性报告，一般会采用这种形式。

二是递进式。又叫纵式。即各层次内容是逐步深化递进的，特点是环环相扣、层层递进。通常而言，领导讲话稿、工作总结会采用这种结构。

三是时序式，即按照事物进程、时间关系来安排结构。叙述的内容如果是一件完整的事件，一般会采用这种形式。如简报、报告和纪要。

四是并列式，又叫横式。即各层次之间是平等并列关系，公文多用分条列项式表述既有联系又不相同的内容。如条例、规定、办法等。

（二）段落衔接

所谓段落，就是公文结构的基本单位，又称自然段。它能够使行文条理清晰，层次之间的意思更紧密。所谓衔接是指层次之间、段落之间的衔接和转换，起承上启下的作用。

公文的段落衔接须注意以下几点：一是在段落划分方法上，可以按照中心意思、条款内容、事物发展阶段来划分，具有相对独立性的部分划为一段。二是每个段落应准确、简洁地表达一个完整的意思，避免内容零散、杂乱。三是句子、段落之间的组合要合理有序，要避免逻辑上的跳跃和断层。四是公文的段落应该长短适度、匀称得当，不能过于冗长。五是公文的衔接需要过渡词、过渡句、过渡段，运用过渡手段进行衔接，常见于内容转换和由总括到分述的时候。过渡要做到各个部分之间前后连贯，气脉相传。过渡通常采用关联词、引文、小标题和序数词等方式。①

（三）内容照应

照应是指公文的题文、前后内容要关照和呼应，以加强公文的前后内容联系，增强公文的整体性。常用的照应方法有四种：题文照应、前后照应、首尾照应、注释性照应。所谓题文照应是指公文的标题要鲜明地揭示出公文的主旨，内容要紧扣标题，也就是我们说的文题相符。前后照应是说前面提到的问题后面要有交代，后面写的内容前面要暗示或招呼。首尾照应是说首尾遥相呼应，以引起读者的思考和回味。注释性照应则是针对公文中前面出现的一些概念，可以放在文章末尾处做注释，一方面对

① 胡森林：《公文高手的修炼之道：笔杆子的写作必修课》，人民邮电出版社 2018 年版，第 14 页。

这些概念进行解释，另一方面引导读者回顾前面的内容。照应让公文内容周密、思路清晰，结构严谨、文气贯通。

（四）主次分明、详略得当

公文和其他文章一样，也要注意主次分明、用墨得当。对此，朱光潜也指出："文章不仅要分层次，尤其要分轻重。轻重犹如图画的阴阳光影，一则可以避免单调，起抑扬顿挫之致；二则轻重相形，重者愈显得重，可以产生较强烈的效果。一部戏剧或小说的人物和故事如果不分宾主，群龙无首，必定显得零乱芜杂。一篇说理文如果有五六层意思都平铺并重，它一定平滑无力，不能说服读者。"① 对于主要观点和重要条文要突出、要详写，至于次要观点和次要条文则略写。

如何让上述诸要素相互协调、统一？对此有人认为须把握好三个原则。一是要以主题服务的原则来安排结构。二是要根据事物内在发展规律和逻辑关系来安排结构。三是要根据公文的不同文种来安排结构。②

总之，结构是公文的骨架，内容是公文的血肉，我们要在实践过程中合理地安排结构框架，完成一篇又一篇优质的公文。

课后实践练习

一、填空题

1. 公文的语言的特点有__________、__________、__________和__________。

2. 公文写作常见的结构模式有____________、____________、____________和__________。

3. 公文写作层次安排，通常有__________、__________和__________。

4. 通常而言，专题报告、工作总结会采用__________结构。

5. 公文写作常用的照应方法有__________、__________和__________。

二、选择题

1. 公文中的词语应（　　）。

A. 含义确切　　B. 韵味无穷

C. 可圈可点　　D. 色彩丰富

① 朱光潜：《选择与安排》，《朱光潜美学文学论文选集》，湖南人民出版社 1980 年版，第 275—276 页。

② 胡森林：《公文高手的修炼之道：笔杆子的写作必修课》，人民邮电出版社 2018 年版，第 15 页。

2．公文对结构的要求是（　　）。

A．完整　　B．生动

C．突出　　D．简明

3．下面公文写作中，语句符合规范的是（　　）。

A．该厂全体职工同心协力，奋发图强，在上半年不到三个月的时间里，就创造出产值比去年同期增长200%的奇迹

B．我们一定要采取措施，尽可能节省不必要的开支和浪费

C．目前有关部门已对议报作出停刊整顿并令其主要负责人深刻检查等纪律处分的处理

D．一艘在巴拿马注册的名为“协友”的货轮9月9日1时30分在斯里兰卡东部亭可马里突然遭到泰米尔“猛虎”组织袭击而失事，五名船员失踪

4．“由于我们没有建立健全安全保卫制度，结果给流氓、惯偷、坏人造成了盗窃、行凶、阴谋破坏的可乘之机”这句公文用语显然是不规范的，其不正确的原因是（　　）。

A．含义不明确不清晰，让人产生歧义

B．句子成分搭配不当

C．语序安排欠妥当

D．不合乎事理

5．下列有歧义的句子是（　　）。

A．工商所的门外停着一辆大卡车

B．他父亲最近到去南方考察工作

C．新来的老张的助手登台唱了一支歌

D．汽车在高速公路上一辆接一辆驶过

6．下面五个事件中，事件排列最合理、最合乎逻辑的是（　　）。

①去钓鱼；②发现很多蚯蚓；③向朋友借渔具；④挖坑栽树苗；⑤改变计划

A．④—③—①—②—⑤　　B．①—④—②—③—⑤

C．④—②—⑤—③—①　　D．③—②—①—⑤—④

三、简答题

1．请结合所学知识，谈谈你对公文语言的认识？

2．请谈谈你对公文结构安排的认识？

3．结合具体的文本，谈谈公文写作的结构模式有哪些？

下　编

常用公文文种写作要领

第五章　法规性公文：以条例和规定为例

情景模拟

为进一步加强公务用车的管理，完善车辆的使用、维修和日常管理，滨江市政府决定出台相关的政策，制定相关的公文。如果由你负责拟写这份公文，请你思考应该使用哪种公文文种？并替它拟好公文，字数1000字以内即可。

第一节　条例的定义及写作要点

法规性公文是指国家机关、团体、企事业单位根据法律和有关政策按一定程序制作的具有强制力和约束力的公文。比如：条例、规定、办法、细则、章程、制度等。其中，条例和规定，是日常生活中使用频率较高的法规性公文文种。

一、条例的定义及适用范围

条例作为文种意义，是党的最高领导机关、国家最高行政机关、国家和地方立法机关，用来对机关、团体的组织、职权、工作、活动及成员的行为，以及某一重大的事项办理做出比较全面、系统、原则的规定的法规性公文，是国家机关制定或批准的规范性公文的名称之一。它主要用于规定比较长期实行的，调整国家的政治、经济和文化等方面的准则与要求，或用于某一机关的组织、职权以及某些专门人员的任务和权限等内容的规范类公文。

二、条例的分类

（一）组织规章性条例

党的机关公文的条例，都属于这一类型。它主要用来规范党组织的工作、活动和党员的行为。例如，2018年8月印发的《中国共产党纪律处分条例》，共分为三编十一章一百四十二条。可以说，它是党内的法律，任何党组织或党员违反了其中的规定，都将受到严厉的党纪处分。中国共产党中央纪律检查委员会成立以来，也发布了若干条例，对纪检会的工作程序、方法、要求等作出明确规定。

（二）法律实施条例

国家的法律制定颁布之后，在执行时往往还会有许多不够具体明白的地方，有时需要用条例进行补充说明或作出辅助规定，以保证法律得到准确的执行。法律实施条例可以对法律中的概念进行解释说明，可以把某些条文细节化、具体化，还可以对法律进行补充。如《中华人民共和国森林法实施条例》的第二条：

> 森林资源，包括森林、林木、林地以及依托森林、林木、林地生存的野生动物、植物和微生物。
>
> 森林，包括乔木林和竹林。
>
> 林木，包括树木和竹子。
>
> 林地，包括郁闭度 0.2 以上的乔木林地以及竹林地、灌木林地、疏林地、采伐迹地、火烧迹地、未成林造林地、苗圃地和县级以上人民政府规划的宜林地。

这样的解释和补充说明，使法律中的有关规定更清晰、更具体，对法律的实施显然有着重要的作用。

（三）行政管理条例

国家行政部门在行使行政职权进行管理的时候，针对某项长期性工作制定的规章制度，属于行政管理条例。例如国务院制定的《中华人民共和国人民币管理条例》，分别就人民币的设计和印制、发行和回收、流通和保护，以及违反规定的处罚等，都做了详细的规定，共计四十七条。

三、条例的写作要点

（一）标题和制发时间

1. 标题

条例的标题，有两种基本写法。

第一种写法，由施行范围、主要内容、文种组成标题。如《中国共产党纪律处分条例》这个标题，施行范围是全党，主要内容是纪律处分，文种是条例；《党的纪律检查机关案件审理工作条例》，实施范围是党的各级纪检部门，主要内容是案件审理工作，文种是条例。

第二种写法，由主要内容、文种组成标题。如《建设工程质量管理条例》，省略了施行范围。不过，这种写法需要一个前提，那就是施行范围不说人们也是很清楚的。

2．制发时间

独立发布的条例，要在标题之下正中位置，加括号标明制发机关和制发时间，如“（2021 年 6 月 17 日中共中央政治局常委会会议审议批准 2021 年 6 月 26 日中共中央发布）”。

用命令、通知等文种予以发布的条例，条例本身不显示制发时间，以命令或通知的发文时间为准。如《地下水管理条例》是 2021 年 10 月 21 日由国务院第 748 号令颁布的，该条例的制发时间就是 2021 年 10 月 21 日。

（二）正文

条例正文由三大部分组成，分别叫作总则、分则、附则。

1．总则

总则的内容包括制定条例的依据、目的、意义、指导思想、基本原则、基本概念、适用范围等，根据情况分为若干条款。总则独立成章，书写为：“第一章总则”，然后分条撰写。内容过于复杂的，还可在章上分编，第一编为总则，第二编为分则，第三编为附则。

2．分则

总则之后、附则之前的所有内容，都属于分则。分则部分是条例的主体，实质性的规章制度都在分则中表达。分则分多少章、多少条，依内容而定。《事业单位人事管理条例》的分则共分为八章三十九条。

3．附则

附则是对前面内容的补充说明，内容一般比较简单。主要包括对概念或有关问题的解释，明确上述规定的解释权、修改权、实施时间等。附则的内容也要分条排列。

条例正文各条的序码从总则到附则都要贯通排列，为执行和引用提供方便。

内容相对简单的条例，也可以不分编、章，直接分条，总则、分则、附则三者之间不作外部标定，但三者之间的层次感仍然应该是清晰的。

范文

事业单位人事管理条例

第一章　总　则

第一条　为了规范事业单位的人事管理，保障事业单位工作人员的合法权益，建设高素质的事业单位工作人员队伍，促进公共服务发展，制定本条例。

第二条　事业单位人事管理，坚持党管干部、党管人才原则，全面准确贯彻民主、公开、竞争、择优方针。

国家对事业单位工作人员实行分级分类管理。

第三条　中央事业单位人事综合管理部门负责全国事业单位人事综合管理工作。

县级以上地方各级事业单位人事综合管理部门负责本辖区事业单位人事综合管理工作。

事业单位主管部门具体负责所属事业单位人事管理工作。

第四条　事业单位应当建立健全人事管理制度。

事业单位制定或者修改人事管理制度，应当通过职工代表大会或者其他形式听取工作人员意见。

第二章　岗位设置

第五条　国家建立事业单位岗位管理制度，明确岗位类别和等级。

第六条　事业单位根据职责任务和工作需要，按照国家有关规定设置岗位。

岗位应当具有明确的名称、职责任务、工作标准和任职条件。

第七条　事业单位拟订岗位设置方案，应当报人事综合管理部门备案。

第三章　公开招聘和竞聘上岗

第八条　事业单位新聘用工作人员，应当面向社会公开招聘。但是，国家政策性安置、按照人事管理权限由上级任命、涉密岗位等人员除外。

第九条　事业单位公开招聘工作人员按照下列程序进行：

（一）制定公开招聘方案；

（二）公布招聘岗位、资格条件等招聘信息；

（三）审查应聘人员资格条件；

（四）考试、考察；

（五）体检；

（六）公示拟聘人员名单；

（七）订立聘用合同，办理聘用手续。

…………

第十章　附　则

第四十四条　本条例自 2014 年 7 月 1 日起施行。

第二节　规定的定义及写作要点

一、规定的定义

规定是领导机关或职能部门为贯彻某项政策或进行某项管理工作、活动，而提出原则要求、执行标准与实施措施的规范性公文。

规定是规范性公文中使用范围最广、使用频率最高的文种。它是领导机关或职能部门对特定范围内的工作和事务制定相应措施，要求所属部门和下级机关贯彻执行的法规性公文。规定是局限于落实某一法律、法规；加强其项管理工作而制定的，具有较强的约束力，而且内容细致，可操作性较强。

条例与规定同属法规性公文，两者之间既有相同之处，又有区别。

两者的相同之处：

（1）从写作角度看，条例、规定都属条款型，有别于其他公文文种中的文章型或者表格型。

（2）都是规范性的公文，是党和政府政策的具体化。党和政府以及人民团体、企业事业部门，都可依据法律、政策和自身的工作权限，在特定范围内制订，但它却必须是领导机关制定或经领导机关批准。

两者的不同之处：

（1）条例和规定相比，往往更为宽泛、原则一些，是对政治、经济、科技、文教等领域某些事项的规定，或对机关团体的组织职权的规定。

（2）规定则往往针对更为具体一些的事项和问题，即对一定范围的事务提出具体的办法和要求，往往是某一决定的落实或某一条例的补充。

所以我们在具体的公文写作中就要慎重选择最合适的公文文种。

二、规定的写作要点

（一）标题和制发时间

1．标题

规定的标题有两种写法：一种是由“制发机关名称＋适用对象或主要内容＋文种”组成，如《中共中央纪律检查委员会、中华人民共和国监察部关于保护检举、控告人的规定》；另一种为省略制发机关，由“适用对象或主要内容＋文种”组成，如教育部 2021 年 6 月颁布的《未成年人学校保护规定》、财政部 2021 年 9 月制发的

《机关事业单位职业年金基金相关业务会计处理规定》。规定的标题，不能采用“制发机关+文种”的写法和只有文种的写法。

2. 制发依据和时间

独立发布的规定，在标题下方正中加括号标明什么会议于什么时间通过，或什么机构于什么时间批准，如国务院发布的《企业名称登记管理规定》，题下标明“2020年12月14日国务院第118次常务会议修订通过”。随命令、通知等文种发布的规定，以命令或通知的发布时间为准，规定自身不再标明制发时间。

（二）正文

1. 总则

总则是规定的第一部分，用来交代制发规定的缘由、目的、意义、指导思想、基本原则、适用范围等。总则一般自成一章，分为若干条。如《未成年人学校保护规定》，第一章为总则，共五条。第一条交代目的和根据，第二条明确适用范围，第三条要求学校应当全面贯彻国家教育方针，第四条说明学校学生保护工作的原则，第五条规定教育行政部门应当落实工作职责。

2. 分则

分则分为若干章，每章有小标题，下列若干条款。如《未成年人学校保护规定》的分则有六章，分别为：“第二章一般保护”“第三章专项保护”“第四章管理要求”“第五章保护机制”“第六章支持与监督”“第七章责任与处理”，每章列条不等。分则是规定的主体，规定的实质性内容和要求都在分则部分集中表达，是写作的重点所在。

3. 附则

附则是规定的结尾部分，主要用来作补充说明以及交代执行要求，如还有什么单位和个人适用这一规定，规定的解释权属于哪一部门，规定何时生效等。

需要说明的是，规定一般采用通篇章条式的写法，但也有在章、条前加绪言的。另外，如果内容简单，也可以不分章，直接分条，总则、分则、附则三部分不做外部标定，但三部分必须仍然是清晰的。

范文

外商投资电影院暂行规定

第一条　为适应改革开放的需要，吸收境外资金、引进先进技术和设备，促进我国电影业的繁荣发展，根据《中华人民共和国中外合资经营企业法》《中华人民共和国中外合作经营企业法》《电影管理条例》等有关法律、法规，制定本规定。

第二条　本规定适用于外国的公司、企业和其他经济组织或个人（以下简称合营外方）按照平等互利的原则，经中国政府批准，同中国境内的公司、企业（以下简称合营中方）设立中外合资、合作企业，新建、改造电影院，从事电影放映业务。

第三条　外商不得设立独资电影院，不得组建电影院线公司。

第四条　外商投资电影院应当符合以下条件：

（一）符合当地文化设施的布局与规划；

（二）有固定的营业（放映）场所；

（三）中外合资电影院，合营中方在注册资本中的投资比例不得低于51%；对全国试点城市：北京、上海、广州、成都、西安、武汉、南京市中外合资电影院，合营外方在注册资本中的投资比例最高不得超过75%；

（四）合资、合作期限不超过30年；

（五）符合中国有关法律、法规及有关规定。

第五条　合营中方若以国有资产（现金投资除外）参与投资，应按国有资产管理的有关规定履行相关手续。

第六条　设立外商投资电影院依下列程序报批：

（一）合营中方须向所在地省级商务行政部门提出申请，提交以下材料：

1. 设立外商投资电影院项目申请书；

2. 合营中方的法人资格证明材料、影院土地使用权的有关材料；

3. 合营外方的资格证明材料；

4. 工商行政部门出具的外商投资电影院名称预核准通知书；

5. 可行性研究报告、合同、章程；

6. 法律、法规和审批机构要求提供的其他材料。

（二）所在地省级商务行政部门在征得省级电影行政部门同意后，依照国家有关外商投资的法律、法规进行审批，报商务部、国家广播电影电视总局、文化部备案。对批准设立的外商投资企业颁发《外商投资企业批准证书》。

（三）获批准设立的外商投资电影院，应自收到《外商投资企业批准证书》之日起一个月内，持《外商投资企业批准证书》到省级工商行政部门办理注册登记手续。

（四）外商投资电影院完成建设、改造任务后，经有关部门验收合格，持《外商投资企业批准证书》《营业执照》向省级电影行政部门申领《电影放映经营许可证》，方可从事电影放映业务。

第七条　已设立的外商投资电影院变更股权及投资额时，应按本规定第六条的程序办理。

第八条　外商投资电影院必须遵守国家有关法律、法规，依照《电影管理条例》从事经营活动，接受中国政府有关部门的监督和管理，放映的影片必须持有国家广播电影电视总局颁发的《电影片公映许可证》，不准放映走私、盗版电影，不得从事营业性的录像、VCD、DVD 的放映。

第九条　外商投资电影院附属从事其他娱乐服务业务要符合国家有关规定。

第十条　香港特别行政区、澳门特别行政区和台湾地区的投资者在内地设立从事电影放映业务的企业参照本规定办理。

第十一条　本规定及其附件自 2004 年 1 月 1 日起施行。本规定及附件施行之日，2000 年 10 月 25 日国家广播电影电视总局、对外贸易经济合作部和文化部发布的《外商投资电影院暂行规定》同时废止。

让我们再回到本章开头的情景模拟，究竟应该使用何种文种呢？答案呼之欲出，使用“规定”，如何拟写呢？示范如下：

滨江市党政机关公务用车使用管理规定

滨办发〔2018〕××号

第一条　为进一步规范党政机关公务用车使用管理，有效保障公务活动，促进党风廉政建设和节约型机关建设，根据中央和省有关规定，结合我市实际情况，制定本规定。

第二条　本规定适用于党的机关、人大机关、行政机关、政协机关、监察机关、审判机关、检察机关，以及工会、共青团、妇联等人民团体和参照公务员法管理的事业单位。

第三条　本规定所称公务用车，是指党政机关配备的用于定向保障公务活动的机动车辆，包括机要通信用车、应急保障用车、执法执勤用车、特种专业技术用车以及其他按照规定配备的公务用车。公务用车配备使用遵循经济适用、节能环保、保障公务、节约使用的原则。

第四条　党政机关公务用车实行统一制度规范、分级分类管理。党政机关公务用车主管部门负责本级党政机关公务用车管理工作，根据职责实行统一编制、统一标准、统一购置经费、统一采购配备管理；指导监督下级党政机关公务用车管理工作。

第五条　公务用车实行编制管理。车辆编制由本级公务用车主管部门根据单位人员编制、领导职数和工作需要等因素确定。

市级机关公务用车编制按照以下标准确定：

（一）机要通信用车配备价格 12 万元以内、排气量 1.6 升（含）以下的轿车或者其他小型客车。

…………

第十六条　本规定自发布之日起施行。此前有关公务用车配备使用管理的规定，凡与本规定不一致的，按照本规定执行。

课后实践练习

一、选择题

1. 条例、规定、办法、决定是属于公文中的（　　）。

A. 领导指导性公文　　B. 法规性公文

C. 公布性公文　　D. 商洽性公文

2. 以强制力推行的用以规定各种行为规范的法规、规章同于（　　）。

A. 法规性公文　　B. 领指导性公文

C. 呈请性公文　　D. 证明性公文

3. 政党、社会团体对本组织的性质、宗旨、任务、内部关系和活动规则作出明文规定；企事业单位制定处理业务事务的规约均可使用（　　）这一法规公文。

A. 规定　　B. 办法

C. 章程　　D. 条例

4. “条例”所规范的内容更具体、更细致，一般的写法是（　　）。

A. 章条式　　B. 条款式

C. 说明式　　D. 夹叙夹议式

5. 法规性公文标题的时间是（　　）。

A. 公文发布的时间　　B. 公文撰写的时间

C. 公文打印的时间　　D. 公文讨论的时间

二、思考题

1. 结合本书，简述条例的定义、作用，并阐述撰写条例的要求。

2. 结合本书，简述规定的定义、作用，并阐述撰写规定的要求。

三、写作训练

根据下列所提供的材料，写一份条例。

为了加强对滨江市历史建筑和历史文化街区的保护和管理，传承和弘扬滨江优秀历史文化，促进城乡建设与社会文化协调发展，根据《中华人民共和国城乡规划法》

《历史文化名城名镇名村保护条例》等法律、法规，并结合滨江市实际，拟制定一份关于历史建筑和历史文化街区保护条例，内容涉及历史建筑的认定，历史建筑和历史文化街区的保护、管理，以及违反本条例应负的法律责任等方面。

要求：格式符合条例的基本要求，内容充实完整。

第六章　指示性公文：以通知和意见为例

情景模拟

省写作学会决定于2020年12月20日至22日在滨江市召开一年一度的写作学会年会，于10月20日发出通知。会议的内容是研究和探讨当前写作领域的有关学术问题和热点问题，全省写作学会的会员均可参加。整个会议为期2天，12月20日报到，报到和开会的地点是：滨江市红叶宾馆。要求每位与会者与会前半个月提交相关学术论文一篇，会费每人200元。请你草拟这份公文。

第一节　通知的定义及写作要点

一、通知的定义和适用范围

在党政机关、企事业单位工作中，通知是发文数量最多、使用最频繁的一个文种，有"公文轻骑兵"的美称。根据《党政机关公文处理工作条例》的规定表述，通知适用于发布、传达要求下级机关执行和有关单位周知或者执行的事项，批转、转发公文。由此可见，通知具有承接上下、联系内外等多方面的作用，在绝大多数情况下，通知是作为下行文来使用的，但有时向不具有隶属关系的单位告知某一事项，诸如启用新的印章、成立或撤销某一机构等，也可用通知来行文。因此，岳海翔指出，"将通知界定为下行文的观点是不够全面的，没有完整准确地理解和把握公文法规的规定精神。"①

由此可见，通知的适用范围十分广泛，既可以用于发布、传达要求下级机关执行的事项，也可以向有关机关（主要是不相隶属机关）告知相关事项，具有发布、传达

① 岳海翔：《通知写作的几个问题》，《新闻与写作》，2016年第4期，第91—93页。

和告知的作用；既可以用于批转下级机关的公文，也可以用于转发上级机关和不相隶属机关的公文，因而具有“桥梁”和“纽带”的作用。

二、通知的特点

从通知文种的功能和适用范围了来看，其主要具有以下几个方面的特点：

（一）作者的广泛性

在所有法定公文文种之中，通知是发文机关受限最少的文种之一，它不受发文机关的性质和级别的限制，上至领导机关，下至基层单位，均可使用通知行文，这也是其发文数量多、使用频率高的主要原因。

（二）内容的晓谕性

通知多用于下行文，具有“传达”“要求”的双重作用，受文单位必须遵照执行。即使是用于平行文，也具有“告知”的功能，其内容是告知相关单位知晓某一事项，或者要求下级机关予以办理或执行，所以从这个角度讲，通知的晓谕功用十分明显。

（三）用途的多样性

在所有法定公文中，通知是用途最多的一个文种，大到涉及全国性的重要事项安排，小到某一单位内部告知相关事项，均可使用通知行文。既可以用来公布法规和规章，也可以用来传达事项、布置工作，还可以用来任免和聘用干部，用途非常广泛，这是其他文种难以取代的。

（四）使用的频繁性

在公务活动过程中，无论事项巨细、内容重轻，均可使用通知行文，再加上其作者的广泛性，就使得通知的使用频率非常高，是最为常见的一种公文。

三、通知的种类

根据通知的实际使用情况，可以将其分为如下几类：

（一）印发、发布性通知

范文

中共中央办公厅国务院办公厅
关于印发《党政机关公文处理工作条例》的通知

各省、自治区、直辖市党委和人民政府，中央和国家机关各部委，解放军各总部、各大单位，各人民团体：

《党政机关公文处理工作条例》已经党中央、国务院同意，现印发给你们，请遵照执行。

中共中央办公厅（章）　国务院办公厅（章）

2012 年 4 月 16 日

这是用于印发、发布法规和规章的通知。实践中，有人认为《党政机关公文处理工作条例》中没有赋予通知“发布法规、规章”的功能，因此不能使用。这属于对公文法规的机械、片面的理解，法规中没有规定的并不等于实践中绝不可用，《党政机关公文处理工作条例》本身以通知文种来印发，就是很好的例证。相应地，诸如公布有关人事任免的事项等，显然也要用通知来行文。这里需要弄清“印发”和“发布”两个术语的使用区别，“印发”适用于机关或单位内部行文，而“发布”则适用于对社会公开。

这种印发、发布性通知也可合称为公布性通知，与“公布令”类似，只是在内容的重要程度上有所区别。使用“公布令”行文，其所涉及的内容事项往往更为重要，诸如公布某一法律等，但仅从功能上看，两者之间差异甚微。

（二）批转性通知

范文

国务院关于批转发展改革委等部门法人和其他组织统一社会信用代码制度建设总体方案的通知

国发〔2015〕33 号

各省、自治区、直辖市人民政府，国务院各部委、各直属机构：

国务院同意发展改革委、中央编办、民政部、财政部、人民银行、税务总局、工商总局、质检总局制定的《法人和其他组织统一社会信用代码制度建设总体方案》，现转发给你们，请认真贯彻执行。

国务院（章）

2015 年 6 月 11 日

此类通知用于批转下级机关的来文，通常称为“上”对“下”。被批转的下级机关的来文通常是以“请示”“报告”“意见”“方案”等文种，而以“报告”和“意见”为最多。

（三）转发性通知

范文

国务院办公厅转发银监会关于促进民营银行发展指导意见的通知

国办发〔2015〕49号

各省、自治区、直辖市人民政府，国务院各部委、各直属机构：

银监会《关于促进民营银行发展的指导意见》已经党中央、国务院同意，现转发给你们，请认真贯彻执行。

国务院办公厅（章）

2015年6月22日

此类通知用于转发上级机关和不相隶属机关的来文，通称“下对上”或“平对平”。下转上的来文文种一般是“通知”，这种转发公文的特点表现为“以通知转通知”，如《××市人民政府转发××省人民政府关于加强社会治安综合治理工作的通知》。“平转平”即平级机关和不相隶属机关之间相互转发来文的情况，相对比较复杂，既有“通知”，也有“函”，特别是“平转平”的来文如今还出现了“请示”“报告”及“意见”等，这是由于有些下级部门呈送给上级机关的“请示”“报告”及“意见”，按理说上级机关应当加以批转，但事实上并未以整个机关的名义加以批转，而是授权给机关的综合办事机构，即以办公厅或办公室的名义转发下去，由于办公厅（室）与相关职能部门之间属于平级机关，故只能使用“转发”而不使用“批转”，这是转发性通知中的一种特别现象，如《国务院办公厅转发建设部关于进一步清理整顿房地产开发公司意见的通知》。

（四）指挥性通知

范文

国务院办公厅关于加强安全生产监管执法的通知

国办发〔2015〕20号

各省、自治区、直辖市人民政府，国务院各部委、各直属机构：

为贯彻落实党的十八大、十八届二中、三中、四中全会精神和党中央、国务院有关决策部署，按照全面推进依法治国的要求，着力强化安全生产法治建设，严格执行安全生产法等法律法规，切实维护人民群众生命财产安全和健康权益，经国务院同意，现就加强安全生产监管执法有关要求通知如下：

一、健全完善安全生产法律法规和标准体系

（一）加快制修订相关法律法规。抓紧制定安全生产法实施条例等配套法规，积极推动矿山安全法、消防法、道路交通安全法、海上交通安全法、铁路法等相关法律修订出台，加快煤矿安全监察、石油天然气管道保护、民用航空安全保卫、重大设备监理、高毒物品与高危粉尘作业劳动保护、安全生产应急管理等有关法规的研究论证和制修订工作。各省级人民政府要推动安全生产地方性法规、规章制修订工作，健全安全生产法治保障体系。

（二）制定完善安全生产标准。国务院安全生产监督管理部门要加强统筹协调，会同有关部门制定实施安全生产标准发展规划和年度计划，加快制修订安全生产强制性国家标准，逐步缩减推荐性标准。其他负有安全生产监督管理职责的部门要建立完善行业安全管理标准，并在制修订其他行业和技术标准时充分考虑安全生产的要求。要根据经济社会发展和安全生产实际需要，科学建立和优化工作程序，尽可能缩短相关标准出台期限，对于安全生产工作急需标准要按照特事特办原则，加快完成制修订工作并及时向社会公布。

（三）及时做好相关规章制度修改完善工作。加强调查研究，准确把握和研判安全生产形势、特点和规律，认真调查分析每一起生产安全事故，深入剖析事故发生的技术原因和管理原因，有针对性地健全和完善相关规章制度。对事故调查反映出相关法规规章有漏洞和缺陷的，要在事故结案后立即启动制修订工作。要按照深化行政审批制度改革的要求，及时做好有关地方和部门规章及规范性文件清理工作，既要简政放权，又要确保安全准入门槛不降低、安全监管不放松。

…………

（二十）加强监管执法队伍建设。地方各级人民政府和相关部门要加强安全生产监管执法人员的思想建设、作风建设和业务建设，建立健全监督考核机制。建立现场执法全过程记录制度，2017 年底前，所有执法人员配备使用便携式移动执法终端，切实做到严格执法、科学执法、文明执法。进一步加强党风廉政建设，强化纪律约束，坚决查处腐败问题和失职渎职行为，宣传推广基层安全生产监管执法的先进典型，树立廉洁执法的良好社会形象。

各地区、各有关部门要充分认识进一步加强安全生产监管执法的重要意义，切实强化组织领导，积极抓好工作落实。各级领导干部要做尊法学法守法用法的模范，带头厉行法治、依法办事，运用法治思维和法治方式解决安全生产问题。国务院安全生产监督管理部门要会同有关部门认真开展监督检查，促进安全生产监管执法措施的落实，重大情况及时向国务院报告。

国务院办公厅（章）

2015 年 4 月 2 日

指挥性通知是通知写作最重要的类型，用于上级机关对下级机关的工作做出安排和部署，向下级机关就某一重要方面的工作或问题阐明上级机关的主张和要求，并予以贯彻执行，具有严格的指挥性。正因如此，这类通知在行文的语气上具有明显的指令性，令人不容置疑。这篇通知开宗明义，表明制发通知的目的，紧接着用“现就加强安全生产监管执法有关要求通知如下”过渡到行文的主体部分。主体部分总共列述五个大的方面事项、二十个小项，采用分条列项目、条项贯通的结构模式以及撮要标目的表达手法，从不同的侧面、不同的角度对如何加强安全生产监管执法加以部署，条明理晰，重点突出，政策界限十分明确，使人易于理解和执行。最后从总体上提出相关要求，与开头部分相呼应，给人以前后贯通、圆润缜密之感。

（五）事务性通知

范文

国务院办公厅关于成立国务院推进职能转变协调小组的通知

国办发〔2015〕29 号

各省、自治区、直辖市人民政府，国务院各部委、各直属机构：

为贯彻落实党的十八大和十八届二中、三中、四中全会精神，深入推进简政放权、放管结合，加快政府职能转变，国务院决定将国务院机构职能转变协调小组的名称改为国务院推进职能转变协调小组（以下简称协调小组），作为国务院议事协调机构。现将有关事项通知如下：

一、协调小组组成人员及主要职责

（一）组成人员。

国务院副总理张高丽担任协调小组组长，国务委员兼国务院秘书长杨晶、国务委员王勇担任副组长，国务院副秘书长肖捷、江小涓、丁向阳、王仲伟，中央编办主任张纪南，法制办主任宋大涵为成员。

（二）主要职责。

在各地区各部门推进简政放权、放管结合、职能转变的基础上，统筹研究重要点域和关键环节的重大改革措施，研究拟提请国务院常务会议审议的有关重要事项，协调推动解决改革中遇到的困难和重点难点问题，指导地方相关工作，督促各地区各部门落实改革措施。

协调小组下设行政审批改革组、投资审批改革组、职业资格改革组、收费清理改革组、商事制度改革组、教科文卫体改革组6个专题组和综合组、督查组、法制组、专家组4个功能组。综合组设在国务院办公厅，从国务院办公厅和有关部门抽调人员组成，实行集中办公，对外以“国务院推进职能转变协调小组办公室”（以下简称协调小组办公室）名义开展工作。

二、协调小组专题组组长、副组长及主要职责

（一）行政审批改革组。

组长由国务院审改办张纪南（中央编办主任）担任。

负责牵头推进国务院行政审批制度改革，进一步取消和下放行政审批事项，规范行政审批行为，防止和纠正变相审批，约束自由裁量权，提高政府服务水平。

…………

四、有关要求

（一）协调小组要按照党中央、国务院决策部署，切实发挥好推进简政放权、放管结合、职能转变的统筹指导和督促落实作用。各专题组和功能组要根据职责分工，明确目标任务，制定路线图和时间表，拿出“啃硬骨头”的真招实招，抓好本领域改革的统筹，确保各项改革协同配套、整体推进。特别要注重研究解决跨领域、跨部门、跨层级的重大问题，加大指导、协调、督促力度，推动改革不断取得实质性进展。

（二）国务院各部门要增强大局意识、责任意识、紧迫意识，认真贯彻国务院简政放权、放管结合、职能转变决策部署，按照协调小组工作要求，坚持民意为先、舍利为公，找准突破口、把握着力点，在放权上求实效，在监管上求创新，以务实的举措把改革推向纵深。主要负责同志要切实负起领导责任，亲自抓好部署、协调和落实。

（三）地方各级人民政府要参照建立简政放权、放管结合、职能转变的有力推进机制，按照国务院的部署和要求，结合本地区实际，积极探索、主动作为，强化责任、强力推动，做好“接、放、管”工作，力破“中梗阻”，打通“最后一公里”，上下贯通、整体联动，确保各项改革措施落地生效。

国务院办公厅（章）

2015年4月18日

此类通知在实践中的使用频率也很高，往往是涉及工作中的管理体制、组织机构、工作分工、公文处理、工作程序、办事手续等有关具体事宜时使用。这篇通知是公布成立国务院推进职能转变协调小组的事项，分别从协调小组的组成人员及职责、协调小组专题组组长、副组长及主要职责，协调小组功能组组长、副组长及主要职责等几个方面予以明确，并提出相关要求。这是一篇表述颇为具体的事务性通知，在绝大多数情况下，此类通知都写得较为简短，只将事项交代清楚即可。

（六）会议性通知

用于召开某一会议所使用的通知。使用“会议性通知”来通知会议，应仅限于上级机关对下级机关，平级（不含党的机关对同级行政、权力机关）机关或不相隶属机关之间应当使用“函”。

（七）任免性通知

用于公布有关人事任免事项而使用的通知。

四、几种主要通知的写作方法和基本要点

（一）印发、发布性通知

此类通知是用以印发领导人讲话、工作计划、工作总结、工作方案等常用事务公文以及公开发布法规、规章等所使用。它的制发条件必须是经领导批准或经某一会议讨论通过，以“通知”的形式印发或发布，要求有关单位予以贯彻执行。其写作结构一般由标题、主送机关、正文、结尾等几部分组成。具体写法如下：

1．标题

通常由发文机关名称，被印发、发布的对象名称，文种三个要素组成，如《国务院关于发布〈党政机关厉行节约反对浪费工作条例〉的通知》。

2．主送机关

主送机关要按规定写明受文单位名称，可写全称，也可用规范化简称。对于泛称的主送机关名称，应按上述规范要求办理。

3．正文

此类通知的正文部分一般较为简短，通常载明两层内容：一是用介词结构前置的句式（即“现将……”）引出被印发、发布的对象；二是提出贯彻执行的希望和要求。此项内容通常使用习惯性语句，诸如“请认真贯彻执行”“请照此执行”“请遵照执行”等，旨在强调通知的内容关系重大，必须令行禁止，照章办事，以充分体现其指挥效力。在结构安排上，一般采用篇段合一的形式，整篇通知就是一个自然段，如《中共中央办公厅国务院办公厅关于印发〈党政机关公文处理工作条例〉的通知》的正文部分：“《党政机关公文处理工作条例》已经党中央、国务院同意，现印发给你们，请遵照执行。”较为复杂一些的，往往另起一个自然段提出贯彻执行的希望和要

求，内容更为明确具体。

4．结尾

包括发文机关署名、成文日期和印章三项内容，共同构成通知的生效标志。具体规范按《党政机关公文格式》GB/9704—2012执行。

（二）转文性通知

此类通知包括批转性通知和转发性通知。其中前者是用于批转下级机关的公文，后者是用于转发上级机关、平级机关和不相隶属机关的公文。与前述印发、发布类通知相同，此类通知均作为“公文头”来使用，采用复体行文的方式，将被批转、转发的对象运载出来。

转文性通知的写作结构，一般由标题、主送机关、正文和结尾四部分组成。现分述如下：

1．标题

一般由发文机关名称，被批转、转发的公文标题，文种三个要素构成，如《国务院批转〈国家体改委关于在治理整顿中深化企业改革强化企业管理的意见〉的通知》。如果被批转、转发的对象是法规性公文，要注意加上书名号。

值得注意的是，由于此类通知的标题通常要涉及对被批转、转发的原文标题的引用，容易导致标题字数过多，排列起来较为冗长杂乱，烦琐累赘。这种现象，不利于公文写作的规范化。解决的办法通常是：其一，压缩介词“关于”，亦即在整个标题中只使用一个介词“关于”，这个介词“关于”既可能出现在“批转”“转发”字样的前面，也可以出现在“批转”“转发”字样的后面，具体位置应视被批转、转发的对象而定，也就是说，如果被批转、转发的原文标题中已经带有介词“关于”，则前面就要省略；如果原文标题中不带介词“关于”，则前面就要添加。就一般而论，被批转、转发的对象标题不带介词“关于”的，通常是法规、规章、工作要点、实施方案等文种。诸如《××关于批转〈关于×××的通知〉的通知》，就应改为《××批转关于×××的通知》，既省减了文字，又加强了批转语气。其二，省略中间环节。不要层层转发或批转，而应直转即可。其三，压缩文种。例如，“××××关于转发××××关于转发×××关于×××的通知的通知的通知”，此种形式的标题，其文种重叠，实属赘疣，应将原发文机关的文种名称删除，即写为“××××转发关于×××的通知”。这是指被批转、转发的对象均为“通知”的情况的处理办法，但如果被批转、转发的对象不是通知，而是报告、请示、意见、方案等文种，则应保留，如《国务院批转民政部关于进一步加强生产救灾工作的报告的通知》。[①]

① 岳海翔：《通知写作的几个问题》，《新闻与写作》，2016年第4期，第91—93页。

2．主送机关

与印发、发布性通知的要求相同。

3．正文

这部分是转文性通知写作的主体，其篇幅也较为简短，一般应载明三项内容：一是写明对被批转、转发公文的评价性意见或态度，措辞要适度、中肯，语气要肯定；二是指明通知事项的意义，即阐述批转、转发该公文的必要性和重要性；三是提出具体的贯彻执行的意见或要求。要特别注意所提出的执行要求必须有针对性，即要结合本地区、本系统、本单位的实际情况，对被批转、转发公文的内容要求加以具体化，做到有的放矢。此类通知的执行要求部分通常使用的习惯用语有“请遵照执行”“请认真贯彻执行”“请参照执行”“请认真贯彻落实”等。具体如何使用，应视所批转、转发公文的内容而定。例如，通知中的意见属于探索性的，且法律程序不够完备，需要下级机关边执行边修改的，则习惯用语一般写为“请研究试行”；如果通知中的要求只是根据一定地区的特点，或者批转下级机关的报告、有参考价值的意见或建议，或是应引起注意的问题，则习惯用语一般写为“请参照执行”等。在具体写作实践中，这种习惯用语也用于第一层次内容的结尾处。

4．结尾

与印发、发布性通知的要求相同。

（三）指挥性通知

此类通知是上级机关需要对下级机关或所属单位就某一事项做出具体规定或者就某一问题做出具体安排部署时使用，具有较强的指令性和行政约束力，受文单位必须坚决贯彻执行。在具体写法上，通常包括如下几个部分：

1．标题

应写得准确、简要、完整，要载明发文机关、事由、文种三个要素，如《中共中央纪律检查委员会关于坚决纠正新形势下出现的不正之风的通知》。需要提出的是，此类通知的标题往往显现出发文机关的倾向性态度，诸如“坚决制止”“坚决打击”“坚决纠正”等语便是。视实际情况，也可以根据通知的发布形式、内容及执行时限要求等，在文种前面分别冠以“联合”“补充”“紧急”等字样，以求准确、具体，同时唤起受文单位注意，便于执行。

2．主送机关

在标题之下空一行，居左顶格标识通知的致送对象，对于泛称的主送机关，要注意排列的先后次序，即按照先高到低、先外后内以及党政军群的顺序排列，要注意同一系统和部门之间使用顿号隔开，不同系统和部门之间则使用逗号隔开，以清层级。

3．通知目的或缘由

这是通知正文的开文头部分，具有提纲挈领的作用，要写得简明扼要，精炼概括。一般应交代出制发通知的缘由、目的、背景和依据等，以便为下文进一步提出通知事项做好铺垫。用语简洁明快，文字不宜过多，然后使用“现通知如下”“现将有关事项通知如下”“为此，特作如下通知”“现就……通知如下”等过渡句开启下文。如《国务院办公厅关于加强安全生产监管执法的通知》就是在提出制发通知的目的和依据之后，紧接着使用“现就加强安全生产监管执法有关要求通知如下”这一过渡句引出下文，用语简练精要，干净利落。

4．通知事项

这部分是指挥性通知写作的主干，是受文单位执行的依据。因此，要明确、具体地交代出应办的事项，即工作的任务和要求，切忌含混笼统，令人不得要领。在结构安排上，一般采用分条列项式的写法，用序号标明层次；也可采用分列小标题的形式，将通知内容的各个方面分别进行阐述。无论采用哪种方式，都必须做到条理明晰，层次清楚，便于领会、理解和执行。如《国务院办公厅关于加强安全生产监管执法的通知》即很好地展现了这一点，在结构布局上能够给我们提供有益的借鉴，紧紧围绕“加强安全生产监管执法”这一核心问题，分别从五个大的方面进行阐述，作出规定，提出要求。而且每项规定都极为明确具体，具有很强的针对性和可行性，是指挥性通知写作的典范。

5．结尾

与印发、发布性通知的要求相同。

（四）事务性通知

此类通知是指要求受文机关知晓某一事项或办理某件事情时使用。例如人事任免通知、迁址办公通知、启用印章通知，成立、调整、撤销某机构的通知等。其写作结构一般也由标题、主送机关、正文和结尾组成。

1．标题

应完整载明发文机关、事由、文种三个要素，例如《国务院关于成立中国船舶工业总公司的通知》。

2．主送机关

与印发、发布性通知的要求相同。

3．正文

是事务性通知写作的重心，其内容一般较为简短，撰写时应当根据实际情况，准确、具体地予以载明。例如，有关人事任免通知，就应写明经由哪级组织决定，任免何人何职务，一般要先写免职，再写任职，即先免后任。用语要简洁利落，切忌拖沓啰嗦；同时，对有关待遇、任职期限等事项，亦应载明。如果是设置某一机构的通知，则应写明设置该机构的目的、依据、名称、组成人员、办公地址及其相关内容。调整和撤销某一机构则应写明撤销或调整的缘由、依据等。无论哪种类型的通知，都必须做到开门见山，直截了当，用语简洁干脆，意尽言止。

4. 结尾

与印发、发布性通知的要求相同。

（五）会议通知

会议通知属于知照类公文。用来告知召开某一会议，其写作结构一般也由标题、主送机关、正文和结尾组成，重点是要写好正文部分。应主要写明召开会议的缘由、目的、主办单位及协办和承办单位、会议内容、起止时间、参加人员、会议地点、报到时间及地点、需要准备的材料、食宿安排、接送站事宜，以及其他相关事项，要全盘考虑，不能疏漏。如参会者与会议地点的空间距离较远，则还应写明赴会的交通路线以及乘坐的交通工具等，以便使之准确及时地到达。同时，在发出通知时也应将与会人员的途中实践考虑进去。这里，要特别注意对有关事项的交代必须清楚明确，切忌含糊不清，如时间一项，不能只写某年某月某日，还应写明是上午或是下午，几时几分。又如参加人员一项，不能写为“有关负责同志”，而应写明参加人员的职务和人数要求等。否则，极易造成混乱。

延伸阅读一

撰写通知必须要知道的四件事

（一）要注重讲求实效，切不可滥发通知。由于制发通知是要求所属单位及人员执行或周知的，其目的在于指导和推动工作的深入开展，因此要特别注意发文的必要性，讲求实效，严禁随意滥发，严格控制发文的数量，做到量度适中。

（二）不要越俎代庖。有一些事项，按其内容和发文的目的要求应该使用“函”或“启事”的，则不要使用“通知”来代替。

（三）要注意通知内容的准确性。撰写通知，必须符合国家法律、法规，以及党和国家的方针政策，还要合乎本地区、本单位的实际情况，对有关事实的阐述，一定要准确无误，语言表达也要合乎语法、逻辑和修辞规则。这些，都是通知内容的准确性所必须的。

（四）要分清发布的载体形式。印发、发布性通知及转文性通知，在外在表现形式上均需采用复体行文的方式，即以通知文种作为“公文头”来载运相应的文种，诸如领导讲话、工作总结、实施方案等，但这种被载运的对象不是通知的附件，只是一种公文的发布形式。因此，那种认为以“通知”作为主件，以其后的“总结”“讲话”“方案”“意见”等作为附件构成“主件——附件”的结构模式的观点是错误的，是对公文格式、国家标准的误解。

延伸阅读二

“特此通知”的正确用法①

在长期的公文写作实践中，形成了一些特定结束语，如通知里的“特此通知”，它通常具备表示重视、强调的作用，有时候也是行文结构的需要。

但在实际公文活动中，往往存在着滥用、位置错误和标点使用不当等问题。

那么，“特此通知”到底该如何使用呢？我们需要弄清楚下面几个问题。

一、在什么情况下不需要使用“特此通知”

简短明了、精炼准确，这是公文写作的基本要求。因此，“特此通知”的使用应遵循这样一条原则：能不用就不用，能少用就少用。一般来说，下面几种情况不需要使用“特此通知”：

（1）印转类通知中一般不用。这里主要是指批转、转发公文的通知和印发、发布有关规章、公文的通知。这类通知讲究开门见山、直奔主题、意尽言止，因此无需赘言。

（2）正文开头已经写明了“现将……情况通知如下：”的一般不用。这主要是为了避免前后重复，同时也为了使行文显得简短精要，收到文约而事丰的效果。通知中有这种情况的占绝大多数，所以绝大多数通知不用写特定结束语。

（3）通知本身已经有了结尾部分的一般不用。通知的结束语，除了使用专用术语“特此通知”外，还常用以下三种写法。① 总结式结尾：总结全文内容，以深化观点，加深读者印象；② 希望式结尾：发出号召，提出希望，展望未来，激励斗志；③ 说明式结尾：说明生效与施行时间、适用对象及有关事项。如果通知已经以这几种方式收束全文，后面就没有必要书写“特此通知”了。

除了上面几种情况外，根据行文目的和内容需要，是可以以“特此通知”作结的。这种情况下通知的事项相对比较重要，如重要的人事任免、机构调整、预算决算执行完成情况等；有时，也可能是出于保持公文结构完整的需要而使用。

二、“特此通知”当标注在什么位置

关于这个问题，目前学术界已经达成共识，即标注在正文结束后的下一行前面缩

---

① 该文章主要来源于王安应：《“特此通知”的用法探析》（原载《应用写作》，2015 年第 2 期）。

进两个字的位置。其他诸如居中、靠右一侧或置于发文机关名称正上方都是错误的。

三、“特此通知”后标点的使用问题

首先要明确的是要不要标注标点的问题。关于这个问题，目前有三种观点：一种观点认为，不加标点是一种习惯，加上反而不美，理由是公文的落款、成文日期等后面都不加标点；另一种观点认为，应该加标点，理由是这是公文的结束语句，从规范使用现代汉语的角度讲，自然应加上相应的标点；还有一种观点认为，加不加无所谓，理由是不管加不加都不会因为句读不明产生歧义，也不会造成阅读理解上的障碍。尽管这是一个不起眼的小问题，但这个问题不仅涉及公文的规范化，也涉及语言文字的规范化，所以应该也必须有一个明确的结论，以消除人们在实际工作中的困惑。笔者认为，还是加上标点比较好。理由如下：

一方面，可以借助现代汉语中短语和句子这两个概念加以说明。黄伯荣、廖序东主编的《现代汉语》指出，短语是语义和语法上都能搭配而没有句调的一组词，是造句的备用单位，大多数短语加上句调可以成为句子；句子是具有一个句调，能够表达出一个相对完整意思的语言单位。可见，有无句调是短语和句子的主要区别。那么，“特此通知”这个特定结束语是短语还是句子呢？如果是短语就不需要加标点，是句子自然就得加上标点。《现代汉语词典》对“结束语”的解释是：“文章或正式讲话末了带有总结性的一段话。”吴新元先生在《公文正文三要素说与公文正文格式化导论——公文写作一读通》中也将结束语明确地称为结束句：“公文中常用‘特此某某’一类结束句。”“特此通知”属于公文的结束语，这毫无疑问；同时，它又是作为句子甚至独立的段落出现，自然应该加上句末标点。

另一方面，可以从其他结束语之后标点的使用情况加以说明。公文中除了有许多由单一短语构成的特定结束语之外，还有不少由两个短语或分句构成的特定结束语，如“以上请示妥否，请批示”“当否，请批复”“以上意见如无不妥，请批转……贯彻执行”“妥否，请予函复”等。实际工作中，这些结束语后面都是加了标点的，两个短语或分句间加逗号，句末加句号。这既符合语言规范化的要求，也成为一种习惯做法，大家一般都没有异议。既然这些结束语后面可以而且应该加标点，那么“特此通知”的后面为什么不加呢？加上又有什么不好呢？难道真像有些学者说的那样加个标点就不简洁了吗？

在明确了“特此通知”后面要不要加标点这个问题后，还要解决加什么标点的问题。我们知道，句子分陈述句、疑问句、祈使句和感叹句，句末标点一般使用句号、问号或感叹号。“特此通知”后面使用问号显然不妥，因为它没有任何疑问的成分，因此就只能使用句号或感叹号了。而实际工作中，人们的困惑就在于使用句号还是感叹号。笔者认为，“特此通知”之意为“特别在这里通知一下”或“特地在这里加以

通知”，它是不带有浓厚感情色彩的——带有浓厚的感情色彩也不符合表达的要求，所以使用句号比较适宜。

第二节　意见的定义及写作要点

一、意见的定义及适用范围

意见的含义是见解和主张。最早出现于《后汉书·王充等传论》：“夫遭运无恒，意见偏杂，故是非之论纷然相乖。”意见的本意是人们对事物所产生的看法或想法，后演化成一种公文文种，根据《党政机关公文处理工作条例》的规定，意见适用于对重要问题提出见解和处理办法。意见的实质是提出切合实际的可行性建议，发挥参谋和指导作用。它作为一种比较灵活、特殊的公文文种，可以多向行文，既可以作为下行文，也可以作为上行文或平行文。

作为上行文或平行文的“意见”，必须以“知无不言，言无不尽”的态度，对上级或平行机关提交本机关的建设性见识，充分发挥好参谋作用。针对在工作中经常会遇到一些新的情况和问题，如果原有政策规定不够明确，或不相适应，就需要上级机关进行正确、及时的指导，以提出见解、措施，规范人们的行为，为下一步完善和制定有关法律法规做好必要的准备。而指导工作又不能使用刚性很强的“决定”等公文文种，那么，“意见”作为法定公文文种，既成为下级向上级或向平级机关提出解决有关重要问题的见解和处理办法等方面建议的渠道，又成为上级在发现下级遇到有关重要问题时，提出见解和办法措施，对下级予以指导的途径。

作为下行文的意见，具有较强的规范性和强制性，如《关于进一步做好退耕还林还草试点工作的意见》。作为上行文的意见，一般由专业主管部门提出，经政府机关或上级业务主管部门批转下发贯彻执行。作为平行文的意见，是对函的补充。函一般需要回函，而意见只作为沟通情况，供参考，不需要回复。

二、意见的特点

（一）重要性

所涉及的必须是重要问题，即应当是工作中所遇到的涉及方针政策性的重大事项和主要问题。

（二）指导性

意见用于下行文时，具有指示的性质，对下级机关开展工作具有指导作用。

（三）针对性

就某一重要问题的制发，对下级机关起帮助和解决问题的作用。如《进一步加强国企改革的指导意见》。

（四）原则性

它在就重要问题提出见解和处理办法时，总是从宏观上提出原则性意见。

三、意见的类型

意见主要有三种类型：呈转性意见、建议性意见和直发性意见。

（一）呈转性意见

用于报请上级行政机关批转属于自己业务范围之内的，又需要其他部门周知的意见。

（二）建议性意见

用于向上级单位请示、建议某几个方面的具体工作、活动。

（三）直发性意见

用于法定组织和行政机关依据其职权权限直接下发，要求下级单位和部门参照执行的见解和办法。

四、意见的结构及其写作要点

意见的正文一般由开头、主体、结尾组成。

（一）开头

概括性说明制定意见的缘由、目的或依据。常用“现提出如下意见”作为承启语转入意见的主体部分。

（二）主体

主体部分解决“如何认识”和“如何解决”这两个问题。结构安排上应先写原则性指导意见，后写具体性指导意见；先写理论性认识，后写解决办法。内容较多篇幅较长的意见，可以用序号或小标题形式排列，以使结构更清晰明朗。

（三）结尾

上报的意见，结尾可提出请求批转的要求，如“以上意见如无不妥，请批转各地（单位）执行。”下发的意见一般要求下级结合实际情况贯彻执行，有的还可以提出在贯彻执行中遇到的困难和问题及时上报，或结合本单位实际情况制定具体实施方案的要求。

要找准行文的角度，如果是请求上级审批的意见，应按请示的要求来写，如果是下行文就要提出符合实际、具体可行的政策与措施要求，切实发挥指导作用；如果是平行文，则应以协商的态度，阐明本单位的意见和主张。

要讲究语言得体，要注重条理清晰。保证结构严谨、言之有序、富有条理。要注意主体集中围绕一个主题。将一个问题，一项工作的性质、特点、利弊、政策主张与解决办法讲深讲透。要讲究政策性。意见是发文单位政策见解的体现，拟写人必须深刻领会和掌握党和国家的有关方针、政策，这是基础。

范文

湖南省人民政府办公厅关于全面推进城镇老旧小区改造工作的实施意见

湘政办发〔2021〕56 号

各市州、县市区人民政府，省政府各厅委、各直属机构：

为抓好全省城镇老旧小区改造，着力改善人居环境，促进城镇高质量发展，根据《国务院办公厅关于全面推进城镇老旧小区改造工作的指导意见》（国办发〔2020〕23 号），经省人民政府同意，提出如下实施意见。

…………

本实施意见自发布之日起施行。以往规定与本实施意见不一致的，以本实施意见为准。

湖南省人民政府办公厅（章）

2021 年 9 月 3 日

课后实践练习

一、选择题

1. 对重要问题提出见解和处理办法，应选用（　　）。

A. 决定　　B. 通报

C. 意见　　D. 批复

2. 在现行的机关工作中，使用最频繁的文种是（　　）。

A. 公告　　B. 通告

C. 公报　　D. 通知

3.《中共中央关于印发〈中国共产党纪律处分条例（试行）的通知〉》的类型是（　　）。

A. 批转性通知　　B. 转发性通知

C. 发布性通知　　D. 事务性通知

二、思考题

1. 批转、转发性通知的标题可作何种格式化省略？

2. 简述意见的特点及写作要求。

三、病文修改

请仔细阅读下列材料，指出它存在哪些问题？应该如何修改呢？

关于进一步加强公共交通安全防范工作的实施意见

根据中央综治办关于加强公共交通安防工作电视电话会议精神和市委、市政府有关要求，按照中央综治办《关于加强公共交通安保工作的若干意见》和公安部、交通运输部《关于切实加强城市公共交通安保工作的通知》的要求，更好固化博览会安保工作机制和“亚信峰会”安保工作成功做法，为保证本市公共交通各行业日常运作安全有序和平稳健康发展，依据国家和本市有关法律规定，现就进一步加强本市公共交通安全防范工作提出如下实施意见：

……

四、写作训练

阅读下列材料，拟写一份通知。

××分局定于4月27日9时在3楼会议室召开党风廉政建设动员会，要求全员着春秋装参加，请以分局人事科名义拟写一篇通知。

第七章　知照性公文：以公告和通报为例

情景模拟

职工×××在公司组织盘点工作中，连续三次库存准确率100%。公司领导为表彰其工作认真、表现突出，特给予20000元的奖金以资鼓励，同时也希望其他仓管人员以此为榜样，保证库存准确率。请你思考应该选择哪种公文文种？

第一节　公告的种类及写作要点

一、公告的定义及适用范围

公告是法定公文的主要文种之一，它和通告都属于发布范围广泛的知照性文种。根据《党政机关公文处理工作条例》规定，公告适用于向国内外宣布重要事项或者法定事项。如公布国家领导人的出国访问、国家领导人的选举结果、人造卫星的发射等。地方行政机关有时也可用公告。需要注意的是，基层单位一般不能制发公告。

二、公告的特点

公告的特点主要表现在以下几个方面：

（一）使用主体的限定性

由于公告宣布的是重大事项或者法定事项，发文的权力被限定在高层权力机关或者行政机关及其职能部门的范围内。具体来说，国家最高权力机关（如人大及其常委会），国家最高行政机关（国务院）及其所属部门，各省市、直辖市、自治区行政领导机关，以及某些法定机关，如海关、中国人民银行、铁道部等，有制发公告的权力，其他的地方行政机关一般不能发布公告。

（二）发布内容的重大性和法定性

用公告发布的内容都是重大事项和法定事项，其中重大事项就全国范围而言，都是全国人民应该知晓的事，就世界范围而言，都是能够产生重大国际影响或被世界人民关注的事。而法定事项，即有关法律、法规规定应当使用公告告知当事人的事项——这其中的一个关键点是当事人有可能身处任何一个地方，不用公告就可能传递不到位。

三、公告的种类

公告的种类有以下三种：

（一）重要事项的公告

凡是用来宣布有关国家的政治、经济、军事、科技、教育、人事、外交等方面需要告知全民的重要事项的，都属此类公告。常见的有国家重要领导岗位的变动，领导人员的出访或其他重大活动，重要科技成果的公布，重要军事行动等。如《全国人大常务委员会关于确认全国人大代表资格的公告》，新华社受权宣布《我国将进行向太平洋发射运载火箭试验公告》，都属此类公告。又比如：

国务院公告

为表达全国各族人民对抗击新冠肺炎疫情斗争牺牲烈士和逝世同胞的深切哀悼，国务院决定，2020 年 4 月 4 日举行全国性哀悼活动。在此期间，全国和驻外使领馆下半旗志哀，全国停止公共娱乐活动。4 月 4 日 10 时起，全国人民默哀 3 分钟，汽车、火车、舰船鸣笛，防空警报鸣响。

国务院办公厅

2020 年 4 月 3 日

（二）法定事项的公告

依照有关法律和法规的规定，一些重要事情和主要环节必须以公告的方式向全民公布。如《中华人民共和国专利法》第三十九条规定：“发明专利申请经实质审查没有发现驳回理由的，由国务院专利行政部门作出授予发明专利权的决定，发给发明专利证书，同时予以登记和公告。”

（三）专业性公告

有一类公告是属于专业性的或向特定对象发布的，如经济上的招标公告，按专利法规定公布申请专利的公告，属专业性公告；还有一种情况，按国家民事诉讼法规定，法院递交诉讼公文无法送本人或代收人时，可以发布公告间接送达，是向特定对象发布的，这些都不属行政机关公文。

但是在实际情况中，公告的使用比较混乱，主要有两种情况：一是把公告当作“启事”“声明”“广告”用，望文生义，以为“公告”就是公开告知有关事项，如声明某业务与本单位无关，揭露有人冒充某报记者行骗，也用“公告”。二是“公告”代行“通告”，凡公布性事项，事无巨细都用“公告”，甚至街道告知居民领取物价补贴也用“公告”。使用公告必须以“公告适用于向国内外宣布重要事项或者法定事项”的有关规定来衡量，避免公告滥用。

因此，我们在这里有必要对公告和通告进行区分。

1. 公告与通告的定义

公告，是国家权力机关、行政机关向国内外郑重宣布重大事件和决议、决定时所用的一种公文。公告使用频率高，如国家领导人、人大代表、人大常委会委员职务的变更和任免，国家领导人的重要活动、重大科技实验等均可用公告。公告具有其严肃、庄重、权威的特点。它必须由特定的国家机关制发，所及内容重大，而且多能引人关注。公告也具有公开性，它可以由大众传播媒介予以广泛展布。公告由其性质、内容、发布机关来区分，一般分为国家事项公告和司法公告。

通告，适用于公布社会各有关方面应当遵循或者周知的事项的公文文体。有两种类型，发布性公文或知照性文告，中心是晓喻告语，就是把欲使接收者知晓的情况、事体、规定、要求发布出去，或者说是告知、关照到有关方面。由于告白的对象范围广泛，“一体周知”，所以又称“周知性文章”。

2. 公告与通告的分工

“公告”，发文机关级别更高（多为省、部、以上机关），宣布的事更重大；或告知的范围更广，有时包含国外；发布的方式一般不张贴，而是通过通讯社、电台、报刊。

“通告”，使用机关范围最大，各种机关单位都可以发布；内容有时具有专门性（如银行、交通方面的），而事项则更一般化；发布方式多种式样，可张贴，也可在报刊、电台发布。报纸发布可省略日期，因报纸有日期。

四、公告的写作要点

公告一般由标题、正文、署名和日期三部分组成。

（一）标题

公文的标题有四种构成方式，第一种是“发文机关 + 事由 + 文种”，如《中国民用航空总局关于禁止旅客随身携带液态物品乘坐国内航班的公告》；第二种是“发文机关＋文种”，如《国务院公告》；第三种是“事由＋文种”，如《国家公务员招考公告》；第四种单独用文种“公告”命名。

公告的标题下面有时候还有发文字号，不过需要注意的是它不是用的公文常规发文字号，而是第多少号。

（二）正文

公告的正文一般由引言、正文加结语组成。引言主要写公告的缘由，包括根据、目的和意义。也有的公告没有引言，开篇进入主题。正文部分主要写公告的事项，有时用贯通式写法，有时分条列出，因文而异。主体写作要求条理清楚、用语准确、简洁明了，不失庄重。结语部分，常用“特此公告”收尾，也有的公告结尾专用一个自然段来写执行要求。当然还有个别公文既不用“特此公告”，也不写执行要求，事完文止，也不失一种干净利落的写法。

（三）署名和成文日期

署名和日期一般在正文的右下方，也有的公告日期写在标题和编号之间。如果发文机关在标题中已出现，在落款处也可以不写。

第二节　通报的种类及写作要点

一、通报的定义及特点

通报适用于表彰先进、批评错误、传达重要精神和告知重要情况。它的运用范围很广，各级党政机关和单位都可以使用。它的作用是表扬好人好事，批评错误和歪风邪气，通报应引以为戒的恶性事件，传达重要情况以及需要各单位知道的事项。通报是各级机关、企事业单位和团体经常使用的文种。其目的是交流经验，吸取教训，教育干部、职工群众，推动工作的进一步开展。

通报通常具备以下四个特点：

（一）告知性

通报的内容，常常是把现实生活当中一些正、反面典型或某些带倾向性的重要问题告诉人们，让人们知晓、了解。

（二）教育性

通报的目的，不仅仅是让人们知晓内容，它主要的任务是让人们知晓内容之后，从中接受先进思想的教育，或警戒错误，引起注意，接受教训。这就是通报的教育性。这一目的不是靠指示和命令的方式来达到，而是靠正、反面典型的带动，用真切的希望和感人的号召力量，使人真正从思想上确立正确的认识，知道应该这样做，而不应该那样做。

（三）政策性

政策性并不是通报独具的特点，其他公文也同样具有这一特点。可是，作为通报，尤其是对表扬性通报和批评性通报来说，在这方面显得特别强一些。因为通报中的决定（即处理意见），直接涉及具体单位、个人，或事情的处理，同时，此后也会牵涉到其他单位、部门效仿执行的问题。

（四）时效性

通报的示范作用，在于其选择事例的典型性。这些典型事例总是针对特定的社会背景而言的，离不开当时的工作重点和宣传中心。通报作用的有效发挥，与其抓住时机适时通报是分不开的。

二、通报的种类

通报的种类大致可分为以下三种：

（一）表彰性通报

用于表彰先进人物和先进集体，通报先进事迹和典型经验，借以推动工作的全面开展。

（二）批评性通报

针对工作中出现的影响较大的错误事实或错误做法予以批评，以示警诫。

（二）情况通报

用于传达重要精神或沟通情况、互通信息。

二、通报的写作要点

（一）标题

通报的标题大多采用“发文机关＋主要内容＋文种”的常规写法。

（二）正文

1．表彰性及批评性通报

范文

国务院办公厅关于对国务院第六次大督查发现的典型经验做法给予表扬的通报

国办发〔2019〕48号

各省、自治区、直辖市人民政府，国务院各部委、各直属机构：

为进一步推动中央经济工作会议部署和《政府工作报告》提出目标任务的贯彻落实，国务院部署开展了第六次大督查。从督查情况看，各有关地区在以习近平同志为核心的党中央坚强领导下，以习近平新时代中国特色社会主义思想为指导，认真落实党中央、国务院重大决策部署，求真务实、攻坚克难，统筹推进稳增长、促改革、调结构、惠民生、防风险、保稳定各项工作，加大"六稳"工作力度，各项工作取得积极成效。在对16个省（区、市）开展实地督查中，除发现一些地方存在有令不行、有禁不止，不作为慢作为乱作为等问题外，也发现有关地方在减税降费、稳定和扩大就业、深化"放管服"改革优化营商环境、推动创新驱动发展、合理扩大有效投资等方面主动作为、精准发力，在实践中创造和形成了一批好的经验做法。

为表扬先进，宣传典型，进一步激发和调动各地区、各部门锐意进取、改革创新的积极性、主动性和创造性，推动形成善于破解难题、勇于干事创业的良好局面，经国务院同意，对天津市加强财政开源节流保障重点项目实施、四川省探索职务科技成果权属改革打通科技与经济结合通道等32项地方典型经验做法予以通报表扬。希望受到表扬的地方牢记使命，珍惜荣誉，发扬成绩，奋力拼搏，再创佳绩。

各地区、各部门要坚决贯彻落实党中央、国务院决策部署，坚持稳中求进工作总基调，坚持新发展理念，坚持推动高质量发展，坚持以供给侧结构性改革为主线，坚持深化市场化改革、扩大高水平开放，学习借鉴典型经验做法，认真履职尽责，强化责任担当，抓深抓实抓细抓好各项工作，力戒形式主义官僚主义，保持经济持续健康发展和社会大局稳定，确保完成全年经济社会发展主要目标任务，为实现"两个一百年"奋斗目标和中华民族伟大复兴的中国梦作出新的更大贡献。

附件：国务院第六次大督查发现的典型经验做法（共32项）

国务院办公厅（章）

2019年11月1日

从这篇范文我们可以看到这种表彰或批评的通报通常包括以下几个方面：

（1）介绍事实与现象。介绍先进人物或集体的行动及其影响，要写清时间、地点、人物、基本事件过程。如果对个人的错误进行处理，要写明违纪人员的基本情况，然后对错误事实的叙述，要写得简明、清晰。如果是针对某一普遍存在的问题进行通报，要选出一些有代表性的事实进行综合叙述。表达时应概括叙述，只要将事实讲清即可，篇幅不宜过长。

（2）揭示事实的性质、意义。对先进人物、典型事迹，应表明其代表的积极的倾向，指出其意义，以便激励先进、督促后进；对于单一错误事实，要对错误的性质、危害进行分析，一般都写得比较简短；对于综合性的不良现象或问题，分析要系统。主要采用议论的写法，要注意文字的精炼。措辞要有分寸感，不能出现过誉或贬低的现象。

（3）作出表彰或处理决定。这部分写什么会议或什么机构决定，给予表彰对象以什么样的表彰和奖励，或者给予批评对象什么样的处分和惩罚。这部分在表达上要注意的清晰、简洁，用词恰当。

（4）提出希望和要求。结尾部分用来提出希望、发出号召。这部分表述的是发文的目的，是整篇的思想落脚点，应该写得有针对性，具有教育意义，以使受文单位对通报高度重视、认清性质、采取措施。

2. 情况通报

（1）缘由和目的。开头首先叙述基本事实，包括阐明发布通报的根据、原因、目的等。开头文字不宜过长，应该综合归纳、要言不烦。

（2）情况和信息。主体部分主要叙述情况、传达信息，通常内容较多，篇幅稍长，要注意梳理归类，对结构进行合理安排。

（3）希望和要求。在明确情况的基础上，对受文单位提出一些希望和要求。这部分是全文思想的归结之处，写法因文而异，总的原则是抓住要点，切实可行，简练明白。

三、通报写作的注意事项

第一，通报一般可以无抬头，无受文单位；通知一般要抬头，有受文单位。但是从近几年的格式变化上看，通报抬头的情况有增加的趋势。

第二，通报一般不提出具体工作要求。在实践中，一部分传达上级指示精神的公文，既可用通知也可以用通报。在内容上，通报不同于通知的特点是一般不提出工作上的具体要求，以及需要具体组织实施的事项。

第三，通报文风要朴实。文字表述要简洁明快，言之有据，切忌夸张渲染。无论是表扬还是批评，都要以实事求是的态度对事实认真核查，一定不要拔高或扭曲。

第四，通报观点要鲜明，提倡什么，反对什么，要是非分明，忌含糊其词。在行文篇幅上要详略得当，切忌把表彰通报写成报告文学，把批评通报写成情况纪实。一般来讲，即使长一点的通报，也要以不超过两千字为宜。

延伸阅读

写出高质量的情况通报有诀窍①

情况通报是通报的一种，除了格式上须有标题、受文机关、正文、日期与落款构成外，它在内容上还有哪些要求？尤其是在新媒体形态下舆论环境中，到底什么样的情况通报才算高质量？其实很简单，只要满足事实要充分，思路要清晰，结论禁得起推敲就可以了。说起来简单，但要做到可真是个技术活。事情能够查清楚，通报当然能够说清楚，倘若事实模棱两可，通报难免似是而非，所以说实情才是决定舆情的前提。

在新媒体形态下舆论环境中，公众期待了解真相，希望尽快看到措施，切身感受到成效的心理之下，有事实、有依据、有过程、有结论、有态度、有力度的结论式通报变得越来越重要。而那种单纯的表态式通报能起到的缓解作用已经越来越小。

因此，我们在撰写情况通报时，首先明确的一点就是针对性强。

因为情况通报要起到的作用是澄清事实、避免质疑、减少争议、取得“我说了你信了”的效果。所以我们在撰写前必须要明确公众关注的是什么，已经产生的质疑在哪里，才可能在通报中做到有明确指向的回应。

“我把我认为最重要的告诉你，同时对你们认为重要的问题进行解答”，如果这两句话都做到了，那就是一篇合格的通报。如果只是单方面依据本单位、本部门的利益通报，而忽略公众的疑问和想法，这会让通报效果大打折扣。想要抓住公众关注的焦点，就要在事件处理过程中，始终关注着媒体的报道方向和网民的情绪走向。

其次，要充分了解事情的详情。知道了要干什么，接下来就是从哪里入手。要盯紧事件的难点，调查中什么最困难，细节中哪些最模糊，结论中哪些最有可能存在争议……哪些事情没有查清之前不能公布结论，哪些环节需要在通报中说明才能起到关键的直观说明作用，哪些是有多重证据支撑又能相互印证的情况，哪些是只有单一信源的说法……在事件难点这个角度上，舆论引导部门就是在给调查处置部门提问题、要答案。提出的问题越具体，得到的答案越充分，写通报才可能更准确、更清晰。

最后，还要学会转变思路。在撰写情况通报的时候，不能老纠结于“这么写与事

① 本节内容重点参考了：福尔猫斯：《写好情况通报没那么简单！这三点了解一下》（原载政新科技公众号2018年10月11日），岳亚玲：《舆情处置，回应通报中应慎言功绩》（原载《网络舆情》2021年第39期）。

实不符”，而是要想“为什么会这么写，以及怎样才能解释清楚”。

坚持了这三个原则，写情况通报时，在对公众的态度和内容的取舍上，就会保持正确的方向，让通报发挥更积极主动的作用。

课后实践练习

一、选择题

1. 知照性公文包括（　　）。

A. 公告　　B. 通告

C. 通报　　D. 公报

2. 公告，适用于（　　）。

A. 向国内宣布重要事项或者法定事项

B. 向国外宣布重要事项或者法定事项

C. 向国内外宣布重要事项或者法定事项

D. 向国内外宣布行政法规和规章

3. 不属于通报适用范围的是（　　）。

A. 表彰先进　　B. 传达情况

C. 申请批准　　D. 批评错误

4. 通报的表达方式侧重于（　　）。

A. 叙事　　B. 说理

C. 说明　　D. 说明、说理

二、简答题

1. 简述公告和通告的区别。

2. 批评性通报的正文一般应包括哪些内容？

三、病文修改

请阅读下列材料，指出这份公文存在哪些问题，并进行修改。

公　告

全校师生员工：

因滨江路校区图书馆已经启用，为了进一步营造安静的学习环境，加强校园车辆管理，经学校研究决定，自2012年4月26日7：00起，开启滨江路校区西区南门东侧门、封闭西侧门，西侧门除特种车辆和学校班车可通行外，其他车辆和行人禁止通行。

感谢全校师生员工对学校工作的理解与支持，请遵照执行并遵守学校门卫管理规定。

特此公告。

××大学

2021 年 4 月 27 日

四、写作训练

根据下列所提供的材料，拟写一份通报。

2019 年 8 月 25 日。××同志下班途经广州登丰北路时，看见一个歹徒抢了一位女青年的皮包后逃走。××同志跳下车截住歹徒并把他抓住，但被另一个随后接应的歹徒从背后扎了一刀，××同志大臂受伤，但紧紧抓住歹徒不放。随后闻讯赶来的几位民警和保安将两个歹徒抓获归案。公司领导研究决定，予以通报表扬，奖励人民币 5000 元，并号召大家学习。

第八章　呈请性公文：以请示和报告为例

情景模拟

××大学，经过一年多的努力，已基本具备了招收“信用风险管理与法律防控专业”的条件，决定向省教育厅申报成立“信用风险管理与法律防控专业”，并拟于明年开始招生，请你为该院拟写一份公文。

第一节　请示的定义及写作要点

一、请示的定义及特点

什么是请示？从字面意义上来理解，请示也就是请求指示的意思。根据这个意思，很明显，它是某个机关就某些事情向它的上级领导机关请求意见、答复的公文，是一种上行文。假如我们是在某个机关里从事文秘工作，当本机关对上级机关的方针政策、公文精神理解上有疑问，执行起来没把握的时候，或某些事情的处理超出了本机关职权范围的时候，或某些工作需要跟其他平级的兄弟单位、不相隶属的部门合作，需要上级机关进行组织协调的时候，或我们想向上级单位寻求经费支持的时候，请示就可以派上用场了。请示具有以下四种特点：

（一）期复性

在公文体系中，请示是为数不多的双向对应文体之一，与它相对应的文体是批复。下级有一份请示报上去，上级就会有一份批复发下来。不管上级是不是同意下级的请示事项，都必须给请示单位一个回复。因此可以说，写请示最直接的目的就是得到批复。而且，下级机关都是在遇到比较重要的情况或问题需要解决时，才会向上级机关请示，急切地期待回复是请示者的必然心态。我们把这一特点称为“期复性”。

尽管请示者都有急于得到答复的心理，但是，也必须遵循行文规则，一般不得越级请示。特殊情况确实需要越级请示的，如经多次请示上级机关而长期未能解决问题，可以越级请示，但必须同时抄报给被越过的直接上级机关。

（二）单一性

跟其他上行文相比，请示更强调遵循“一事一报”的原则。在一份请示中，只能就一项工作、一种情况、一个问题作出请示，不得在一份公文中就若干事项请求指示和批准。如果确有若干事项需要同时向同一上级机关请示，可以同时写若干份请示，它们各自是一份独立的公文，有不同的发文字号和标题。而上级机关则会分别对不同的请示作出不同的批复。

（三）针对性

请示的行文，有很强的针对性。必须针对本机关没有对策、没有把握或没有能力解决的重要事件和问题，才能运用请示。不得动辄就向上级请示，那样看起来像是尊重上级，实际上却是把矛盾交给上级，而自己躲避责任的表现。

（四）时效性

请示所涉及的情况和问题，都有一定的迫切性，应该及时写作、及时发出，如有延误，就有可能耽误解决的时机。相应地，上级机关在处理下级的请示时，也会注意到时效性问题，对请示作出及时的批复。

二、请示的分类

按照《党政机关公文处理工作条例》的规定，请示有两种在内容、性质、行文目的方面不尽相同的类型，一种是请求指示的请示，一种是请求批准的请示。

（一）请求指示的请示

请求指示的请示运用于以下三种情况：

一是遇到新情况、新问题，在有关的方针、政策、规章，以及上级的指示中，都找不到相应的处理依据，无章可循，因而没有对策，需要上级机关给以指示。

二是对有关方针、政策和上级机关发布的规定、指示有疑问，需要上级机关给予解释和说明。

三是与友邻机关或协作单位在较重要的问题上出现意见分歧，需要上级机关裁决。

（二）请求批准的请示

请求批准的请示可分为以下三种：

第一，请求批准有关规定、方案、规划。依据有关规章和管理权限，下级机关制定的某些规定、方案、规划等，需要经过上级部门的批准才能发布实行。如本部门长期实行的法规，在制定出来后须经上级批准；由于本单位的特殊情况，难以执行上级的统一规定，需要进行变通处理，须提出变通方案报上级批准；设立新的机构，也要将设想或方案报上级批准；重要的工作计划、规划，也要报请上级部门批准。

第二，请求审批某些项目、指标。在工作中遇到人、财、物方面的困难，自己无法解决，可提出解决的方案请上级机关审核批准，在人、财、物方面给予相应的调配。如请求审批基建项目，请求审批购进设备物资，请求增加人员编制等。

第三，请求批转有关办法、措施。某职能部门在自己的职权范围内制定了相关的办法和措施，却不能直接要求平级机关和不相隶属机关照办，可用请示的方式要求上级机关批转给有关部门执行。如绿化行政主管部门制定的保护花草和绿地的办法，由于职权的限制不可能自己直接出面要求有关部门都执行这一办法，就可以将这些办法和措施通过请示提交给上级，要求上级机关批转给所有相关部门施行。

三、请示的写作要点

范文

关于购置执法车辆的请示

××县人民政府：

随着我县经济的发展，工商执法任务日益繁重，而我局目前仅有3台执法车辆，已经不能满足监管执法工作需要。为此，特申请新购置执法车3辆，需经费45万元。

妥否，请批示。

××县工商局（章）

2016年10月24日

从结构上来看，请示由标题、主送机关、正文、发文机关署名、成文日期组成。

请示的标题有两种写法，一种是完全标题，即“发文机关+事由+文种”，另一种是不完全标题，即省略发文机关，直接是“事由+文种”。范文中“关于购置执法车辆的请示”就属于第二种写法，“购置执法车辆”是事由，“请示”是公文种类。由于请示是一对一的上行文，所以大多采用这种不完全标题。有时请示的内容紧急，那么可以在标题中的文种前面加上“紧急”两字，如《关于增拨救灾款项的紧急请示》。有时候，我们把自己机关职权范围内的某些事务报上去，是为了请求上级单位进行批复和转发，利用上级单位的权威协调和督促其他单位共同办理，在这种情况下，我们的请示就最好用完全式标题，以方便上级机关在发文、转文时称呼和引用，如《国家工商行政管理局关于在全国逐步推行经济合同示范本制度的请示》。

须注意的是，请示的主送机关只能有一个。假如你的机关是一个受双重领导的单位，如县级工商局，它既受县政府的领导，同时又是受市工商局领导，那么，我们就应该根据所请示事项的审批权限，主送一个上级机关，抄送另一个上级机关。否则就会出现谁也不批，耽误事情，或者出现互相矛盾的情况。

请示的正文，这是重头戏，它包括请示缘由、请示事项、请示要求三部分。

（1）请示缘由，也就是提出请示的原因和根据，要写明为什么要请示，包括情况、道理和依据。在《关于购置执法车辆的请示》这份请示中，请示的原因就是“随着我县经济的发展，工商执法任务日益繁重，而我局目前仅有 3 台执法车辆，已经不能满足监管执法工作需要”这一句。这部分内容是上级批复的根据，所以一定要写得有理有据、实事求是、清晰明了才行。然后，用“因此，特请示如下”“为此，我们申请……”“为此，我们请示如下……”等过渡句承上启下，引出要请示的具体事项。

（2）请示事项，这是正文的核心部分。《关于购置执法车辆的请示》这篇范文请示事项比较简单，就是“新购置执法车 3 辆，需经费 45 万元”这样一个事情。有的请示会写得复杂一些，不仅要写出需要上级机关审批的问题，还要写出本单位对这个问题的态度和处理意见，以供上级机关参考。总的来说，就是要写得具体明确，条理清楚，反映的情况要实事求是，提出的意见、建议要合理合法，符合政策规定，具有可行性。

（3）请示要求，这是请示的结语，要另起一行来写。在《关于购置执法车辆的请示》这份范文中，结语就是“妥否，请批示”五个字。这是习惯性的套话，类似的还有“当否，请批示”“以上特请批示”“请予审批”“以上意见如无不妥，请予批准”等。“妥否，请批示”这种写法是最常见的。有的请示，提的要求比较多，比较复杂，所以会写成一个自然段的形式。

请示如果有附件，将附件的名称、份数写在正文请求语的下面。

同时，在请示写作中还需要特别注意以下几点：

（1）主送单位要对口。所谓“对口”，是指请示的内容一定要在主送机关职权、业务范围之内。如果不对口，上级机关无权指示。

（2）不能越级或多头请示。《党政机关公文处理工作条例》第十四条明确规定：“一般不得越级行文，特殊情况需要越级行文的，应当同时抄送被越过的机关。”而多头请示，容易造成公文在几个部门之间打转，或造成答复不一样的现象。

（3）坚持一事一文。请示必须一件事写一个公文。但如果是一件事，情况比较复杂，涉及几个不同的请示的“点”，就应该分开请示。假如这几个请示的“点”不是一个机关主管的，必须分开请示。

（4）语言要平和，语气要谦恭。前面我们说过了，公文要有礼，遵守上下级之间应该遵守的礼仪礼节。

延伸阅读一

请示的批复如何写呢？

在常用的15种公文文种中，有请示的地方就一定有批复的身影。那么，批复在撰写的过程中有哪些需要注意的事项呢？

批复是答复下级机关的请示事项时使用的文种，一般由标题、主送机关、正文、落款构成。

1. 标题

（1）发文机关+批复事项+行文对象+文种（完全式）

如“国务院办公厅关于深圳特区私人建房问题给广东省人民政府办公厅并福建省人民政府办公厅的批复”。

（2）发文机关+事由+文种

如“广东省人民政府关于同意成立韶关市人民对外友好协会的批复”。

（3）事由+文种

如“关于同意××学院人文社科系举办××班的批复”。

（4）发文机关+原件标题+文种

如“佛山市人民政府《关于请求市领导裁决河滨路2号住宅楼产权争议的请示》的批复”。

2. 主送机关

主送机关和请示一样一般只有一个，是报送请示的下级机关。其位置和一般行政公文一样，写于标题之下，正文之前，左起顶格。批复不能越级行文，当所请示的机关不能答复下级机关的问题而需要向更上一级机关转报“请示”时，更上一级机关所作批复的主送机关不应是原请示机关，而是“转报机关”。如果批复的内容同时涉及其他的机关和单位，则要采用抄送的形式送达。

3. 正文

正文一般包括批复引语、批复事项和结束语三个部分。

（1）批复引语（引叙来文）

引用公文，应先引标题，后引发文字号。

标准格式：来文标题+（来文字号）+“收悉”

如：“你局《关于……的请示》（××发〔20××〕号）收悉。”

引叙来文是为了说明批复根据，点出批复对象，使请示机关一看批复的开头，就知道批复的事项，但要注意尽量避免批复引语和批复标题的重复。

（2）批复的事项

要扣紧请示事项，逐条批复，态度明确。先复述请示的主要内容，再表态。同意的，写理由。不同意的，要在否定意见后简单写理由。

第二节　报告的定义及写作要点

一、报告的定义及特点

报告适用于向上级机关汇报工作、反映情况，回复上级机关的询问，是行政机关和党的机关都广泛采用的重要上行文。通过报告，上级机关可以了解、掌握有关方面的工作情况和问题，并为领导决策提供重要的依据。它通常具备如下几个特点：

（一）单向性

报告是下级机关向上级机关汇报工作、反映情况、提出建议时使用的单方向上行文，不需要上级机关给予批复。在这方面，报告和请示有较大的不同，请示具有双向性特点，必须有批复与之相对应，报告则是单向性行文，不需要任何相对应的公文。为此要特意提请注意：类似“以上报告当否，请批示”的说法是不妥当的。

（二）陈述性

报告在汇报工作、反映情况时，所表达的内容和使用的语言都是陈述性的。本单位遵照上级的指示，做了什么工作、怎样做的这些工作、取得了哪些成绩、还存在哪些不足，必然要一一向上级陈述。反映情况时，也要把时间、地点、人物、事件、原因、结果叙述清楚，向上级机关提供准确的现实性信息。即便是提出建议的报告，也要在汇报情况的基础上，才能深入一步提出建议来。

（三）事后性

在机关工作中，有“事前请示，事后报告”的说法。多数报告，都是在开展了一段时间的工作之后，或是在某种情况发生之后向上级作出的汇报。但建议报告没有事后性特点，应该尽量超前一些，如果木已成舟，再提建议也是没有意义的了。

二、报告的种类

报告主要有以下几种类型：

（一）工作报告

凡是用来向上级汇报工作的报告，都是工作报告。工作报告又可分为综合工作报告和专题工作报告两种。

综合报告涉及面宽，要把主要工作范围之内的方方面面都涉及，可以有主次的区分，但不能有大的遗漏。大到国务院提供给人民代表大会的政府工作报告，小到某单位向上级提供的年度、季度、月份工作报告，都属于这种类型。

专题报告的涉及面窄，只针对某一方面的工作或者某一项具体工作进行汇报，如行政机关关于技术革新工作的报告等。

（二）情况报告

如果本单位出现了正常工作秩序之外的情况，譬如说发生了事故，出现了意想不到的问题等，对工作产生了一定程度的影响，应该及时将有关情况原原本本地向上级进行汇报。即使对工作没有太大影响，一些有倾向性的新动态、新风气，以及最近出现的新事物等，必要时也要向上级报告。

凡此种种，都属于“情况报告”。作为下级机关，有责任做到“下情上达”，保证上级机关耳聪目明，对下面的情况始终了如指掌，这就是情况报告的意义。如果隐情不报，则是一种失职的表现。

（三）建议报告

对自己职权范围内的某方面工作有了深思熟虑、切实可行的设想之后，将其归纳整理成意见、办法、方案，上报上级，希望上级机关采纳，这就是建议报告。如林业部制发的《关于进一步加强森林防火工作的报告》。

对于建议报告，上级如果采纳，可能会批转给有关部门实施，这是建议报告目的的最终实现。但上级部门也可能不予采纳，这也是很正常的。作为下级机关，有建议的权力，却没有逼迫上级机关一定采纳的权力，对此，也要有清醒的认识。

（四）答复报告

答复上级机关询问的报告，称为答复报告。这种报告内容针对性最强，上级询问什么，就答复什么，不能答非所问。对待上级机关的询问，一定要慎重，如果不了解实情，就要经过深入的调查研究后再做答复。

（五）报送报告

这是向上级报送公文、物件时使用的报告，正文通常非常简略，只需写明“现将××××报上，请指正（请查收）”即可。真正有意义的内容都在所报送的公文里。

报告虽然是一个使用频率较高、使用范围较广、使用时间较长的文种，但由于受公文发展过程中遗留下来的一些消极因素的影响，公文写作书籍不规范公文的误导，党、政、军、法等系统规定的不统一，以及实际工作中官僚主义严重、公文拟稿人水平低下等主客观因素的制约，它的写作仍然存在着许多不尽如人意的地方。因此，要写好报告，首先要消除有关报告写作中的一些错误认识和做法。

三、报告的写作要点

写作报告，不仅要把本级机关职责范围内的工作情况，所辖区域或部门工作中发生的情况以及上级了解、询问的情况如实、客观地向上级汇报，而且要对工作中的成绩与问题、经验与教训，以及下一阶段工作的设想等明确提出自己的见解。

报告一般由标题、主送机关、正文、落款几部分构成。

（一）标题

一般由“发文机关＋事由＋文种”构成，如“国务院关于进一步加强血吸虫病地方病防治工作的报告”。标题的制作要注意以下几点：

（1）由于“报告”本身已含有呈送、告诉之意，所以为了避免重复，不要把标题写成“关于×××呈报（上报、送报、转报、报送、申报）的报告”。

（2）在标明文种时注意与总结相区别。报告是下级机关向上级机关报告工作的行为，总结是对本机关阶段性工作进行总结的行为，所以不要把“×××关于××××年工作情况的报告”写成“×××关于上报《××××年工作总结》的报告”。

（二）主送机关

报告的主送机关是具有隶属关系的直接上一级机关，也可以抄送其他机关。除上级机关负责人直接交办的事项外，不得以机关名义向上级机关负责人报告事项。

（三）正文

虽然不同类型的报告正文各有侧重，但都要注意陈述的事实要客观真实，表达的观点要精练清晰，语言的运用要简洁朴实。

（1）工作报告。这是用于汇报工作进程、总结工作经验、反映工作问题、提出工作意见的报告。这类报告的正文一般包括基本情况、主要成绩、经验体会、存在的问题、今后意见等几部分。基本情况应简要交代时间、背景；主要成绩应把工作的过程、措施、结果和成绩叙述清楚；经验体会是对工作实践的理性认识；存在的问题是写工作中的缺点和不足；今后意见是提出今后开展工作的打算。不同类型的工作报告各有侧重点。如偏重报告可以只写情况、成绩和经验体会，不写问题和意见；偏重汇报性的报告可着重写情况、成绩和问题，不写经验体会。

工作报告常用一段提示报告主要内容的导语开头，然后用“现将情况报告如下”统领下文。结尾部分常使用“特此报告”“以上报告如无不妥，请批转……（机关）贯彻执行”“请予审议”等惯用结束语。

（2）情况报告。这是对工作中的重大情况、特殊情况、新情况进行调查了解后向上级作出的报告。它不需要答复，主要是让上级了解和掌握情况，以便采取措施，指导工作。

（3）答复报告。这是答复上级机关查询、提问或汇报执行上级机关某项指示精神结果的报告。它的正文包括答复依据、答复事项两部分。这类报告的写法比较自由，可以先写依据后写答复，也可以边写依据边答复。

（四）落款

如果是单一机关的报告，报告机关不需要署名，只要盖上印章、标明成文日期就行；如果是联合行文，则只需加盖主办机关的印章。

四、报告写作中应注意的事项

第一，材料要真实，条理要清楚。不得虚报冒估，甚至弄虚作假、邀功请赏。

第二，文字要简短。除政府工作报告、全年工作报告及特殊情况的报告外，一般不应超过3000字。

第三，报告要确有必要，不能乱抄滥报。既不能事情不分大小、轻重、缓急事事报告，也不能用《情况反映》《送阅件》代替报告，甚至干脆不去报告。

第四，注意使用恰当的结束语。报告一般有工作报告、情况报告和答复报告三种。此外，还存在着向上级提出意见或建议（党的机关的报告仍然具有这个职能）及请求上级批转或转发（党政机关都存在）的建议报告，以及向上级报送工作计划等报送报告。不同类型的报告有不同的目的，因而应使用恰当的结束语。其常用的结束语具体如表8.1所示。

表8.1　不同类型的报告常用的结束语

结束语形式	所适用的报告类型
特此报告	工作报告
以上报告请审阅 （审查、审核）	情况报告
以上报告如无不妥（当），请批转执行	答复报告
以上报告如有不妥（当），请指示	建议报告
请审阅（查收、备案、指正）	报送报告
不加结束语	工作报告情况报告 答复报告

延伸阅读二

巧用归纳法撰写工作报告①

工作报告是党政机关、企事业单位经常用到的一种公文，要想把工作报告写出彩，我们不妨在撰写的过程中采用归纳法，通过分类、概括和总结，得出主要观点。具体来说，写作步骤可总结为以下几点：

（一）逐条列项。就是将已经收集、掌握的零散材料、事实，分门别类地列出来。

（二）概要定性。简要地确定所列出的每条材料的性质，为后面集中问题、归纳观点打下基础。定性要做到三点：一是定性要鲜明，二是定性要准确，三是定性要简洁。

（三）合并归类。把性质相同或相近的材料，进行“梳辫子”，合并同类项，便于集中思考问题。归类同样要做到三点：一是尽量选择新颖的材料，二是适当控制材料的数量，三是归类的标准要统一。

（四）提炼观点。对已经合并归类的材料，在概要定性的基础上，再一次进行总结、归纳、提炼，得出文章的观点。观点是从归类材料中得来的，鲜明的观点可以起到画龙点睛的作用。要让文章观点鲜明，就要求撰稿人具有一定的理论水平。

比如，某军事院校如何培养合格人才写作的经验报告：《坚持经常抓养成，从严治校育人才》，其层次观点是：坚持教养结合，把经常性思想教育作为强化养成意识的主要手段；坚持训养结合，把严格落实条令条例作为规范养成行为的主要途径；坚持整养结合，把解决重点、难点问题作为提高养成效果的主要环节。作者结合单位工作实际，把学院在教育、训练、管理方面所做的大量育人工作，归纳为“三个结合”，提炼出的观点既有新义，又有高度；既突出了重点，又兼顾了全面。

（五）安排顺序：对确定的观点和事实材料调整顺序，以此来搭建文章结构，形成文章的骨架。写作时要注意前后顺序，要符合事物的发展规律。

（六）叙议结合：把分类的材料和提炼的观点有机结合起来，用材料支撑观点，用观点来统领材料，观点和材料之间过渡要自然。要避免观点和材料出现跳跃或间断的问题。

当然，运用归纳式写工作报告还要处理好四个问题：

---

① 本节内容主要来源于：王仕英、伍寅、胡细木：《归纳法在报告写作中的运用》（原载《应用写作》，2008 年第 3 期）。

第一，材料列项应相对独立。独立包括三个方面：一是材料性质应相对独立；二是材料内容应相对独立；三是材料列项应迅速及时。

第二，提炼观点应注意内涵。应从归类事物个别对象具有某种属性的范围、程度，考虑推断出该类事物具有某种属性的结论。尤其注意不能仅从字面提炼，应从材料内涵提炼，即炼“意”而不是炼“字”。

第三，层次结构应考虑“辈分”。要考虑层次的两个非常重要的属性，一是互不相容性；二是属种包含性。

第四，观点材料应浑然一体。一份文件仅有观点加事例是不够的，要做到观点和材料紧密结合，防止出现观点和材料“两张皮”。

课后实践练习

一、选择题

1. 下列“请示”的结束语得体的是（　　）。

A. 以上事项，请尽快批准

B. 以上所请，如有不同意见，请来函商量

C. 所请重大事项，不可延误，务必于10月前答复

D. 妥否，请批示

2.《××广播局关于向××县土地局申请划拨电视转播台用地的请示》，该标题的主要错误是（　　）。

A. 违反报告不得夹带请示的规定

B. 违反应协商同意后再发文的规定

C. 错误使用文种，应使用函

D. 错误使用文种，应使用报告

3. 某县环保局拟就某一事件的办理情况向上级机关做专题汇报，应采用的文种是（　　）。

A. 函　　B. 请示

C. 通报　　D. 报告

二、写作训练

根据下面所提供的材料，按照“请示”的写作要求，以广东省人民政府的名义，向国务院拟写一份内容先后有序、结构合理的“请示”。

丹霞山风景名胜区位于广东省韶关市境内，面积290平方千米，分丹霞山、韶石山、大石山、矮寨、锦江五个景区。距韶关市区最近处10千米，最远处50千米，柏油公路直达主峰景区，观光旅游的交通十分方便。

根据国务院《风景名胜区管理条例》，我们对丹霞山风景名胜区进行了资源调查、评价，编制了总体规划。现申请把丹霞山风景名胜区列为国家重点名胜区，请审批。

据地质考证，6500万年前丹霞山所在地是一个大湖泊，由于造山运动，形成红岩峭壁和嶙峋洞穴，构成奇异自然风景。在全世界同类地形中，以丹霞山最为典型，“丹霞地貌”已成为国际地质学名词。现丹霞山景区已开发接待游人的范围为12平方千米，主要景点有87处，山、瀑、江、湖兼备，绿化良好，兼之摩崖石刻、寺庵、亭台楼阁点缀其间，自然人文景观丰富。靠丹霞山南侧的韶石山景区，傍地浈水，是历史上舜帝南巡奏乐之处，内有“三十六石”的奇景；丹霞山两侧的大石山景区，类似丹霞山的奇山异峰，有丹寨幽洞、岩柱等自然景观。在丹霞山风景名胜区附近，有“金鸡岭”“九龙十八滩”“古佛岩”“南华寺”“马坝人遗址”等风景及名胜古迹。目前，粤北地区以丹霞山风景名胜区为中心形成了我省一条重要的旅游线。

三、病文修改

请仔细阅读下列材料，指出它存在哪些问题并进行修改。

关于申请拨给灾区贷款专项指标的报告

省行：

×月×日，××地区遭受了一场历史上罕见的洪水袭击，×江两岸乡、村同时发生洪水，灾情严重。经初步不完全统计，农田受灾总面积达38000多亩，各种农作物损失达100多万元，农民个人损失也很大。灾后，我们立即深入灾区了解灾情，并发动干部群众积极开展生产自救。同时，为了帮助受灾农民及时恢复生产，我们采取了下列措施：

一、对恢复生产所需的资金，以自筹为主。确有困难的，先从现有农贷指标中贷款支持。

二、对受灾严重的困难户，优先适当贷款，先帮助他们解决生活问题。到×月×日止，此项贷款已达××万元。

由于这次灾情过于严重，集体和个人的损失都很大，短期内恢复生产有一定的困难，仅靠正常农贷指标难以解决问题。为此，请省行下达专项救灾贷款指标××万元，以便支持灾区迅速恢复生产。

以上报告当否，请批示。

××银行××市支行

××年×月×日

第九章　指挥性公文：以决定和命令为例

情景模拟

滨江经济技术开发区为了表彰2017年度在园区经济建设和社会发展中做出突出贡献的优秀女性典型，引导广大妇女学有榜样、见贤思齐，经单位推荐、综合考察和民主评选，决定授予李四等10位同志为“巾帼之星”荣誉称号。

请根据上述材料，以经济技术开发区工作委员会和管理委员会的名义拟一份公文。要求文种选择合适，层次清晰。

第一节　决定的定义及写作要点

一、决定的定义及特点

根据《党政机关公文处理工作条例》对决定适用范围和功用的规定，其适用于对重要事项作出决策和部署、奖惩有关单位和人员、变更或者撤销下级机关不适当的决定事项。它是党政机关、社会团体、企事业单位对重大事项或重大行政公务做出安排而制定的一种指挥性公文，属于下行文。上至党和国家的重大决策和战略部署，下至基层单位的奖惩事宜均可使用。由此可知，它的适用范围比较广泛。决定的特点可以归纳为以下几点：

（一）权威性、法规性

决定一般由上级部门制发，体现上级部门的意志，对下级部门提出明确具体的要求，内容涉及重大事项和重大行动，要求下级部门和有关人员绝对服从和严格贯彻执行。也就是说，决定具有极高的权威性、法规性。

（二）政策性

决定对重大事项、重大行动做出安排，需要强调其任务意义，详细阐明有关政策方针。指出执行的政策、措施，因此内容比较丰富，具有较强的政策性。

（三）严肃性

决定的内容一般是重要事项或重大行动，特别是指挥性决定要求下级部门无条件地执行。内容客观，语气坚决、严肃。

（四）周知性

有些决定只要求人们知晓某些重大事项。而无具体的执行要求。

（五）准确性

决定的缘由是决定的依据、指南，必须规范、准确、清楚，不能编造。

二、决定的种类

根据内容可以分为以下几种：

（一）法规性决定

用于发布权力机关制定、修订或试行的法律公文，以及由政府部门制定的行政法规，如《××市人民政府关于修改〈市商品交易市场管理规定〉的决定》。

（二）指挥性决定

用于对某个问题、某种事项、某种行动进行决策性的指挥部署，如《××市政府关于加快全市工业发展的决定》《中共中央、国务院决定设立河北雄安新区》。

（三）奖惩性决定

用于表彰或处分有关的单位或个人，如《关于表彰2019年度先进集体和先进个人的决定》。

（四）变更性决定

用于变更机构人事安排或撤销下级机关不适当的决定事项。

三、决定的写作要点

范文

关于表彰2020年度先进集体和先进个人的决定

各党支部（总支）、各企事业单位：

2020年，全镇广大干部群众坚持以习近平新时代中国特色社会主义思想为指导，深入贯彻学习党的十九大、十九届五中全会以及习近平总书记视察江苏、视察扬州重要讲话精神，坚持以经济建设为中心，以建设更高水平小康社会为抓手，进一步创新思路、务实奋进、创先争优，全镇经济、政治、文化、社会、生态文明和党的建设取得了可喜的成绩，并涌现了一批开拓进取、敢于创新、乐于奉献的先进集体和个人。为激励先进、鼓舞斗志，推动我镇经济社会发展再上新台阶，经研究决定，对2020年度各项工作中做出显著成绩的43个先进集体，27个先进村民小组，28户十星文明户，52名优秀党员，120名先进个人予以表彰（名单附后）。

希望受表彰的单位和个人，戒骄戒躁，再接再厉，在新的一年里再创新业绩，再作新贡献。同时希望全镇上下以先进典型为榜样，进一步解放思想，坚定信念，凝心聚力，攻坚克难，谋求跨越，为全面完成和超额完成2021年度的各项目标任务而努力奋斗！

中共吴桥镇委员会（章）　吴桥镇人民政府（章）

2021年3月5日

从这篇范文中，我们可以看出决定由以下几部分构成：

（一）标题

决定的标题由发文机关（或通过决定的会议名称）、事由、文种三部分组成。如果是会议通过的决定，除了要用全标题外，还应在标题的下方居中以括号注明批准、通过该决定的会议名称和通过的日期。

（二）主送机关

决定的主送机关为应该知照的单位或群体。普发性的决定没有主送机关。

（三）正文

一般包括决定依据、决定事项和执行要求三部分。

决定依据要写明发布决定的背景、依据、目的或意义。如果是批准某一公文的决定，则写明批准对象的名称；如果是表彰、惩戒性的决定，开头部分则要叙述基本事实，也就是先进事迹或事故情况，篇幅要比一般决定长一些。

决定的内容比较单纯，一般采取一段式，不分条项。内容稍复杂一些的，决定事项较多，可以分条列出，以求醒目，利于执行。决定的缘由与决定的事项之间，用“为此……决定”“现决定”转接并领起下文。重大决策的决定，由于内容丰富，涉及面广，政策性强，要按照内容安排篇章结构。

决定事项的写法，因决定种类的不同而有所不同：用于指挥工作的决定，要写明工作任务、措施、方案、要求等，内容复杂时要用小标题或条款显示出层次来；用于批准事项的决定，要表达出批准意见，如有必要，还可以对批准事项的根据和意义予以阐述；用于表彰或惩戒的决定，要写明表彰决定和项目，或处分决定和处罚方法。

（四）落款

标明发文机关和成文日期。

四、决定写作中的注意事项

第一，表达方式要恰当。写作法规性决定、指挥性决定，由于内容比较复杂，在表达方式上应当以说明为主，适当结合议论。说明文字用来表达决定的具体内容、事项与要求，而议论文字通常用来明确篇或段的主旨，起到突出核心内容的作用。奖惩性决定常用说明文字表述事物经过。当涉及事物的性质、意义、后果或影响时才涉及议论性文字。

第二，文种使用要正确。决定的内容要和“决定”文种相符，避免把“决定”与“命令”等公文文种相混淆，写作之前要用心体会，正确区分。

第三，事项要具体可行。决定既然要求下级机关无条件执行，那么决定的事项就应该写得具体明确，具有一定的可行性，以利于下级机关遵照执行。

第二节　命令的定义及写作要点

一、命令的定义及特点

命令，又简称为令，是上级领导单位向下级单位发布的一种带有强制执行性质的指挥性公文，属于典型的下行文。根据《党政机关公文处理工作条例》规定，命令（令）适用于公布行政法规和规章、宣布施行重大强制性措施、批准授予和晋升衔级、嘉奖有关单位和人员。它的适用范围非常广，比如适用于依照国家有关法律公布行政法规和规章；宣布实施重大强制性行政措施；嘉奖有关单位以及人员，撤销下级机关不适当的决定；部署重大任务或者下达重要指示的时候都可以选择“命令”这种文种。

不仅如此，命令还可以用于任免人员，不过仅限于国务院部长级别以上的官员，一般官员是不需要命令任免的。

需要说明的是，党的领导机关一般不单独使用命令，而是与国家或政府领导机关联名。

根据《中华人民共和国宪法》和法律的规定，只有中华人民共和国全国人民代表大会常务委员会委员长、中华人民共和国主席、国务院总理、各部长、各委员会主任可以使用命令。其他机关包括党组织不得使用。但是在处理重大紧急事务的时候，地方县以上领导机关及其主要负责人偶尔可以使用。

命令是直接反映领导机关的意志，所以它往往具备以下几个特点：

（一）强制性

命令（令）是指挥性公文，集中地反映了领导机关的指挥意图，一经发布，受令方必须无条件服从，没有丝毫商量的余地，不得随意变更和变通，在执行中不能有丝毫偏差。

（二）权威性

命令（令）是行政公文中最具权威性的下行文，使用命令是法律赋予行政机关的权力。命令不仅要求其发布机关级别规格高，而且一般以发令机关的领导人名义署名发布。

（三）庄重性

命令（令）的内容涉及重大事项，因此写作格式较单纯，主旨单一，文字简短明了。同时命令的语气坚定、肯定、不容置疑，不能含糊其词，以便下级机关准确无误地了解执行。

二、命令的种类

根据命令的内容和作用，命令可以分为公布令、行政令、任免令、嘉奖令、惩戒令、动员令和特赦令七种，其中前四种是我们经常接触和使用到的，接下来我们将详细地介绍下这四种命令。

（一）公布令

亦称“发布令”“颁布令”。主要用于公布国家重要法律、法规和条例等。如中华人民共和国主席令，公布全国人民代表大会及其常务委员会会议通过的国家法律，由国家主席签署、发布；国务院令、地方政府令等。

范文

中华人民共和国主席令

第十号

《全国人民代表大会常务委员会关于修改〈中华人民共和国刑事诉讼法〉的决定》已由中华人民共和国第十三届全国人民代表大会常务委员会第六次

会议于2018年10月26日通过，现予公布，自公布之日起施行。

中华人民共和国主席　习近平
2018年10月26日

（二）行政令

主要用于发布某些特别重要、特别稳定、特别严肃的政策措施，所辖范围的单位和人员必须无条件地遵照执行。它是国务院和地方人民政府就某项工作所发布的施行强制性行政措施的命令。

范文

中华人民共和国国务院令
第715号

现公布《报废机动车回收管理办法》，自2019年6月1日起施行。

总　理　李克强
2019年4月22日

（三）任免令

主要用于人事任免事宜。任免令有公开发布和内部发布两种。

范文

中华人民共和国国务院令
第678号

依照《中华人民共和国香港特别行政区基本法》的有关规定，根据香港特别行政区行政长官选举委员会选举产生的人选，任命林郑月娥为中华人民共和国香港特别行政区第五任行政长官，于2017年7月1日就职。

总　理　李克强
2017年3月31日

（四）嘉奖令

主要用于对做出突出贡献的集体、单位和个人进行嘉奖。它可以由国家行政领导机关、立法机关单独发布，也可以由党政军机关联名发布。需要注意的是，省以下机关多以表彰性的通报来代替嘉奖令。

范文

省人民政府对中国航天三江集团公司的嘉奖令

鄂政发〔2017〕5号

各市、州、县人民政府，省政府各部门：

2017年1月9日12时11分，由中国航天三江集团公司研制的快舟一号甲固体运载火箭在中国酒泉卫星发射中心，以一箭三星的方式将吉林一号灵巧视频卫星03星、行云试验一号卫星、凯盾一号卫星准确送入预定轨道，圆满完成了首次商业发射任务。此次任务突破我国传统发射模式，首次采用商业发射合同组织形式，开创了中国商业航天发展的新篇章，在我国商业航天发展史上具有里程碑意义，是湖北省军民深度融合发展的又一重大成果。

航天产业是国家重点布局和支持的战略性新兴产业，商业航天已成为我国航天事业发展的新动力。目前，我省正在积极打造武汉国家航天产业基地，加快发展我省商业航天产业，对推动全省产业结构转型升级具有十分重要的意义。中国航天三江集团公司作为武汉国家航天产业基地建设的主体单位之一，坚持技术创新、商业模式创新和管理创新，克难攻坚，勇于探索，努力提升运载火箭的可靠性和性价比，实现了从签订发射服务合同到完成发射任务仅用8个半月的“快舟”速度，开创了互联网时代商业航天发射服务的“快舟”模式。为表彰中国航天三江集团公司在推动湖北商业航天产业发展上作出的突出贡献，省人民政府决定予以通令嘉奖。

希望中国航天三江集团公司继续深入贯彻落实国家军民深度融合发展战略，牢固树立新发展理念，积极投身武汉国家航天产业基地建设，加大“快舟”系列型号火箭的研制及商业发射业务承接工作力度，着力培育壮大以商业航天为代表的战略性新兴产业，为我省加快推进“建成支点、走在前列”进程再立新功！

2017年2月6日

三、几种主要命令的写作方法和基本要点

（一）公布令

公布令由四部分构成。

1. 标题

公布令的标题通常包括发文机关、发文事由和文种类别三部分，但使用时只写明发文机关与文种即可。如“中华人民共和国全国人民代表大会常务委员会委员长令”“中华人民共和国国务院令”等。

2. 发布顺序号

发令顺序号要在标题之下居中标注。

3. 正文

公布令的正文一般很简短，主要由公布对象、公布依据和公布决定三部分组成。公布对象即被公布的法律、法规，应当使用全称，即双书名号，写于令的开头。公布依据主要说明公布对象通过什么机关或会议，写完公布对象之后，用“已经”或“已由”衔接。公布决定，即新的法律、法规实施后，原来的法律、法规如何处理。一般而言，新法律、法规实施后，原来的法律、法规同时废止或者停止执行。属于修订的公文，应在正文中说明。

4. 签署

由发文机关名称、领导人职务和领导人姓名组成，签署日期，以签署当天日期为准。如需盖印的，要盖上公（私）印章。

5. 附件

公布令是为颁布某项法律制度而发出的，所以必须附上所颁布的法制公文。

公布令的写作，要求简短明确，在颁布法律条文时甚至连理由和目的也无需说明。公布令的附件，应随令文同时公布。

公布令正文结尾处，一般要用“特令公布施行”“现予公布”“现予公布施行”等惯用语，以作简明的肯定。

（二）行政令

行政令通常由四部分构成：

1. 标题

由发文机关、事由、文种类别三部分组成，且三部分必须俱全，不可简略为两部分或一部分。如“国务院关于实行棉花计划收购的命令”，不能简略为“关于实行棉花计划收购的命令”或“命令”。

2. 公布的依据和决定

一般用圆括号居中写于标题之下，写清楚是什么会议通过，什么时间发布，什么时间施行。行政令一般自发布之日起施行；公开发布的，应该在发布之日 30 天后施行。

3. 正文

正文一般由发布命令的缘由、命令的要求和执行办法组成。发布命令的缘由，就是发布命令的原因和依据，这部分写作要求简明、扼要、理由充分。命令要求，就是发令机关所提出的行政法规、规章和宣布采取的强制性行政措施。这是行政令的主体，通常采取条款式写法，以求做到一目了然，要求内容具体、用词准确、语气肯定。执行要求，包括生效时间、解释权限等。

4. 签署

落款可以是机关也可以是机关领导人，领导人前要写明职务。同时，要写明签发日期。

行政令的写作通常不如公布令简短，对于正文中的具体法令事项，要写得既明确简练又清楚周密。

（三）任免令

任免令有公开发布的和内部发布的两种。公开发布的任免令，由标题、发令顺序号、正文、发文机关署名或领导人署名、成文日期组成；内部发布的任免令，由标题、发文字号、主送机关、正文、发文机关署名或领导人署名、成文日期组成。其他格式要素，按公文处理的规定标注。

在人大机关和行政机关，任免令一般依法公开发布，在正文的开头一一写明任免事项，然后再写具体的人员任免职务。正文之后署发文机关名称或领导人姓名，再下一行标注成文日期。

（四）嘉奖令

嘉奖令由标题、主送机关、正文、发文机关署名、成文日期组成，除正文外，其他部分的写作方法和格式与行政令、任免令相同。

正文由嘉奖缘由、奖励等次、对受奖人员的勉励、对其他人员向受奖人员学习的要求四部分组成。缘由，即嘉奖的对象在什么时间、什么地方、干什么工作、做出什么贡献，凭什么政策依据、由什么机关做出决定对嘉奖对象进行嘉奖。奖励等次，根据嘉奖对象做出的贡献和奖励的政策规定，给予嘉奖，并写明奖励的等次。对受奖人员的勉励和对其他人员向受嘉奖人员学习的要求作一个自然段。对受奖人员的勉励一般用语是，要求他们发扬成绩，再接再厉，戒骄戒躁，争取做出新的更大的成绩。同时，要把受奖人员的业绩和精神上升到理论高度，概括出几种精神，即向他们学习的内容，应具有共性，实实在在，谁都可以学习。然后对如何向受奖人员学习提出要求，语言要朴实、贴切、生动、有激情，有很强的感召力。整个正文既要做到篇幅简短，文字精练，言简意赅，又要抓住主要问题，中心突出，详略得当。

四、命令写作注意事项

写作命令（令）时，必须注意下列问题：

第一，必须按权限规定行文。命令（令）的适用范围控制较严。一般来说，除根据国家法律规定有权使用命令（令）的机关及首长外，其他机关和其他负责人不能用命令（令）行文；除某些实行准军事化管理的特殊行业如铁路、民用航空等企事业单位外，其他单位和人员不能滥用。

地方各级人民政府除处理特别重大的紧急事务，如抢险救灾时可以破例使用命令（令）来实施指挥外，在一般的日常性工作中不得随意使用。而且，无论是根据法律规定的正常使用还是特殊情况下的破例使用，都必须以法律、法规为依据，按照法律规定的程序制作、发布，其内容和形式都必须在法律许可的范围之内。

第二，要体现出其强制性。命令（令）具有极强的强制性和约束力，一旦发布，受令者就必须严格遵照执行，所以命令（令）必须要求明确、态度鲜明，主张什么、反对什么，要求做什么、不允许做什么等，都必须作不容置疑的表述，不能有丝毫的含糊，以便受令者迅速理解并执行。

第三，语言要朴实，文字要精确。无论是何种命令（令），都要求文句简明，语气坚定，用简洁凝练而又准确鲜明的文字将内容庄重严肃地表述出来即可，无须作阐释说明。对于语言难度较大的嘉奖令来说，尤其要把握好介绍表彰嘉奖对象事迹、阐明事迹意义和向有关各方发出号召时的用语分寸。

延伸阅读

关于人事任免，通知、决定和命令的区别

根据《党政机关公文处理工作条例》的规定，通知、决定和命令都有人事任免的职能，那么什么时候用通知，什么时候用决定，什么时候用命令呢？

关于这一问题，我们需要依据实际工作中的具体情况来恰当运用。主要从以下几个方面考虑：

首先，看被任免人的级别。国家主席、国务院总理任免正部级以上或副部级干部，通常是以命令形式出现，即使用“任免令”，比如国务院第719号令李克强总理

任命贺一诚为中华人民共和国澳门特别行政区第五任行政长官；一般的行政单位，在自己职权范围内任免重要部门的主要负责同志，可以用决定，而一般人员的人事变动安排用通知即可。

其次，要考虑到内容的重要程度。当本单位管辖范围内的负责同志犯有严重错误，必须立即免去职务时，或某同志完成某项工作任务中表现特别突出，需要破格提拔时，适合用决定。也就是说，重大或需说明任免理由的人事任免宜用决定，不需说明理由的或一般的、正常的人事任免应用通知。

再者，还要涉及管理权限。有些单位领导人和二级机构负责人的人事任免权在当地人事组织部门。这种单位在发布不属于自己管辖权限的人事任免事项时，就只能用通知，在将人事组织部门的任免结果公之于下属单位时，文中还要加上任免依据，例如“经××批准”等。

最后，还要看是否需要存档。按照规定决定可以存入本人人事档案，而通知是不能存入本人人事档案。

我们只有把握好这三者的区别与联系，才能更好地发挥这三种公文的作用。

课后实践练习

一、选择题

1. 以下领导指导性公文应当具有稳定性，不能轻易更改的是（　　）。

A. 决定　　B. 批复

C. 通知　　D. 通告

2. 决定必须由（　　）。

A. 党政机关联合发文　　B. 会议讨论之后才能发文

C. 政府部门制发　　D. 党、政府领导机关制发

3. 变更或者撤销下级机关不适当的决定事项用（　　）。

A. 命令　　B. 决定

C. 通知　　D. 通告

4. 国务院追授常香玉同志“人民艺术家”荣誉称号，文种是（　　）。

A. 通告　　B. 决定

C. 通报　　D. 通知

二、病文修改

请同学们指出下文存在哪些问题并做修改。

关于向李春芳同志学习的决定

各车间、班组，各党支部：

我厂装配车间职工李春芳在上月十五日的特大洪水灾害中，为抢救国家财产不幸身亡。厂党委和厂委员会决定在全厂开展向李春芳同志学习的活动。

一、学习李春芳同志公而忘私、奋勇保护国家财产的高尚品德，爱祖国爱人民，敢于牺牲的精神。

二、根据李春芳同志生前的表现和愿望，追记李春芳同志为中共党员。

三、在全厂广泛宣传李春芳同志的先进事迹，运用这一典型对全厂党员职工进行一次努力奉献、坚持改革、敢于进取的革命精神，以及勇于献身的革命英雄主义精神。宣传科和工会要把李春芳同志的事迹册子、墙报，广为发放。

四、各车间、班组、党支部要开展讨论，学习李春芳同志的优秀品质，开展比、学、赶、帮活动，争取生产上一个新台阶。

××厂党委

××厂委员会

××××年×月×日

第十章　记录性公文：以会议记录和纪要为例

情景模拟

2017 级中文 1 班近日召开班会，讨论组织全班参观省博物馆。试根据此班会内容，拟写一份纪要。

第一节　会议记录的种类及写作要点

一、会议记录的定义及特点

会议记录是会议内容的实录，是忠实记载会议情况的公文文种。写好会议记录，不仅能为其他公文（纪要、会议简报等）的撰写提供原始材料，而且还能为以后的工作提供存档备查材料。

会议记录一般具有如下特点：

（一）实录性

指会议记录是对会议情况和内容的客观、真实、原始的记录，未经加工和增添删减，具有原始性和凭据性，是会后查对有关情况的真实依据。这也是会议记录与会议简报、纪要等在存在形态上的本质区别。

（二）备考性

指会议记录的重要作用是作为分析会议进程、研究会议议程的依据，是编写会议简报、撰写纪要的重要素材，此外还可作为原始资料编入档案进行长期保存，以备需要时查阅。

（三）完整性

指会议记录要将会议的时间、地点、人物、事项、领导的讲话，与会者的发言、讨论和争议，形成的决议和决定等内容一一记录下来，完整地反映会议的实况。

根据不同的划分标准，会议记录可以分为不同的类型。按照记录方法和详略程度不同，一般分为详细会议记录、摘要式会议记录、重点式会议记录等。按照会议性质不同，主要分为办公会议记录、专题会议记录、联席会议记录、座谈会议记录等。按照会议主办单位不同，可分为党委会议记录、企事业行政会议记录、群众团体会议记录等。

二、会议记录的写作要点

范文

××职业技术学院第×次办公会会议记录

时间：2011年×月×日

地点：学院行政会议室

出席人：××（院长）、吴××（后勤）、黄××（院办公室主任）、××（院长办公室秘书）及各系部处室主要负责人。

缺席人：朱××、王××（到省里开会）

主持人：××（院长）

记录人：××（院长办公室秘书）

一、报告：

（一）吴××报告学院基本建设发展情况

（略）

（二）主持人传达省人民政府《关于压缩行政经费的通知》

二、讨论：

我院如何按照省人民政府的《关于压缩行政经费的通知》（以下简称《通知》）精神，抓好行政的合理开支，切实做到既勤俭节约，又不影响正常教学、科研等活动的开展。

三、表决：

（一）利用两个半天的时间（具体时间由各系部处室自己安排，但必须安排在本周内）。有关人员集中传达学习省人民政府的《通知》精神，提高认识，统一思想。

（二）在认真学习的基础上，各系部处室人利用下周政治学习，向教职工传达宣传。

（三）各系部处室有关负责人根据省人民政府《通知》的指示，重新修订本年度行政开支算，并于两周内交给院办公室。

（四）各系部处室必须严格控制派出参加学院以外会议及外出学习的人数，各系部要严格把关。

（五）利用学习省人民政府《通知》精神的机会，全院师生员工普遍开展一次勤劳、艰苦朴素的教育。

散会。

主持人：×××

记录人：×××

由此我们可以看出会议记录的基本格式和写法，会议记录一般由标题、正文和签名三部分组成。

（一）标题

会议记录的标题比较简单，一般由“会议名称” + “文种”组成，如例文的标题“××职业技术学院第×次办公会会议记录”，就是这种标题形式。但从当前会议记录写作的实际情况看，不少机关单位有专门的会议记录本，所以标题可以只写会议名称，不再写文种名称。

（二）正文

正文由首部、主体和尾部三项内容组成。

1．首部

写会议的组织情况，包括以下内容：

（1）会议日期。写明会议开始的具体时间。例文中的时间为“2011 年×月×日”。

（2）会议地点。具体写明在什么地方什么会议室召开。例文中的地点为“学院行政会议室”。

（3）出席人。即按照会议规定必须参加会议的人员。根据会议的规模和性质不同，对出席人这一项目记写的方法也不同。出席人数不多的会议，可以把出席人的姓名及职务、级别按照其所在单位的级别顺序列出；出席人数较多的会议，可以只写出席人数，在另备的签到簿上签到。例文中因会议出席人数不多，因此采用把姓名及职务按顺序一一列出的写法。

（4）缺席人。把缺席人的姓名写上，并注明缺席原因。如果是大型会议，缺席人数较多，可只写缺席人数。例文中把缺席人员的姓名和缺席原因都写得很清楚。

（5）列席人。列席人是指不是会议的成员，但由于工作需要而参加会议的人。具体记法与“出席人”相同。例文中没有列席人员。

（6）主持人。写明具体的姓名和职务。例文中写明了主持人的姓名及职务。

（7）记录人。写上记录人的姓名、部门及职务，如果是几个人共同记录的，应该把这几个人的姓名都写上。例文中把记录人的姓名、部门、职务都写了出来。

根据实际需要，为了节省时间，把会议的内容记得更好，以上首部的内容可以在开会之前写好。

2. 主体

记载会议的全部内容和过程。这项内容往往不固定，可以根据会议情况进行记写。主体一般包括议题和报告、发言与讨论、决议等内容。

（1）议题和报告。不管是议题还是报告，一般写在记录页面的中心位置，前面加上序号。例文中为“报告”，共两项内容，按照格式要求加上了序号，分别为“（一）”“（二）”。

（2）发言与讨论。如果是发言，要记录发言人的姓名、发言的内容；如果是讨论，要记录讨论（或表态）的内容（或情况）。例文中的“讨论”，非常清晰地记录了讨论的内容，即“按照省人民政府的《关于压缩行政经费的通知》（以下简称《通知》）精神，抓好行政费用的合理开支，切实做到既勤俭节约，又不致影响正常教学、科研等活动的开展。”

（3）决议。一般由主持人加以系统归纳。归纳的结果，应逐字逐句地记录。如果决议的事项较多，可采用序号的方式一一列出。例文中“决议”的内容有五项，用序号一一列了出来，清晰可见。

3. 尾部

会议记录的结束语。会议结束，记录完毕，另起一行空两格，写“散会”两字。

（三）签名

会议的主持人和记录人在正文的右下方签名，即“主持人：×××”“记录人：×××”。

记录会议的内容，从方法上来讲大致有两种记法：一是摘要记录，即重点记录，只记会上报告了什么事情，讨论了什么问题，通过了什么决议。例文就属于这种记法。二是详细记录，即把每个人的发言都记下来。具体采用哪种方法，要根据会议的性质、目的、要求及讨论的问题确定。

一般的会议，如果讨论的问题比较简单，可用摘要记录；重要的会议，讨论的问题比较复杂，讨论中又有不同意见，有时甚至有争议，就要用详细记录。

为了会议记录写作上的方便，可参考表 10.1 的“会议记录基本格式参考式样”。

表 10.1　会议记录基本格式参考样式

项目	内容
会议名称	
会议时间	月　日　时　分至　日　时　分
会议地点	
出席人员	
缺席人员	
列席人员	
主 持 人	
记 录 人	
主要议题	1.
	2.
	3.
内容记录 散　会	
	记录人：(签名)
	主持人：(签名)

三、做好会议记录要“六要”

从上面可以看出，其实会议记录的格式相对比较简单，但是真正做好并不容易，它需要在会前、会中、会后投入相当多的时间和精力，要充分考虑各种细节。对此，有人总结了做好会议记录要做到“六要”。现摘录如下：

一、认识要清楚。会议记录者要站在讲政治的高度，保持清醒的头脑，本着对历史负责、对事业负责、对领导负责、对自己负责的态度，客观公正记录好每一句话、每一件事，使会议记录在短期内起到备查、参考的作用，长期内成为经得起检验的档案史料。在实际工作中，有些文秘人员对会议记录的重要性认识不到位，认为做会议记录是“小事一桩”，不重要，也没难度，甚至认为只要会写字就能胜任。错误的认识，必然导致错误的行为。以应付了事的态度记写的记录，很难真实体现会议精神，会议记录的指导、参考和史料作用就要大打折扣，轻则给执行会议决定事项的工作人员造成误导，重则会出现工作失误，导致不必要的损失。一些常规性会议，在当时看来不很重要，但随着时间推移，当时会议对某些事项的研究决定不适应新形势要求时，再去查找当年的会议记录、决策依据时，就显现出会议记录的重要性。因此，做好会议记录工作，必须要有强烈的责任感和使命感。

二、要素要齐全。会议记录一般由会议标题、组织情况、会议内容、会议结尾四大要素构成。会议标题由机关单位名称、会议名称组成；会议组织情况按照记录的顺序分别由会议名称、时间、地点、出席人员、列席人员、缺席人员、主持人、记录人等环节构成；会议内容是会议记录的重点，主要包括会议议程、议题、讨论发言内容、议定事项等；会议结尾由“散会”文字标记、主持人和记录人签字、会议记录页数三部分构成。会议记录要素必须齐全，环节也要衔接紧密，不能出现缺项漏项问题。经常出现的问题有：会议标题遗漏或不明确，有的会议记录只写“工作会议”“协调会议”，给查阅者带来不便，应该规范简称会议名称，比如：“××县棚户区改造工作会议”“城区义务教育划片就近入学协调会”；出席、列席人员记录不全，以“等”代过，或是只写职务、不写姓名；结尾不写“散会”，或是“散会”两字没有在记录内容下一行空两字处书写，而是空开几行，这就给会后添加或更改会议内容提供了条件；会议记录未经主持人审核签字，也没有记录人签字，遗漏了这个关键环节，会议记录的真实性就会受到质疑，也不利于会议研究决定事项的落实。

三、心思要专注。记录会议要专心，思想紧跟会议进程，大到会议议程、小到发言的字句都要关注，必须认真倾听与会者的发言和观点，随时注意会议的每一个细节，仔细观察会场的动态，真正做到心到、眼到、手到，心、眼、手统一协调、运用自如。在具体记录过程中，要做到心中有数，记录条理清楚，议程紧密衔接、环环相扣。有时会议预定事项和发言人随着会议进程可能出现变化，记录人员一定要心随会动，随机应变，记录时第一时间作出调整，理顺记录的议程和条理，确保记录最终能够准确再现会议实况。同时，作为记录人员，对会议过程中出现的有可能影响会议议程的随机性问题，在会议主持人未发觉的情况下，应及时给予提醒和协助处理。

四、记录要准确。真实准确是会议记录的生命。记写会议记录要实事求是、客观公正，尊重与会者的真实意愿，“原汁原味”记录会议发言，翔实记录关键事例或主要数据，准确概括和表述会议议定事项，会议结束后要认真检查核对，确保会议记录的真实性、准确性、完整性，为开展工作提供可靠的依据和参考。作为会议记录人员，要想准确记录，会前还要做足功课，不仅要提前阅读与会议主题相关的政策，还要了解当地实际，掌握某项工作的进展情况、问题和困难，以便提高自己对会议研究事项的认知水平，确保记录的准确性。特别是对一些政策规定的表述、定性的言论和集体讨论的决策意见，记录时要字斟句酌，以客观、精确、凝练的语句记录在案。对研究主要经济社会指标的会议，要尽量提前索取会议材料，熟悉数据的概念和逻辑关系。会上记录时，要认真核对，会后还要请相关人员再次校对核准，确保会议决定的数据指标准确无误。

五、技巧要熟练。会议记录包含的内容信息量大，熟练掌握记录技巧至关重要。记录技巧主要有四条。第一，书写要快。平时注意练习行书，熟练行书带笔之法，记录时基本做到与会者发言结束就记写完成。第二，要点突出。记录要紧跟会议主题，主要记写观点性、结论性发言，省略或简要记写过程性发言，不记与会议主题无关联或关联不大的内容，同时要保证逻辑严密、观点和论据相辅相成、语句上下连贯。第三，以简代繁。平时要学习掌握一些通用的简化代称词语、短语或数字字母代码，做会议记录时，在不改变会议发言本意或没有歧义的情况下，尽量使用简称、代码记录，提高记录速度和效率。比如“党的群众路线教育实践活动”可以简写为“教育实践活动”，“国内生产总值”可以简写为“GDP”，“环境友好型和资源节约型社会”可以简写为“两型社会”等。第四，使用辅助工具。根据会议实际情况，在做会议记录时可以选择使用录音笔、录像机等辅助工具，实时记录会议全过程，会后根据会议录音、录像等资料，精心整理完善会议记录。

六、保密要到位。会议记录人作为参会人，要增强保密意识，严格遵守保密纪律，做好参会者会上的发言和议定事项保密工作，没有传达任务的坚决不能对外传播，有传达任务的也要严格按照传达范围进行传达，决不能私自扩大传达范围。同时要保管好会议材料特别是会议记录，实行专人管理和查阅登记制度，不能遗失会议记录，杜绝泄密问题发生。①

明白和掌握了会议记录的特点和写作要求之后，再回到开头的情景模拟，这份公文如何拟定呢？下面给大家示范一下：

2017级中文1班关于组织全班秋游省博物馆的会议纪录

为了丰富课余生活，增强班级凝聚力，11月3日下午，2017级中文1班全体同学在本班教室，召开了一次全班秋游省博物馆活动的会议。会议由班长张三同学主持，现将会议议定的事项记录如下：

一、秋游省博物馆时间：11月8日（星期天）。全班同学于该日早晨7：00在校门口集合，统一乘车前往。

二、在博物馆开展的活动内容：小型文娱节目、摄影、自由游览等。

三、成立后勤服务小组：由生活委员李四任组长，负责矿泉水、食品的采购。

---

① 李小金：《做好会议记录“六要”》，原载于《应用写作》，2015年第5期，第13—14页。

四、此次活动：由班费开支400元，另每位同学交30元。同学们所交费用由各组组长统一收齐，于11月5日下午交生活委员李四同学。

五、邀游嘉宾：班主任和兄弟班代表。

六、其他：

（一）秋游活动期间注意安全。

（二）准时出发。下午5：00在省博物馆门口集合统一乘车返校。

（三）有特殊情况不能参加本次秋游活动者，需向班长请假。

2017级中文1班班委

××××年11月3日

延伸阅读一

做好会议记录的小技巧

会议记录的技巧。一般说来，有四条：一快、二要、三省、四代。

一快，即书写运笔要快，记得快。字要写得小一些、轻一点，多写连笔字。要顺着肘、手的自然去势，斜一点写。

二要，即择要而记。就记录一次会议来说，要围绕会议议题、会议主持人和主要点导同志发言的中心思想，与会者的不同意见或有争议的问题、结论性意见、决定或决议等做记录。就记录一个人的发言来说，要记其发言要点、主要论据和结论，论证过程可以不记。就记一句话来说，要记这句话的中心词，修饰语一般可以不记。要注意上下句子的连贯性、可讯性，一篇好的记录应当独立成篇。

三省，即在记录中正确使用省略法。如使用简称、简化词语和统称。省略词语和句子中的附加成分，比如“但是”只记“但”，省略较长的成语、俗语、熟悉的词组，句子的后半部分，画一曲线代替，省略引文，记下起止句或起止词即可，会后查补。

四代，即用较为简便的写法代替复杂的写法。一可用姓代替全名，二可用笔画少易写的同音字代替笔画多难写的字；三可用一些数字和国际上通用的符号代替文字；四可用汉语拼音代替生词难字；五可用外语符号代替某些词汇，等等。但在整理和印发会议记录时，均应按规范要求办理。

第二节　纪要的定义及写作要点

一、纪要的定义及特点

根据《党政机关公文处理工作条例》规定，纪要是适用于记载会议主要情况和议定事项的公文文种。它是根据会议记录、会议情况以及各种会议资料进行综合整理后形成的一种具有纪实性、指导性的公文。

纪要是贯彻落实会议精神、指导工作、解决问题、交流经验的重要工具。它可以多向行文，既可以向上级机关汇报工作，也可以向平行机关通报会议情况，还可以向下级机关传达会议精神。

纪要具备以下几个鲜明的特点：

（一）内容的纪实性

纪要要如实地反映会议内容，它不能离开会议实际再创作，不能人为地拔高、深化和填平补齐。会议议定的事项也不能随意修改，更加不能随意改动会议上所达成的共识和形成的决定。否则，就会失去其内容的客观真实性，违反纪实的要求。除此之外，撰写人也不能对会议内容进行评论。要言之，纪要必须要忠实反映会议的基本情况，传达会议所议定的事项和形成的决议。

（二）表达的提要性

纪要是依据会议情况综合而成的。因此，撰写纪要应围绕会议主旨及主要成果来整理、提炼和概括。重点应放在介绍会议成果，而不是叙述会议的过程，切忌记流水账。对会议所讨论的问题，要择其要点加以归纳整理，反映与会者的共同认识和意见，统一认识，指导工作。

（三）行文的条理性

纪要对会议精神和议定事项要进行分层次、分类别的概括和归纳，要有清晰的眉目和清楚的事理。

（四）称谓的特殊性

纪要一般采用第三人称写法。由于纪要反映的是与会人员的集体意志和意向，常以“会议”作为表述主体，“会议认为”“会议指出”“会议决定”“会议要求”“会议号召”等就是称谓特殊性的表现。

（五）发布的内部性

纪要是摘要会议情况和议定事项的内部公文，可以印发参会单位和其他单位，但是不需要面向社会公开。需要强调的是，纪要不能代替有关公文，不能作为行政管理的依据。

（六）作用的指导性

包括两个方面：一是会议本身的权威性；二是纪要集中反映了会议的主要精神和决定事项。不仅如此，它还有指导的作用，它要求参会单位和相关部门要严格依照纪要开展工作，落实会议的议定事项。纪要一经下发，就会产生约束力，起到类似于指示、决定、决议的作用。

不过在实际写作过程中，常常有人将纪要和会议记录弄混淆。两者之间虽然只有一字之差，但是两者之间存在本质的区别。因此，我们有必要对两者进行区分：

第一，性质不同。会议记录是讨论发言的实录，属事务公文。纪要只记要点，是法定行政公文。

第二，功能不同。会议记录一般不公开，无须传达或传阅，只作资料存档；纪要通常要在一定范围内传达或传阅，要求贯彻执行。

第三，载体样式不同。纪要作为一种法定公文，其载体为公文，享有《党政机关公文处理工作条例》所赋予的法定效力。会议记录的载体是会议记录簿。

第四，称谓用语不同。纪要通常采用第三人称的写法，以介绍和叙述情况为主。会议记录中，发言者怎么说的就怎么记，会议怎么定的就怎么写，贵在“原汤原汁”不走样。

第五，适用对象不同。作为公文的纪要，具有传达告知功能，因而有明确的读者对象和适用范围。作为历史资料的会议记录，不允许公开发布，只是有条件地供需要查阅者查阅利用。

第六，分类方法不同。纪要种类很多。按其内容，可分为决议性纪要、意见性纪要、情况性纪要、消息性纪要等；按会议的性质，可分为常委纪要、办公纪要、例会纪要、工作纪要、讨论会纪要等。而会议记录通常只是按照会议名称来分类，往往以会议召开的时间顺序编号入档。对纪要的分类，有助于撰写者把握文体特点，突出内容重点，找准写作角度；对会议记录的分类则主要是档案管理的需要。

二、纪要的种类

纪要的分类主要有两种分类方法。一是从会议出席人员来划分，有全体纪要、办公纪要、例会纪要、工作纪要、联席纪要等。二是从纪要的内容上划分，有决议型纪要、协议型纪要、通报型纪要、研讨型纪要等。现将几种常用的纪要分述如下：

（一）例会和办公纪要

主要适用于机关日常工作中定期召开的例会或者办公会议。其中，办公纪要主要是本单位对重要的、综合性工作进行讨论、研究、议决等事项的一种纪要。办公纪要一般有例行办公纪要，即记叙例行办公会议及其议决事项的纪要以及现场办公纪要，即为了解决重大问题而召集有关方面和有关单位在现场研究、议决或是协商的办公纪要。

（二）工作纪要

又称决议性纪要、指示性纪要。它是以会议形成的决定、决议或者议定事项为主要内容的纪要。为解决或协调工作中某些实际问题，召集有关单位和部门召开的专门性工作会议，会后把会议讨论、议定的事项整理成文，要求与会单位共同遵守、执行，就成为工作会议的纪要。这种纪要的特点是指导性强，会议上确定的工作重点，对工作的步骤、方法和措施的安排，都要求与会单位共同遵守或执行。这种纪要的内容有些类似于指示和安排工作的通知，只是发出的指导性意见不是由领导机关作出的，而是由会议讨论议定的。这样的纪要，除大家共同遵守的内容外，还常常会有一些工作分工，每个与会单位除完成共同任务之外，还要完成会议确定自己承担的那些工作。

（三）交流纪要

以思想沟通或情况交流为主要内容的纪要，属于交流性纪要。它的主要特点是：以统一思想、达成原则共识或树立学习榜样为目的，而不布置具体工作，有明显的思想引导性。一些理论务虚会、经验交流会形成的纪要，大多属于这种类型。这样的纪要，往往多处采用“会议认为”的说法来表达会议在原则问题上达成的共识，或者将会议上介绍的先进经验以及与会单位的评价、态度作为主要内容。

（四）研讨纪要

这种纪要的鲜明特点是并不以共识和议定事项为主要内容，而是以介绍各种不同的观点和争鸣情况为主。研讨会和学术讨论会的纪要多是这种类型。会议开完了，各家的观点也发表过了，但是并没有形成统一意见，当然更谈不上确定什么议定事项，在这种情况下，仍然有必要发纪要，以便让更多的人了解会议的情况，了解不同的观点及其争鸣过程。这类纪要要求内容全面客观，既要反映主流意见，也要反映其他意见。

三、纪要的写作要点

据会议性质、规模、议题等不同，正文部分大致可以有以下几种写法：

一是分项叙述法（条项式）。召开大中型会议或议题较多的会议，一般要采取分项叙述的办法，即把会议的主要内容分成几个大的问题，然后写上标号或小标题，分项来写。这种写法侧重于横向分析阐述，内容相对全面，问题也说得比较细，常常包括对目的、意义、现状的分析，以及目标、任务、政策措施等的阐述。这种纪要一般用于需要基层全面领会、深入贯彻的会议。

二是集中概述法（综合式）。这种写法是把会议的基本情况，讨论研究的主要问题，与会人员的认识、议定的有关事项（包括解决问题的措施、办法和要求等），用概括叙述的方法，进行整体的阐述和说明。这种写法多用于召开小型会议，而且讨论的问题比较集中单一，意见比较统一，容易贯彻操作，写的篇幅相对短小。如果会议的议题较多，可分条列述。

三是发言提要法（摘录式）。这种写法是把会上具有典型性、代表性的发言加以整理，提炼出内容要点和精神实质，然后按照发言顺序或不同内容，分别加以阐述说明。这种写法能比较如实地反映与会人员的意见。某些根据上级机关布置，需要了解与会人员不同意见的纪要，可采用这种写法。

那么，纪要是由哪些要素构成的呢？我们先看一篇范文：

××市人民政府第十次常务纪要

1月23日，市委副书记、市长×××在市政府常务会议室主持召开市政府第十次常务会议，学习贯彻中央、省、市有关会议精神，审议相关政策措施，研究人事任免有关事项，书面通报2018年12月份市长公开热线办理情况。现将纪要如下：

一、传达学习和贯彻落实中央、省、市有关会议精神

（略）

二、传达学习和贯彻落实全国、全省安全生产工作电视电话会议精神，专题研究全市应急管理和安全生产重点工作

（略）

三、传达学习和贯彻全省财政工作会议精神，研究防范化解市级政府性债务风险有关事项

（略）

四、研究××市市直事业单位公务用车制度改革有关事项

（略）

五、研究和部署××建设国家可持续发展议程创新示范区相关工作

（略）

出席：××　×××　×××　××　×××

请假：××　×××

参会：市政协副主席×××、×××，市委常务副秘书长×××，市政府副秘书长××、×××、×××，市纪委监委×××，市委宣传部×××，市政府办公室××、×××、×××，市教育局×××，市应急管理局××、×××，市国资委××，市林业局××，市市场监督管理局×××，市统计局×××，市城管和综合执法局×××，市机关事务管理局×××

记录人：×××

从这篇范文，我们可以看出在结构上，纪要通常由标题、正文两部分构成。

（一）标题

标题有三种构成形式：一是会议名称加纪要，如《全国农村工作纪要》；二是召开会议的机关加内容加纪要，也可简化为机关加纪要，如《省经贸委关于企业扭亏纪要》《××组织部部长办公纪要》；三是正副标题相结合，其中正标题提出问题或反映会议主旨，副标题用于标示召开会议的机关、会议名称和文种，如《维护财政制度加强经济管理——在××部门××座谈会上的发言纪要》。

纪要应在标题的下方标注成文日期，位置居中，并用括号括起。作为公文下发的纪要应在版头部分标注文号，行文单位和成文日期在文末落款（加盖印章）。

（二）正文

纪要正文一般由开头、主体、结尾三部分组成。开头部分，主要交代会议概况，包括会议时间、地点、名称、主持人，与会人员，基本议程。

主体部分是纪要的核心内容，主要由会议的精神、会议的成果和会议的要求构成。常务会、办公会、日常工作例会的纪要，一般包括会议内容、议定事项，有的还可概述议定事项的意义。工作会议、专业会议和座谈会的纪要，往往还要写出经验、做法、今后工作的意见、措施和要求。

结尾部分，主要是对会议的总结、发言评价和主持人的要求或发出的号召、提出的要求等。通常会在这里标注出席人员、列席人员、缺席人员的信息和公文公开属性。一般纪要不需要写结束语，主体部分写完就结束。这里需要指出的是，纪要与其他公文不同之处，在于不需要写发文机关，一般也没有附件。

延伸阅读二

写出高质量的纪要

如何写出高质量的纪要？以下总结了六个方面，分述如下：

第一，要追求时效性。很多重要工作都要在会议结束后马上落实，需要拿纪要说话，太晚会给人时过境迁的感受，甚至失去价值，因此，纪要的撰写、报批、印发一定要迅速及时。

第二，要追求准确性。准确是纪要的基本要求。它包括两个方面，一是要内容准确。会议议定的重要事项，比如经费、时限、责任人一定要准确翔实地记录下来，不能有出入。二是用语准确。参会人员在讨论或讲话时，对一些专业术语、专有名词可能一带而过，说的是不规范的简称，这种情况在撰写的时候要注意核对校正。

第三，要追求真实性。纪要不需要华美的辞藻，它更多的是清晰简练、准确平实，不掺杂个人情感和看法。对于会议事项，一般只将最后议定的结果写入纪要，不必记录过程；对于传达重要会议、公文或领导指示的会议事项，要抓住重点，避免套话空话。

第四，要追求完整性。纪要最忌丢项、落项或多项。纪要应该按照一事一标题或一段的格式撰写，顺序应按照议题的重要程度和类别进行排列。会议讨论未通过的议题不需要写入纪要。

第五，要学会对资料加工。有的会议信息量大，撰写纪要的时候就要学会对相关资料进行搜集整理、消化吸收。对顺利通过的议题，会议材料的请示事项就可以借用为纪要的决定事项，领导讲话的主要提纲可以借用为纪要的强调内容。

第六，要学会适当的改动。领导在会议上部署工作、提出要求的时候，可能存在讲的过于详细、层次不清晰、前后重复的情况，那么撰写人可以适当地对会议记录进行修改加工完善，再将这些内容写入纪要，这样既可以体现出领导的真实意图，又符合纪要的准确、务实的要求。

课后实践练习

一、选择题

1．以下关于会议记录的标题说法正确的是（　　）。

A．标题需写明会议名称与文种

B．标题须写明发文机关名称、事由与文种

C．标题需写明会议名称、事由、文种

D．可以采用一般文章标题的形式在标题中简要明确地揭示中心思想

2．用于记载会议主要精神和议定事项的公文是（　　）。

A．决议　　B．会议记录

C．纪要　　D．议案

二、思考题

会议记录与纪要主要有什么不同?

三、病文修改

请认真阅读下列材料，指出它存在哪些问题。

× ×学院 2008 年第二次会议记录

时间：2008 年 10 月 7 日

地点：× ×学院楼三楼

出席人：魏× ×　周× ×、向× ×、谢× ×及各系各部门主要负责人

缺席人：何× ×、朱× ×

主持人：魏× ×

记录人：谢× ×

（1）报告：

①周× ×报告学院基本建设进展情况（略）

②主持人魏× ×传达× ×省人民政府《关于压缩行政经费的通知》（略）

（2）讨论：

魏× ×：今天会议主要讨论我院如何按照省人民政府的《通知》精神，抓好好行政费用的合理开支，切实做到既勤俭节约，又不至于影响正常教学、科研等活动的开展。下面请大家发表一下意见。

向× ×：（略）

周× ×：（略）

第十一章　商洽性公文：以函为例

情景模拟

假如中国建设银行人力资源部委托滨江大学文学与新闻学院，代培 3 名文秘人员，请你就此事以中国建设银行人力资源部的名义给滨江大学文学与新闻学院发一公文，就有关事宜进行协商。请思考应该使用哪种文种？如何拟定？

第一节　函的定义及写作要点

一、函的定义及特点

首先，我们先一起来看看下面几篇范文：

商洽事宜函范文：

关于商洽委托代培涉外秘书人员的函

××大学文学院：

本集团公司新近上岗的秘书人员缺乏专门的涉外秘书知识，业务素质亟待提高。据报载，贵院将于今年 9 月开办涉外秘书培训班，系统讲授涉外秘书业务，公关礼仪，实用公文写作等课程。这个培训项目为我集团公司新上岗的涉外秘书人员提供了一个难得的在职进修机会。为能尽快提高本集团公司涉外秘书人员的从业素质，我司拟选派 8 名在岗秘书人员随该班进修学习，委托贵院代培。有关代培费用及其他相关经费，将按时如数拨付。

如蒙慨允，恳请函复为盼。

××集团公司（章）

2019 年 10 月 21 日

通知事宜函范文：

教育部办公厅关于成立教育部人工智能科技创新专家组的函

教技厅函〔2018〕69号

各省、自治区、直辖市教育厅（教委），新疆生产建设兵团教育局，有关部门（单位）教育司（局），部属各高等学校、部省合建各高等学校：

为落实《教育部关于印发高等学校人工智能创新行动计划的通知》（教技〔2018〕3号），加强科技界、教育界和产业界的沟通交流，推进科技创新、产业发展和人才培养形成合力，促进人工智能发展，经研究，决定成立教育部人工智能科技创新专家组（以下简称专家组）。

一、专家组性质

专家组在教育部组织下，对推动高校人工智能创新行动计划开展研究、咨询和指导，由咨询组和工作组组成。

二、主要任务

咨询组主要任务是对高校人工智能人才培养、科技创新和产学研合作等政策、规划提出咨询建议；工作组主要任务是承担咨询组日常工作，并接受教育部委托开展人工智能相关领域专项工作和专题研究等工作。

三、专家组组成

咨询组由高校、企业在人工智能领域具有战略思考、实践经验和影响力的专家学者组成；工作组由开展人工智能领域创新与实践基础好的高校相关专家组成。咨询组和工作组各设组长1名、副组长2名。

本届专家组任期自2018年8月1日起至2020年12月31日止。

附件：1. 教育部人工智能科技创新专家组咨询组专家名单

2. 教育部人工智能科技创新专家组工作组专家名单

教育部办公厅（章）

2018年7月26日

征求意见函范文：

关于征求《农村集体经济组织财务制度（征求意见稿）》意见的函

财农便〔2021〕265号

中央组织部组织二局，农业农村部政策与改革司、民政部基层政权建设和社区治理司、审计署办公厅，各有关单位：

为加强农村集体经济组织财务管理，规范农村集体经济组织财务行为，保护农村集体经济组织及其成员的合法权益，发展新型农村集体经济，我们研究拟写了《农村集体经济组织财务制度（征求意见稿）》。请就此阅提意见，并于2021年9月12日前将意见反馈至财政部农业农村司，反馈意见材料中请注明联系人及联系方式。

联系人：财政部农业农村司　王×　黄××

通讯地址：北京市西城区三里河南三巷×号10×××××

联系电话：010－68××××××　010－68××××××

电子邮箱：××××××@163.com

附件：1. 农村集体经济组织财务制度（征求意见稿）

2.《农村集体经济组织财务制度（征求意见稿）》拟写说明

财政部农业农村司（章）

2021年8月26日

请求批准函范文：

关于请求解决我县枯水期用电指标的函

××市供电局：

去年以来，我县利用本地水力资源发展小水电，每年丰水期输入国家大电网的电达3000至6000万度，每度电价0.25元。而枯水期我县则严重缺电，以每度电价0.50元购进1500万度电，仍然不能保证城镇居民生活用电。目前有几间水泥厂、糖厂因缺电已停产。为此，我县请求从今年起在每年11月1日至次年3月30日的枯水期内，每天能支持配送我县基数电10万度。

可否，请予函复。

××县人民政府（章）

×××年××月××日

答复事宜函范文：

湖南省发展和改革委员会
关于明确长沙师范学院艺术与科技专业学费标准的复函

湘发改函〔2017〕342号

湖南省教育厅：

你厅《关于请求同意长沙师范学院艺术与科技专业学费标准参照艺术类美术学类专业学费标准执行的函》（湘教函〔2017〕125号）收悉。经研究，现就有关事项复函如下：

长沙师范学院经教育部批准新增艺术特设专业（艺术与科技专业，专业代码为130509T），是目前我省唯一一所批准设立该专业的本科院校，从2017年秋季起开始招生。根据专业培养方案和综合成本测算，比照外省市同类学校设立同类专业的收费标准，同意你厅意见，明确艺术与科技专业（130509T）学费标准按《关于进一步加强大中专教育收费管理有关事项的通知》（湘发改价费〔2016〕668号）规定，参照我省二本学校艺术类相关专业收费标准，按每生每年8000元（师范生每生每年4800元）执行。

湖南省发展和改革委员会（章）

2017年8月11日

从上述例子中，我们不难发现函的使用范围非常广泛。《党政机关公文处理工作条例》对函的规定是“适用于不相隶属机关之间商洽工作、询问和答复问题、请求批准和答复审批事项。”从这个规定可以肯定的是，用函行文必须符合不相隶属的行文关系。函的特点如下：

（一）沟通性

函对于不相隶属机关之间相互商洽工作、询问和答复问题，起着沟通作用，充分显示平行文种的功能，这是其他公文所不具备的特点。

（三）灵活性

表现在两个方面：一是行文关系灵活。函是平行公文，但是它除了平行行文外，还可以向上行文或向下行文，没有其他文种那样严格的特殊行文关系的限制。二是格式灵活，除了国家高级机关的主要函必须按照公文的格式、行文要求行文外，其他一般函，比较灵活自便，也可以按照公文的格式及行文要求办。可以有文头版，也可以没有文头版，不编发文字号，甚至可以不拟标题。

（三）单一性

函的主体内容应该具备单一性的特点，一份函只宜写一件事项。

函的种类可以从不同角度分类：

（1）按性质分，可以分为公函和便函两种。公函用于机关单位正式的公务活动往来；便函则用于日常事务性工作的处理。便函不属于正式公文，没有公文格式要求，甚至可以不要标题，不用发文字号，只需要在尾部署上机关单位名称、成文时间并加盖公章即可。

（2）按发文目的分，函可以分为发函和复函两种。发函即主动提出了公事事项所发出的函。复函则是为回复对方所发出的函。

（3）从内容和用途上，函还可以分为商洽事宜函、通知事宜函、催办事宜函、邀请函、请示答复事宜函、转办函、催办函、报送材料函等。

二、函的写作要点

公函由首部、正文和尾部三部分组成。其各部分的格式、内容和写法要求如下：

（一）首部

主要包括标题、主送机关两个项目内容。

（1）标题。公函的标题一般有两种形式。一种是由发文机关名称、事由和文种构成；另一种是由事由和文种构成。

（2）主送机关。即受文并办理来函事项的机关单位，于文首顶格写明全称或者规范化简称，其后用冒号。

（二）正文

其结构一般由开头、主体、结尾、结语等部分组成。

1．开头

主要说明发函的缘由。一般要求概括交代发函的目的、根据、原因等内容，然后用“现将有关问题说明如下:”或“现将有关事项函复如下:”等过渡语转入下文。复函的缘由部分，一般首先引叙来文的标题、发文字号，然后再交代根据，以说明发文的缘由。

2．主体

这是函的核心内容部分，主要说明致函事项。函的事项部分内容单一，一函一事，行文要直陈其事。无论是商洽工作，询问和答复问题，还是向有关主管部门请求批准事项等，都要用简洁得体的语言把需要告诉对方的问题、意见叙写清楚。如果属于复函，还要注意答复事项的针对性和明确性。

3．结尾

一般用礼貌性语言向对方提出希望，或请对方协助解决某一问题，或请对方及时复函，或请对方提出意见，或请主管部门批准等。

4．结语

通常应根据函询、函告、函商或函复的事项，选择运用不同的结束语。如“特此函询（商）”“请即复函”“特此函告”“特此函复”等。有的函也可以不用结束语，如属便函，可以像普通信件一样，使用“此致敬礼”。

（三）尾部

一般包括署名和成文时间两项内容。署名机关单位名称，写明成文时间年、月、日；并加盖公章。

这是一般公函的基本格式。那么在写函的时候需要注意哪些问题呢？下面是一份函的两种写法，请大家分析比较哪一种写法更恰当。

关于请××商厦准备经保工作经验材料的函

××市商业局：

你局××商厦狠抓安全保卫工作，成绩突出。经市综合治理办公室同意，我局准备于12月中旬召开全市经保工作经验交流会，请××商厦在会上介绍加强内部防范工作的经验。请速通知该单位，于12月中旬将此材料报送我局×处秘书科（写作要求附后）。

此致

敬礼！

××县公安局（章）

2017年11月20日

关于商请××商厦准备经保工作经验材料的函

××市商业局：

经市综合治理办公室同意，敝局12月下旬召开全市经保工作经验交流会。据悉，贵局××商厦狠抓安全保卫工作，取得了突出的成绩，拟请该商厦在会上介绍加强内部防范工作的宝贵经验。如蒙同意，恳请通知该单位，于12月中旬将经验介绍材料送敝局××处秘书科为盼。

××县公安局（章）

2017年11月20日

很显然，第二种更适合。因为发“函”都是有求于对方的，或商洽工作，或询问题，或请求批准。因此，对平行单位或者不相隶属的单位态度要友善，要注意语气平和有礼，切忌使用生硬、命令性的语言。

回到开头的情景模拟，很显然应该使用函这一文种，那么如何拟定呢，下面提供一份范文，仅供参考：

中国建设银行人力资源部关于商洽代培文秘人员的函

滨江大学文学与新闻学院：

为提高我行文秘人员的业务水平，拟请贵学院代培文秘人员3人，系统学习秘书业务及公文写作和处理的基本理论与方法，进修课程由你院根据培训对象的工作需要设置，学习时间从××××年×月×日到××××年×月×日。进修费用按××的规定缴纳。进修人员在学习期间由贵校统一管理，我行积极配合。同意否，望尽快函告我部。

中国建设银行人力资源部（章）

2019年×月×日

第二节　会议邀请函定义及写作要点

一、会议邀请函的定义和种类

会议邀请函是专门用于邀请有关人员参加某些重大活动前发出的一种会议公文，具有礼仪和告知双重作用，在国际交往、国内事务以及日常社交活动中运用广泛。按内容划分，可分为会议类邀请函、活动类邀请函以及工作事务类邀请函。

二、会议邀请函的写作要点

那么，如何拟写会议邀请函？我们不妨先来看一则范文：

××省古代文学学会2018年学术年会
暨"湖湘文化与古代文学学科建设"学术研讨会邀请函

×××先生/女士道鉴：

××省古代文学学会2018年学术年会暨"湖湘文化与古代文学学科建设"学术研讨会将于2018年11月6日在××省××市××大学举行。此次会议由××省古代文学学会与××大学文学院联合主办。敬邀您参加会议，并参与和您相关的学术研讨，以及同其他专家学者进行学术交流。

现将会议有关事宜函告如下：

一、会议名称

××省古代文学学会2018年学术年会暨"湖湘文化与古代文学学科建设"学术研讨会。

二、会议议程

1. ××省古代文学学会常务理事会；

…………

三、学术研讨主题

本次会议的主题为“湖湘文化与古代文学学科建设”，具体涵盖以下几个论域：（略）

四、会议时间、地点

2018 年 11 月 6 日，××大学图书馆。

五、经费

本次会议不向与会代表收取会务费；与会代表往返路费、会议期间住宿费自理；会议主办方承担会议期间的餐饮。

六、会议报到时间、地点

2018 年 11 月 6 日 8：00，××大学图书馆。

七、其他事项

1. 请务必于 2018 年 10 月 20 日前将回执（附件）发至会务组联系电子邮箱××××@126. com。

2. 联系人：×××，135××××××××
×××，135××××××××

附件：××省古代文学学会 2018 年学术年会暨“湖湘文化与古代文学学科建设”论坛回执（略）

××省古代文学学会（章）　　××大学文学院（章）
2018 年 9 月 22 日

从这篇范文，我们可以看到一份规范的会议邀请函一般由以下几部分构成：

（一）标题

会议邀请函的标题一般由“会议主办单位 + 年份 + 会议名称 + 邀请函”构成。如《××省古代文学学会 2018 年学术年会暨“湖湘文化与古代文学学科建设”学术研讨会邀请函》，这一标题要素完备、言简意赅，使受邀者一眼就能明白自己将要参加何种事项的会议。

（二）称谓

即被邀请的单位、个人等。会议邀请函的称谓应体现对受邀者的尊重，如范文中的会议邀请函的开头就是“××先生/女士道鉴”。诸如此类的还有“尊敬的××”“××敬启”等。称谓写在标题的下一行，需顶格，后面加上冒号。

（三）正文

正文是会议邀请函的主体和核心部分。应将与会者应当了解的信息详细地、有条理地予以交代。例如，范文中的会议邀请函中即详细交代了会议的名称、议程、学术研讨的主题、会议的时间和地点、经费、会议报到的时间和地点，以及其他需要注意的事项。

（四）落款

落款处一般标注发函单位名称或发函个人名称，然后另起一行在右下角注明发函时间，具体到年月日。需要加盖公章的要将公章盖端正、清晰。

（五）附件

附件一般用于了解参会人员的意愿和基本情况，以便于会议主办方有效组织会务工作。附件往往以回执的形式出现。

三、会议邀请函写作中的注意事项

以上是会议邀请函的基本格式，那么在拟写会议邀请函的时候我们还需要注意哪些问题呢？下面是一种函的两种写法，请大家比较哪一种更合适。

邀请函

尊敬的××中学：

兹定于2018年7月23日在市五一文化宫举办2018年高考改革信息发布会，我公司不遗余力地诚邀到了一些知名专家、在一线工作30年以上且有着丰富教学经验的特级教师，他们将会抛砖引玉，势必会给大家奉上一场教育“盛宴”。尤其是你校，是一所私立学校，刚刚起步，教学资源匮乏，经验不足，肯定存在诸多急需解决的难题，为了你校美好的明天，务必到会。有关事宜通知如下：

一、与会者：校长、教学副校长、德育处主任、教务处主任、各班班主任、优秀学生代表及学生家长。

二、会期一天：上午从9时开始到11：30结束，下午从2：30开始到5：30结束。

三、中午为大家准备了丰盛的酒宴，凭会务组统一发放的就餐券就餐。

四、接函后，如果不能到会，必须在7月4日前给予书面回复。

五、报到时间及地点：2018年7月22日市五一文化宫办公楼一楼

六、咨询电话：××××××××××

×××文化传媒有限公司

2018年7月10日

邀请函

尊敬的××中学：

为了适应新的高考制度改革，进一步提升教育教学质量，兹定于2018年7月23日在市五一文化宫举办高考改革信息发布会，我公司诚挚邀请到了一些知名专家和有着丰富教学经验的特级教师，他们将会就目前高考制度改革给大家进行深度分析。有关事宜通知如下：

一、与会者：各位领导、老师、学生及家长。

二、会期一天：上午从9时开始到11：30结束，下午从2：30开始到5：30结束。

三、中午为大家略备薄宴，凭会务组统一发放的就餐券就餐。

四、报到时间及地点：2018年7月22日市五一文化宫办公楼一楼。

五、垂询电话：×××××××××××。

诚挚邀请您参加我们组织的这次活动，对我们的工作给予指导。

×××文化传媒有限公司

2018年7月10日

很显然，第二种更合适，因为它措辞谦虚典雅，感情真挚，很好体现了邀请方的诚挚愿望和友好盛情，也更符合当下社交礼仪。因此，这就启发我们在拟写邀请函的时候，除了做到六个C，即clear（清楚）、concise（简洁）、correct（正确）、concrete（具体）、complete（完整）、constructive（具有建设性）外，还需要把握好在结构安排上遵循“得体规范”准则、内容表述上遵循“真诚谦虚”准则、写作手法上遵循“慷慨、赞扬”准则。①

总之，我们在拟写一封大方得体不失浓情敬意的会议邀请函时，一定要认真思考、仔细揣摩，《庄子·渔父》篇云：“真者，精诚之至也，不精不诚，不能动人。”礼貌和真诚的表达，才能获得受邀方的接纳和认可。要达到上述要求，一方面要夯实自己的文字功底，勤学苦练，另一方面则要多积累传统文化知识尤其是雅言，这样才能写出珠玑文章。

延伸阅读

常用的谦敬语

谦敬语是表示谦逊或敬称对方的用语，《礼记·曲礼》：“夫礼者，自卑而尊人。”

---

① 杨红星、黄蓉蓉：《会议邀请函写作中礼貌原则的运用》，《秘书之友》，2017年第10期，第32—34页。

表达“自卑”的用语即表谦语，表示“尊人”的用语即是表敬语，我们合称为谦敬语。语言是文化的符号，语言和文化有着密不可分的关系。谦敬语的使用不仅是一种语言现象，也是一种文化现象，它是礼仪文化的反映，体现了我国传统文化中重礼仪的优良传统。比如经典名著《红楼梦》第一回：“（甄）士隐笑道：今夜中秋，俗谓‘团圆之节’。想尊兄旅寄僧房，不无寂寞之感。故特具小酌，邀兄到敝斋一饮，不知可纳芹意否?”甄士隐邀贾雨村中秋之夜到家中饮酒的一段话，言语之间尽透露着对贾雨村的敬意与自己的谦卑。《礼记·曲礼》：“礼者不可不学也。”礼的语言表达体现在诸多方面，礼貌用语便是其中一个重要方面。如果用得得体，会给他人留下好印象，用得不妥，则容易闹笑话，因此我们有必要了解一些常用的谦敬语。

一、常用的谦语

（1）“敝”：用于谦称自己或跟自己有关的事物。如敝处：谦称自己的房屋、处所；敝人：谦称自己；敝校：谦称自己所在的学校；敝姓：谦称自己的姓。

（2）“愚”：用于自称的谦称。如愚兄：向比自己年轻的人称自己；愚见：称自己的见解。也可单独用“愚”谦称自己。

（3）“舍”：用于对别人称自己的辈分低或年纪小的亲戚。如舍弟：称弟弟；舍妹：称妹妹；舍侄：称侄子；舍亲：称亲戚。

（4）“家”：用于对别人称自己的辈分高或年纪大的亲戚。如家父、家尊、家严、家君：称父亲；家母、家慈：称母亲；家兄：称兄长；家姐：称姐姐；家叔：称叔叔。

（5）“敢”：用于冒昧请求别人。如敢问：用于问对方问题；敢请：用于请求对方做某事；敢烦：用于麻烦对方做某事。

（6）“拙”：用于对别人称自己的东西。如拙笔：谦称自己的文字或书画；拙著、拙作：谦称自己的文章；拙见：谦称自己的见解。

二、常用的敬语

（1）“敬”：常用于自己的行为涉及别人。如敬告：告诉；敬贺：祝贺；敬候：等候；敬礼（用于书信结尾）：表示恭敬；敬请：请；敬佩：敬重佩服；敬谢不敏：表示推辞做某件事（不敏：没有才能）。

（2）“屈”：有劳驾、枉驾之意。如屈就：多用于请人担任职务，委屈就任；屈居：委屈地处于（较低的地位）；屈尊：降低身份俯就。

（3）“老”：用来尊称别人，有时特指老年人。如老伯、老大爷、老太爷：可尊称老年男子；老前辈：尊称同行里年纪较大、资格较老、经验较丰富的人；“老”字用于表示姓氏的词后，也可以表示尊重，如称巴金为巴老。

（4）“俯”：旧时公文书信中用来称对方对自己的行动。如俯察：称对方或上级对自己理解；俯就：用于请对方同意担任职务；俯念：称对方或上级体念；俯允：称对方或上级允许。

（5）“雅”：用于称对方的情意、举动。如雅教：称对方的指教；雅量：称对方的度量大；雅兴：称对方的兴趣大；雅意：称对方的情意或意见；雅正：把自己的诗文书画等送给人时表示请对方指教或正批评。

（6）“芳”：用于对方或与对方有关的事物。如芳邻：称对方的邻居；芳龄：称对方（多用于年轻女子）的年龄；芳名：称对方（多用于年轻女子）的名字。

（7）“拜”：用于人事来往，或自己的行为动作涉及对方。拜辞：指告辞对方；如拜读：指阅读（对方的文章）；拜访：指访问对方（朋友）；拜服：指佩服对方；拜识：结识；拜贺：指祝贺对方；拜识：指结识对方；拜托：指托对方办事情；拜望：指探望（对方）。

学习了解古代的谦敬语，不仅可帮助我们近距离地感受中国传统文化，还有助于我们人文素养的提高。

课后实践练习

一、选择题

1．商洽性公文的主要文种是（　　）。

A．请示　　B．通知

C．函　　D．通报

2．函灵活简便，可广泛应用于联系各个领域，以下事项不适宜使用函件这一形式的有（　　）。

A．北京市人民政府就××发电厂建设问题向国家计委申请

B．上海市浦东区人民政府就浦东新区的道路规划问题向上海市交通厅询问

C．山东省公安厅就打击车匪路霸问题向华东三省一市的公安厅提出建议

D．国务院、中央军委就军队营区外义务植树进行指示

3．下列机关之间进行工作联系应当使用函的是（　　）。

A．××市旅游局向市公安局请求批准启封被封存的面包车

B．××省教育厅告知省人事厅，同意协助举办全省机关工作人员普法知识培训班

C．××县教育局回复镇教育办，同意划拨专项经费抢修遭台风破坏的镇中学校舍

D．××市政府办公室经市政府授权，答复市行政学院关于新建教学大楼的请示

4.《××银行关于商洽签署战略合作协议的函》，这属于（　　）。

A. 请求函　　　　B. 商洽函

C. 批准函　　　　D. 答复函

5. 下列关于函的说法不正确的是（　　）。

A. 函是在相互隶属机关之间使用的一种文种

B. 一份函只能写一件事项

C. 函的写法以陈述为主

D. 函的内容涉及部门较多时可排列多个主送机关

二、思考题

1. 函与请示、批复有何区别？

三、病文修改

1. 请大家思考下这份病文存在哪些毛病？如何修改？

关于联系教师进修的函

××大学教务处：

首先让我们以××市公关学校的名义，向贵处表示衷心的感谢，过去为我校办学给予了很大的帮助。目前我校又面临一个很难解决的问题。

原来事情是这样的：我校开办不久，师资力量很差，决定派××位年轻教师到贵校旁听进修一年。我校与有关部门多次商量。但××位教师进修住宿问题，至今也没有得到解决。提高教学质量的关键是师资。为提高我校教育质量，恳请贵处设法在贵校给解决住宿问题。但不知贵处是否有什么困难。如果需要我校给贵处办什么事情，请尽管提出，我校会竭力去办。再说一句，贵处如能解决我校进修教师住宿问题，我们以我校领导的名义向贵校领导深深地表示谢意。

××市公关学校（章）

二××年×月×日

四、写作训练题

××市人民政府准备在12月份举办招商洽谈会，特邀其对口城市深圳参加。请代为拟写一份公函，以表恳切邀请之意。

第十二章　领导讲话稿

第一节　对领导讲话稿的基本认识

一、领导讲话稿的地位和重要性

重视领导讲话是我国一个悠久的历史传统。作为我国“上古时代重要公文的选集或汇编”[①]的《尚书》，就记载了大量的领导训话的内容，可被视为领导讲话稿的滥觞，比如《盘庚》篇云：作为我国最早的散文总集、我国第一部上古历史文献的《尚书》，就记载了大量的领导训话的内容，可被视为领导讲话稿的滥觞，比如《盘庚》篇云：

> 王若曰：“格汝众，予告汝训汝，猷黜乃心，无傲从康。古我先王，亦惟图任旧人共政。王播告之修，不匿厥指，王用丕钦。罔有逸言，民用丕变。今汝聒聒，起信险肤，予弗知乃所讼。
>
> “非予自荒兹德，惟汝含德，不惕予一人。予若观火，予亦拙谋作，乃逸。若网在纲，有条而不紊；若农服田，力穑乃亦有秋。汝克黜乃心，施实德于民，至于婚友，丕乃敢大言汝有积德。乃不畏戎毒于远迩，惰农自安，不昏作劳，不服田亩，越其罔有黍稷。
>
> “汝不和吉言于百姓，惟汝自生毒。乃败祸奸宄，以自灾于厥身。乃既先恶于民，乃奉其恫，汝悔身何及？相时憸民，犹胥顾于箴言，其发有逸口，矧予制乃短长之命？汝曷弗告朕，而胥动以浮言，恐沈于众？若火之燎

---

① 周森甲：《〈尚书〉——我国早期公文写作的总结》，《湘潭大学学报》（哲学社会科学版）1998 年第 4 期，第 125—128 页。

于原，不可向迩，其犹可扑灭？则惟汝众自作弗靖，非予有咎。”①

这段话主要记载的是商王盘庚对他的臣僚们进行规劝，责备他们不恪守先王的旧规矩，态度傲慢，贪图享受舒适，还以谣言蛊惑民心。

不仅如此，领导讲话也是一门艺术。话讲得好，可以化干戈为玉帛；话讲得不好，就可能兵刃相见。这在《左传》《战国策》里面都有大量的记载。比如《左传·齐桓公伐楚盟屈完》：

> 四年春，齐侯以诸侯之师侵蔡，蔡溃，遂伐楚。楚子使与师言曰：“君处北海，寡人处南海，唯是风马牛不相及也。不虞君之涉吾地也，何故？”管仲对曰：“昔召康公命我先君大公曰：‘五侯九伯，女实征之，以夹辅周室。’赐我先君履，东至于海，西至于河，南至于穆陵，北至于无棣。尔贡包茅不入，王祭不共，无以缩酒，寡人是征；昭王南征而不复，寡人是问。”对曰：“贡之不入，寡君之罪也，敢不共给？昭王之不复，君其问诸水滨。”师进，次于陉。
>
> 夏，楚子使屈完如师。师退，次于召陵。齐侯陈诸侯之师，与屈完乘而观之。齐侯曰：“岂不穀是为？先君之好是继，与不穀同好如何？”对曰：“君惠徼福于敝邑之社稷，辱收寡君，寡君之愿也。”齐侯曰：“以此众战，谁能御之？以此攻城，何城不克？”对曰：“君若以德绥诸侯，谁敢不服？君若以力，楚国方城以为城，汉水以为池，虽众，无所用之。”屈完及诸侯盟。②

这个故事主要讲述的是齐桓公在打败蔡国之后，又联合诸侯国军队大举进犯楚国。在大兵压境的情况下，楚成王先派使者到齐军中质问齐桓公为何要侵犯楚国，随后又派屈完到齐军中进行交涉，双方先后展开了两次针锋相对的外交斗争，最终达成妥协，订立盟约。

不过，这个故事最能够引起人们兴趣的，并不是谁是谁非、谁代表正义和非正义的问题，而是在一个“无法无天”、凭强力攫取利益的时代之中，弱者如何凭借智慧保护自己的技巧，以及在强大的武力面前不甘称臣的精神。

从“君若以德绥诸侯，谁敢不服？君若以力，楚国方城以为城，汉水以为池，虽众，无所用之！”中可以看到，楚国使者不畏强权，灵活巧妙，随机应变的高超讲话艺术，才是这个故事最大的看点。

---

① 孔安国传，孔颖达等正义：《尚书正义》，上海古籍出版社 1990 年版，第 124—126 页。

② 左丘明著，杜预注：《左传》，上海古籍出版社 2016 年版，第 153—154 页。

正因为如此，我国古代历代统治者都善于利用讲话来治理国家、管理社会；思想家善于通过演讲来推广自己的学说，从而引领人们思想的发展方向。这一历史文化传统的影响极其深远。

到了现代社会更是如此，它是我们公文写作中一种特别重要的文种，有着举足轻重的地位。

就领导层面而言，领导讲话稿不仅代表着领导个人，还代表着领导机关、领导集体。它是领导实现宣传教育、统一思想、部署工作、督促落实的重要工具。

就公文撰写者而言，要想在事业上有进一步发展，就要得到领导和群众的认可，其中很重要的一条就是要善于当好参谋，尤其是通过撰写讲话稿等出谋划策、展现才能。因此，撰写领导讲话稿的重要性不言而喻。

二、领导讲话稿的特点

领导讲话稿可以归纳为以下五大特征：

一是权威性。领导的身份、地位与职责决定了领导讲话稿的权威性，尤其是党和国家领导人在某些重要场合发表的讲话，很大程度上反映了党的理论、主张和要求，是必须贯彻落实的，所以在拟写领导讲话稿的时候，一定要做到严谨细致、稳妥准确。

二是公务性。这里包括两个方面，一是指领导讲话稿主要用于公务活动，并适用于公务活动；二是领导讲话稿必须符合公文的规定性，语言简明、平实、庄重，与文学作品追求含蓄、曲折、细腻有着明显的区别。

三是个性突出。古人云："文如其人"。就是说，一个人写的文章，一个领导同志的讲话，都是有个性、有独特风格的。有的领导讲话涉及古今中外，喜欢旁征博引、引经据典；有的领导讲话立意高远、气势恢宏，喜欢讲时势；有的领导讲话生动活泼、诙谐幽默，喜欢举例子；有的领导讲话朴实无华、通俗简洁、干净利落，喜欢用群众语言；有的领导讲话注重创新，喜欢讲新观点和新语言。因此，我们为领导拟写文稿之前，首先要了解领导同志讲话的个人风格，否则就不会被认可。

四是针对性。就讲话稿而言，一般来说，领导讲话都是有的放矢、针对性很强，这是由会议的性质和内容事先就决定了。要做到有针对性，我们必须把握好三条：第一，要针对会议主题和内容来拟写讲话稿。比如，部署类讲话侧重讲工作部署，总结型讲话侧重讲工作总结，汇报型讲话侧重讲工作汇报。第二，要针对领导者的身份来拟写讲话稿。有的小型会议，一般是一位领导同志的讲话，那么就要根据这个领导同志的身份来考虑。有的大型会议，有几个领导同志讲话，则要根据领导同志各自的分管工作来考虑，不能内容重复太多，互相撞车。第三，要针对与会者的身份来拟写讲话稿。不同会议有不同的与会者，他们各有各的职责、任务、心理和要求。这些都是拟稿人要考虑和琢磨的。

五是指导性。包括两层意思：一是要把上级精神与本地、本单位实际结合起来；二是少讲“普通话”，多讲本地话、群众话。地方上任何一级会议，一般都是根据上级精神，结合本地、本单位实际来召开的。因此，这里就有个如何把上级精神与本级实际结合的问题。上级精神必须传达贯彻，因为关系到党的路线、方针、政策能否落实、执行。这就要求拟写者必须认真考虑，讲话稿怎样才能很好地体现上级精神，怎样才能结合自身的实际。做好这点，拟写者就必须熟悉上级的有关公文、会议精神、政策措施，熟悉本地、本单位的工作实际、成绩和问题。

广义的领导讲话稿包括：领导在重要会议上所作的工作报告，为专门著作所作的序言，就有关信息材料作出的批示，向有关单位发出的贺信，在某专门会议上的致辞，在报刊上发表的署名文章等。狭义的领导讲话稿就是各级领导在各种会议上发表的带有宣传、指示、总结性质的讲话文稿。

第二节 领导讲话稿的写作要点①

以上论述了领导讲话稿的重要性和特点，接下来系统地学习下如何撰写领导讲话稿。

一、认真了解和领会领导意图、吃透上级精神

撰写领导讲话稿与写一般文章不同，它是为讲话的领导者拟言，“身在兵位，胸为帅谋”，因此动笔之前，必须要领会好领导思想和意图，这是决定讲话稿写作成功的一个重要方面。

研究和把握领导意图，大体包括四个方面：一是讲话的背景，即讲话的由来与环境。如果是会议讲话，就要弄清会议的来龙去脉、内容、目的及程序等。二是领导的整体工作思路及其基本的思想和意见。三是讲话所要达到的基本目的。四是讲话人对行文的具体要求。把握了这些内容，拟写文稿就能有的放矢，少走弯路。

那么，如何才能了解和领会领导意图？对此，湖北省委原副秘书长、省委政研室原主任吕东升认为，通常应注意联系以下三个方面的情况来体会，一是要联系上级的

---

① 樊鸿武：《领导讲话稿写作专题讲座（一）》（原载于《应用写作》，2000 年第 5 期，第 41—42 页）和《领导讲话写作实用问答（二）》（原载于《应用写作》2000 年第 6 期，43—44 页）。

指示精神进行领会。领导讲话，绝大多数是为了贯彻落实上级的指示精神，或者为了完成某项具体任务。把领导的讲话同上级的指示精神联系起来领会，对领导的讲话意图也就容易理解了。二是要联系本地区、本单位实际情况进行领会。领导讲话一般都是为了解决问题的。把本地区、本单位的主要情况和存在的主要问题搞清搞透了，就容易把握领导意图。三是要联系领导最近一段时间的讲话进行领会。也就是说，在最近一段时间内，领导强调最多的是什么问题，大会小会讲得最多的是什么问题。这样联系起来想一想，通常也能悟出一些道理来。要学会听和观察，不仅要听清领导所说的，而且要细心观察他所想的。只有把领导意图了然于心，才能拟写好讲稿，这也是先决条件。①

不仅如此，领导讲话一般都是传达落实上级文件或会议精神的，即便是本单位开展一项工作也必须保持和上级精神相一致。所以，吃透上级精神也是撰写领导讲话稿的重要依据。

吃透上级精神，一般要从四方面入手：一是认真学习、把握国家有关法律、法规。二是认真学习、领会党和国家的有关方针、政策。三是认真熟悉、掌握上级有关工作的规划、计划。四是认真学习、理解上级有关的会议与公文精神。

二、搜集领导讲话稿所需材料

大量地搜集和占有材料，是写好讲话稿的基础。搜集材料要力求“多、全、准、新、深”。

所谓“多”，就是博览群书，博取约收。因为占有的材料越多，作者对事物的本质及其内在联系看得就越准，就越容易产生新思想、新观点、新语言；占有的材料越多，就越便于在同类材料中择优选佳，增强讲话的生动性和说服力。

所谓“全”，就是充分考虑写作的各种需要，全面搜集与写作相关的各个类别、各个方面、各个层次的材料。做到客观材料与主观材料兼顾、感性材料与理性材料兼顾、正面材料与反面材料兼顾、内部材料与外部材料兼顾、直接材料与间接材料兼顾、典型材料与面上材料兼顾、历史材料与现实材料兼顾、例证材料与数字材料兼顾，以便从事实的全部总合中恰当地把握事物，从事实的相互联系中准确地认识事物，从各种材料的相互参照和印证中深刻地说明事物。

所谓“准”，就是搜集的材料要准确无误。这是材料的生命与力量所在。为此，要注意三个问题：第一，材料来源必须可靠，不能道听途说；第二，材料核实必须详细清楚，不能模棱两可；第三，要注意材料的消化，只有真正消化了的材料，才能更

① 吕东升：《学习与研究文集》第二卷，湖北人民出版社2012年版，第199—200页。

深刻地感知它，从而有助于辨别真伪，剔除虚假。

所谓“新”，就是尽量多地搜集一些新鲜的材料。新鲜的材料可以给人以新的启示、新的思想、新的语言；而新鲜材料的恰当运用，又可以使听众和读者耳目一新，从而增强讲话的生动性和吸引力。新鲜材料可分为三个层次：一是别人尚未发现的；二是别人尚未使用的；三是别人使用不充分的。为了获取这样的材料，就要做到三点：第一，搜集范围要广泛，尽可能踏入别人未涉及的领域；第二，搜集工作要深入，努力开掘别人未曾开掘的新层次；第三，搜集工作要精细，每一个细枝末节都不要轻易放过。

所谓“深”，就是要尽量搜集一些典型材料。只有典型材料，才最有代表性，最能反映事物的本质规律，最能给人们以深刻的启发和影响，表现出来才最生动、最活泼，也最具有说服人和感染人的力量。

至于搜集材料的具体方法，最常用的有当面调查、文字调查和阅读收听。

当面调查是获取真实、生动、有价值的第一手资料的最直接、最有效、最可靠的途径。具体方法有五种：一是直接观察，就是凭借自己的感官，获取有关的感性材料。二是口头询问，即通过面对面的个别交谈来了解某些情况。三是听取汇报。四是座谈讨论。五是参与活动，即通过参加有关的会议或其他活动，来搜集了解有关情况。

阅读收听就是通过阅读书刊、报纸、公文，收听广播，观看电视等途径搜集材料。

三、精心构思，拟定写作大纲

充分占有材料之后，接下来便进入了构思阶段。

构思是提高写作质量的基础环节。要使写出的讲话有用、有效、有益，就必须具有正确、鲜明、深刻、突出的思想，就必须通过恰当的选材和剪裁托住和托出这一思想，就必须通过巧妙的结构布局和遣词造句表达这一思想。而这就要经过艰苦、深入、细致的构思。

构思必须周到、细致，考虑到整个讲话的方方面面。从一定意义上说，构思下的功夫越大，花的精力越多，想的问题越细，写起来就越顺手、越省力。所以，在构思上多用些气力是值得的。

构思过程大致可分为五个阶段，每个阶段都有相应的内容。

第一阶段是初步酝酿。接受了拟写讲稿的任务以后，就要开始初步的构思活动。这时主要考虑讲话的背景、领导对讲稿的要求、如何适应领导的口味以及需要准备哪些材料等，然后根据需要搜集材料。

第二阶段是确立观点。准备了充足的材料以后，就要对这些材料进行归纳分析，其核心是研究矛盾，认识本质，把握规律，发现真理。然后，确定所要表达的思想观点及意见。

第三阶段是选材剪裁。主要是根据表达的需要，对所占有的材料进行取舍，对所选用的材料进行剪裁，取其精华，去其糟粕，以保证讲稿中的材料用得对、用得精。

第四阶段是谋篇布局。在确立观点、选定材料以后，就要研究结构布局问题。一方面要考虑整篇讲话分几部分，每部分写什么内容，用什么材料，分几个层次，划几个段落。另一方面，还要考虑如何开头，怎样结尾，何处详写，何处略写，如何过渡，前后左右怎样照应。总之，通篇讲话怎么写，要在头脑中搭起完整的架子，做到胸有成竹。

第五阶段是设计语言。这是动笔前构思的最后阶段。其任务是根据讲话者的语言习惯、听讲者的身份、讲话的内容等因素，考虑用什么风格的语言来写讲话，并据此搜集一些语言素材，特别要准备好关键部分的关键语言。然后再正式动笔拟写。

拟写讲话稿，就使用材料来说要经过三个阶段。搜集材料、选择材料和运用材料，其中运用材料是最显功力的。那么，运用材料究竟应注意哪些问题？樊鸿武认为须注意以下五个方面：

第一，要分清主次，详略得当。在撰写领导讲话稿的过程中，我们要根据材料的主次，合理安排详略，主要的详写，次要的略写。倘若不辨主次，所有材料都写得很详细，讲话就必然啰唆，文字冗长，甚至把主题淹没在材料之中。倘若完全反过来，讲话又往往显得单薄瘦弱，主题也就难以得到充分表现。所以，运用材料必须分清主次，详略得当。

第二，要合理剪裁，取舍有度。要根据表现主题的需要，取其最有用的部分，舍其可有可无，甚至根本无用的枝节。从讲话稿的体裁特点看，它主要是运用逻辑的力量去征服听众和读者，所以，对事实材料的引用一般不需过多的情节和细节描写，不讲究首尾的完整性和故事性，而往往只是摄要概述。鉴于此，拟写领导讲话稿必须对所选择的材料进行深入加工和锤炼，做到合理剪裁，适当删减，取舍有度，分寸得当。

第三，要把握密度，交替穿插。写讲话稿时运用材料必须合理把握密度，交替使用不同种类的材料。这样，既可以保证文脉的连贯性，又不至于使人感到密不透气。此外，领导讲话稿除了使用数字材料或理论材料外，还可以适当插入一点事实材料，增强文章的感染力。

第四，要主客结合，直言事理。讲话稿作为一种特殊的公文，在运用客观材料的时候，必须把材料所蕴含的事理、讲话人对材料的分析认识及其运用的目的，直言告诉听众和读者，使所运用的材料和主题紧密连在一起，因而，表现出很强的主观与客观相结合的特征。具体可采用三种方式：一是把客观材料的叙述和讲话人对它的分析融结在一起，这可以称之为分析着的叙述或叙述着的分析。二是在引述客观材料的前后，分析其意义、事理或所阐明的问题，使主客观材料之间有一个明显的转换。既可以从主观到客观，也可以从客观到主观，还可以先从主观到客观，然后再回到主观。具体要根据表达的需要而定。三是让客观材料作为一种喻体出现，在引述客观材料以后，接着说明它所比喻的事情。例如，毛泽东同志在中国共产党第七次全国代表大会闭幕时的讲话，在引述了“愚公移山”的寓言故事后，紧接着有一段议论，把帝国主义和封建主义比作太行、王屋两座大山。把中国共产党比作愚公，把全国人民大众比作上帝，把同帝国主义、封建主义的斗争比作挖山，并预言我们的斗争一定会胜利，这无疑带有明显的理性色彩。

四、认真修改，反复打磨

俗话说，“好文章是改出来的”。从现实看，有的人拟写文章犹如长江流水，一泻千里；有的人则是精雕细刻，周密严谨。但是，无论前者还是后者，初稿出来后，一定要字斟句酌，反复修改。主要是从主题、观点、结构、语言等方面进行推敲，看看主题是否鲜明突出、观点是否确切精当、结构是否严谨、语言是否流畅、详略是否得当；内容上要补充删改，语言上要推敲润色。领导初审后，要根据他的意见进行再修改，甚至大改。这些都要很仔细，连标点符号都要反复斟酌。此外，在修改方法上有三点应当注意：一是要从大处着眼。如同木匠一样，先用“斧头”矫正、砍出雏形，再用“刨子”整形。二是提倡集体推稿，使每一篇领导讲话稿成为群策群力的结果、共同智慧的结晶。三是要反复读，因为读的过程往往最容易发现问题。

第三节　写出高质量的领导讲话稿

以上介绍的是撰写领导讲话稿的常规思路，那么如何才能让领导讲话稿写的出彩，从而更好地发挥辅政的作用?

一、要重点突出、主调明晰

一是要全方位地突出重点。一篇重要讲话，往往既总结工作，又分析形势，既阐述思想，又提出意见。但各部分不能平分秋色，而要明确重点；下最大的力气把它写好，使它突显出来。特别是有的时候一个会上几个领导讲话，每篇讲话稿要各有侧重点，以免重复。

二是突出主旨。一篇讲话稿，无论内容多复杂，总要有一个主旨。或谈改革，或说稳定，或讲发展，通篇讲话都要紧紧围绕这个主旨展开，以便于受众准确地把握讲话的基本精神和总体倾向。

三是突出中心工作。在综合性讲话中，安排全面工作时要体现党和国家的工作重心，以此统揽全局。在行业性讲话中，要着力安排好主要工作。在此基础上，再去考虑一般工作与主要工作怎样协调，做到突出主要工作，带动一般工作

四是突出主要矛盾。在提出问题、分析问题、解决问题的过程中，必须抓住对事物发展影响最大的主要矛盾或矛盾的主要方面，重点分析解剖，最后给出解决的办法。只有抓住主要矛盾和矛盾的主要方面，其他问题才能迎刃而解。

二、要写出个性化

实际工作中我们经常看到这样的情况，拟稿人搜肠刮肚写出的讲稿，到领导那里却无法通过，甚至推倒重来。其中一个很重要的原因是因为拟稿人对领导“想怎么样讲”缺少了解，自己写的文稿不能与领导的个性相吻合，领导当然就很难认可。那么，怎样才能写出个性呢？主要有两点：

（一）“忘记自我”

拟写讲话稿和写一般文章不同。写一般文章是立自己之言，写讲话稿则是代言，这个位置一定要摆正。既然是代领导发言，那么，在拟写文稿的过程中，就要忘记自我，从领导的角度写稿子。站在领导的角度去观察问题、思考问题、提出问题和解决问题。不能有自以为是和先入为主的意识，更不能想通过领导讲话体现自己的思想，使领导讲话成为自己的“传声筒”。

（二）把握领导的特点

吕东升将领导分为六个类型，分别是：

一是年纪大，资历深。这类领导在地区、在单位有较高的威望，可以说是德高望重。人们对这样领导的讲话，往往不太挑剔。如果给这一类领导写讲话稿，那就相对比较轻松，有时为了强调某个问题，口气硬一些也没有关系。

二是年纪轻，资历浅。给这一类领导写讲话稿，就要慎重一些。一方面讲话语气要平和，一般情况下不要用过于强硬的语气，否则下面的人就可能不买你的账；另一方面，指出问题、批评人的言辞要审慎下笔，遣词造句要多做推敲。

三是学历低，文化浅。给这一类领导写讲话稿，要注意通俗、朴实，尽量使用常用词汇。句子的结构要简单，千万不能咬文嚼字，章法也不能太深。尤其要注意两点：一是引经据典要慎重。因为他们不习惯、也很难适应那样的讲话，弄不好会闹出笑话。二是内容表达不能过于深奥复杂。即使是比较通俗的词语，如果不斟酌，也会

出问题。

四是文化水平高，学问精深。这种类型的领导知识面宽，学识渊博。给他们写讲话稿一般要做到四点：一是写稿前多请示；二是多做一些理论分析和阐述；三是对文字要多做修饰和润色；四是可稍多引用典故和名言警句。

五是老基层，熟悉下情。给这一类领导写讲话稿，要多用基层的事例，多用事实说话。如果你写了一大堆理论问题，领导可能讲得满头大汗，下面的人也听不进去。

六是老机关，长期从事机关工作。给他们写讲话稿当然要很内行，特别要注意：观点鲜明，结构合理，材料适当，事例典型，语言准确，文字流畅。这样的领导如果对稿子提出修改意见，一定要严格遵照执行，有的时候甚至要引用领导的原话，切不可擅自改动。所以，代领导拟写讲话稿必须弄清领导意图，并努力贯穿于文稿之中，按领导意图进行构思和设计，这样可以少走弯路。另外还要研究领导的语言。用讲话人的语意表达讲话人的意图，是写作讲话稿必须解决的一个问题，不然，“讲话人就会感到文稿上写的不是自己的话。所以，代领导拟写讲稿，必须注意研究讲话人的语言特点，以便投其所好地运用他自己的话来写，甚至就连他的惯用语和点睛之语，也要尽可能通过加工润色而用到文稿中去。这样既有利于体现领导的意图，又能较好地体现领导的个人风格”。①

三、要写出鼓动性

《周易·系辞上》：“鼓天下之动者，存于辞。”领导讲话只有具备强大的鼓动性，才能激发人们的热情，调动人们的积极性，促使人们满怀信心地贯彻落实，从而达到预期的目的，实现理想的效果。所以，从一定意义上说，鼓动性是领导讲话的生命所在。

那么，如何才能写出鼓动性？

一要实事求是分析形势，要客观地反映实际情况。这样，才有助于人们认识现实，统一思想，受到鼓舞，积极工作。

二要切实可行部署工作，要有较强的可操作性。便于执行和检查，工作措施要符合实际，不能好高骛远。

三要切中要害有的放矢，解决实际问题。领导讲话稿所涉及和解决的问题，必须是现实生活中人们亟待解决的问题，一定要写准、写实。否则就是正确的废话、漂亮的空话、时髦的新话、严谨的套话、违心的假话，自然无法实现凝聚人心的作用。

四要以理服人，不能以势压人。要以平等待人的态度和追求真理的精神，用心把

① 吕东升：《学习与研究文集》第二卷，武汉：湖北人民出版社，2012 年。

道理讲实、讲清、讲深、讲透，才能使听众和读者心服口服，发生共鸣，产生贯彻落实的热情和渴望，进而把领导的要求变成自觉的行动。所以，拟写讲话稿，必须把劲用在说理上，不能用在“嗓门”上。

五要以情动人。人是有感情的动物。以情动人是增强讲话鼓动性的有效方法。如习近平总书记的《让开放的春风温暖世界——在第四届中国国际进口博览会开幕式上的主旨演讲》，就是典型的把以理服人和以情动人有机结合起来，有效地增强了讲话的鼓动性。

六要语言生动。语言是领导讲话最重要的形式要素。只有语言生动，才能表达好生动的内容，才能吸引受众，才能有效地鼓动起大家的热情。

四、要写出时代特色

在具体撰写过程中，要注意考虑四个方面的因素：

第一，要考虑社会语境的因素。任何领导讲话稿都离不开社会语境的影响。所以，拟写讲话稿必须充分考虑社会语境这一重要因素。一要根据社会语境确定讲话内容。社会语境对讲话的影响，首要体现在内容方面。比如，党的十一届三中全会以后，我们国家进入改革开放的新时期，建设和发展成为社会的主旋律。在这种形势下，领导讲话就必须讲“以经济建设为中心”，讲“三个有利于”标准，讲“发展是硬道理”。如今我们的社会形势是深化改革，扩大开放团结稳定，求实发展，创新图强，文明上进。即使在同样的社会大背景下，也还要根据不同的发展阶段突出不同的内容。比如在改革开放初期，我国还处在短缺经济时代，经济运行的主要矛盾是总矛盾，这时就要更多地着眼于“速度”问题。如今短缺经济时代已成过去，买方市场也已形成，经济运行的主要矛盾变成了结构性矛盾，所以，领导讲话就要更多地侧重于研究“结构调整”问题。二要根据社会语境选择讲话的表达方式。从一定意义上说，文风是社会风气的反映，表达方式又是构成文风的重要因素。2008 年，时任中央党校校长的习近平就指出，文风不正“严重影响真抓实干、影响工作成效，耗费大量时间和精力，耽误实际矛盾和问题的研究解决”，“不良文风蔓延开来，损害党的威信，导致干部脱离群众，使党的理论和路线方针政策在群众中失去感召力、亲和力。”所以，选择讲话的表达方式，也必须考虑与社会语境相适应。如今我们强调解放思想，实事求是。与此相适应，讲话的表达方式就要倡导短、平、实，狠刹长风。正如，“凫胫虽短，续之则忧；鹤胫虽长，断之则悲”①。

第二，要考虑讲话者自身方面。主要包括两个方面：一要考虑讲话者的职责。公

① 郭庆藩撰，王孝鱼点校：《庄子集释》，中华书局 2016 年版，第 326 页。

务行为的一个特点是职责的规定性。讲话者的职责不同，讲话的内容、角度、语气也要有所差异。比如党委领导与政府领导、主要领导与分管领导、党政领导与部门领导，他们的讲话就不能一个样。即使在同一会议上围绕同一问题的讲话，或者同一部门的人，不同身份所作的讲话也要体现这种差异。假设在同一会议上，党委、政府和部门的三个“一把手”围绕同一方面的工作分别讲话，那么，一般来说，党委领导的讲话就应突出从政治上、思想上、理论上、方向上来研究原则问题，政府领导的讲话就应从宏观的角度研究实际工作问题，而部门负责人的讲话则应从微观的层次讨论具体业务问题。二是考虑讲话者的职业。不同行业的工作具有不同的特点，这种特点也往往会带进本行业的领导讲话中，使不同行业的讲话具有不同的个性特征。比如，宣传部门和理论工作部门的领导讲话，一般具有较强的思想性、理论性、逻辑性；文艺工作部门的领导讲话，其语言更容易带上文学性；政法部门的领导讲话，则往往带有执法者的严肃性。为什么呢？原因可归纳为两点：一是长期在一个部门工作，总是处于同一客观环境，就不可避免地受到其熏染甚至改造，使思维习惯、语言表达自觉不自觉地带上这个行业特点；二是行业领导的讲话，一般都是面对本行业的干部职工，应尽力适应他们的习惯和心理，以便于为他们所接受，从而起到尽可能好的效果。

第三，要有受众意识。有“党内第一支笔”之称的胡乔木曾指出，衡量文章是否精品佳作的三个审美标准，即要吸引人看得下去、要使人看得懂，要能说服人打动人。因此，拟写领导讲话稿也必须考虑听众的因素。要搞清楚领导对谁讲话，听众最想听什么，最关心和最需要解决的问题是什么，从而找到领导与听众的最佳结合点，真正做到有的放矢，让领导讲得切题，让听众听得解渴。在这一方面，习近平总书记为我们做了一个很好的示范。他在讲话中，经常使用生动形象的比喻、朴实无华的语言，深入浅出地阐明党和政府的路线、方针和政策。比如，他在谈到浙江经济的发展时提出，要“追求人与自然的和谐，经济与社会的和谐，通俗地讲，就是既要绿水青山，又要金山银山”。两个“山”的对比，就很好地诠释了环境资源和经济建设的关系，这种平易近人的态度和口语化的表达方法一下子拉近了讲话人和听众之间的距离。

此外，还要考虑会议场合的因素。不同的场合、不同的对象、不同的范围，决定了领导讲话种类的多样性。而不同类型的讲话，如会议讲话、工作报告、辅导报告、座谈发言、即兴讲话、演讲致辞等，其特点不一样，要求就不一样，写法也不一样。要写好领导讲话稿，必须了解和熟悉各类会议的特点，把握其要领，掌握其写作技巧，做到“量体裁衣”。比如，即兴讲话的特点是时间短、面对面，对文稿的要求是简明扼要、观点鲜明，语言要做到通俗易懂、上口易记、富有特色，切忌平铺直叙，冗长无味。而演讲致辞的特点是篇幅短、有激情，对文稿的要求是有说服力、亲和力，能体现领导人和政治家的风范。

五、要留心文采，适当地有金句的出现

要写出有影响的稿子，很重要的是一篇好的领导讲话稿，除了做到以上几点，还必须有点睛之笔，有突出的亮点和闪光点。“千羊之皮，不如一狐之腋”就是这个道理。

一是文风要活泼。相对于文学作品，领导讲话稿不需要太多华丽的用语，但应注重展现内涵，在字里行间自然地流露出或生动清雅、或磅礴沉雄的气韵，让人印象深刻。这就需要拟稿人平时注意词语、诗句、格言、警句的积累，在写作时达到“文思泉涌”“手到擒来”的境界，写出现实性、指导性、可读性较强的领导讲话稿。比如用来描写求学态度，学习不可傲慢，对君子品行的讨论等，我们除了说“谦虚使人进步，骄傲使人落后”外，还可以引用汉代学者董仲舒的“君子不隐其短，不知则问，不能则学”①，从而表述为：“《春秋繁露》有言：君子不隐其短，不知则问，不能则学。真正优秀的人从来不满足于自己原有的知识，不刻意隐藏自己的短处，而是如乔布斯那般，‘求知若饥，虚心若愚’，不断地积累和学习。”让人印象深刻。

二是神气要充足。古人云：“气盛则言之短长与声之高下者皆宜。”② 要使领导讲话稿有充足的“精气神”，听之畅快淋漓、思之信心满怀，最好是一气呵成。同时，寓教于文、寓乐于文、寓理于文，让观众在聆听讲话的同时，统一思想、凝聚力量，激发正能量，让领导讲话稿成为一篇“美文”。这就需要撰稿人还要善于运用比喻、排比、对偶、拟人等多种修辞手法，比如：“以学修身，为自身素养‘补钙’以干促进，为经济发展‘鼓劲’以变求新，为改革创新‘助力’以廉生威，为干部群众‘立标’”。又如，某地方领导在全市旅游产业发展大会上的致辞：“这里是诗经文化的传播之地，历代名人雅士辈出，古有高适、纪晓岚传承千年文脉，今有王蒙、蒋子龙再书诗意芳华；这里是中华武术的荟萃之所，拳种丰富，豪侠云集，前有大刀王五、霍元甲行侠仗义，后有王子平、佟忠义快意恩仇；这里是群贤汇聚的富集之处，医有扁鹊、刘完素救死扶伤，艺含马致远、荀慧生经典传唱，政存冯国璋、马本斋救国图强。”

此外，在语言选择上，还要特别注意。首先，少用长句。理论文章中长句很多，结构严谨，逻辑性强。领导讲话稿的语句太长，不仅表达费劲，还会影响听觉效果。其次，少用倒装句。倒装句多适合视觉语言，不适合听觉语言。再次，少用冷僻词

① 董仲舒：《春秋繁露》，上海古籍出版社 1989 年版，第 87 页。

② 韩愈撰，马其昶祥注：《韩昌黎文集校注》，上海古籍出版社 1986 年版，第 171 页。

语。冷僻词语说者绕口、听者费解，在领导讲话稿中尽量不用。最后，少用单音节词。单音节词虽然简洁，但不容易上口。例如，“在这春意盎然、百花争艳的好时节”不如“在这春意盎然、百花争艳的美好时节”讲起来上口，后者更适合口语表达。

范文

在2019中国网络媒体论坛开幕式上的致辞

各位嘉宾，各位朋友：

大家上午好！非常高兴与大家相聚在美丽的滨江，参加2019中国网络媒体论坛。我谨代表中央网信办对论坛的举办表示热烈祝贺，对市委、市政府和各主办方、承办方给予的大力支持表示衷心感谢，对出席论坛的各位嘉宾、各位朋友表示诚挚欢迎。

中国网络媒体论坛是我国网络媒体界层次最高、最具权威性和影响力的年度盛会，见证了中国网络媒体开拓进取、一路向前的历史性跨越，是观察中国网络媒体发展走向的重要窗口。习近平总书记高度重视新闻舆论工作，多次强调要管好用好互联网。特别是今年1月25日主持中央政治局第十二次集体学习时，习近平总书记指出，正能量是总要求，管得住是硬道理，用得好是真本事，强调要运用信息革命成果，推动媒体融合向纵深发展。这是前行的指引，更是奋进的号令。此次论坛以“融合与变革：中国网络媒体发展新跨越”为主题，就是要以实际行动学习贯彻落实总书记重要讲话精神，推动网络媒体发展再上新台阶，可谓意义重大。

当前，国际形势日趋复杂多变，国际格局面临深刻调整，经济社会发展不确定性因素增多；新一轮科技革命和产业变革方兴未艾，网络新技术新应用快速迭代，推动媒体格局和舆论生态加速重构。在这样的背景下，强信心、聚民心、暖人心、筑同心任务更加艰巨繁重。网络媒体要抓住机遇，迎接挑战，勇于承担起更多的责任，顺应潮流、守正创新，保持定力、增强动力、形成合力，在引导舆论、引领思想、传承文化、服务人民中，努力抢占传播制高点，共同推动互联网这个“最大变量”变成事业发展的“最大增量”。

一是强基固本，做正能量的传播者。

团结稳定鼓劲、正面宣传为主，是党的新闻舆论工作必须遵循的基本方针，不管技术怎么演进、应用怎么升级、平台怎么更新，都不能偏离航向、失掉根本。要把牢导向“定盘星”。高举马克思主义、中国特色社会主义的旗帜，坚持不懈用习近平新时代中国特色社会主义思想团结、凝聚亿万网民，巩固全党全国人民团结奋斗的共同思想基础。要筑好内容“压舱石”。信息场越庞大，优质内容越可贵。网络媒体要深耕优质内容，从比数量向拼质量转变，从抢流量向聚民心跨越，真正练就几把刷子，这样才能在千帆竞渡、百舸争流的时代浪潮中立于不败之地。要对准受众“方向标”。宣传思想工作只有植根于人民才能行稳致远。要善用网民视角谋划工作，主动适应分众化、可视化、互动化趋势，把有意义的主题做成有意思的产品，使网民喜欢看、主动转、真心赞，让党的创新理论春风化雨、润物无声，飞入寻常百姓家。

二是勇于创新，做融合变革的先行者。

“不日新者必日退”。当前，做好网上新闻舆论工作，比以往任何时候都更需要创新。网络媒体要勇于求变。敢于打破思维定式，走出传统舒适区，在理念思路、方式方法、体制机制等方面大胆创新，当好改革“先行者”，争做融合“排头兵”。网络媒体要积极应变。当前，移动互联网进入提速发展新阶段，要牢牢把握这一趋势，“内外兼修”抢占移动传播制高点。“内”就是苦练内功，主动适应移动传播新特点，进行供给侧结构性改革，锻造移动新闻精品，更好满足受众需求；“外”就是外塑其形，优先建设移动媒体，打造载体多样、渠道丰富、覆盖广泛的移动传播矩阵，不断扩大覆盖面和影响力。通过融合变革激发动力、点燃激情，在担当作为中做大做强主流思想舆论。

三是敢于亮剑，做主流价值的捍卫者。

当前，互联网已成为意识形态斗争的主战场、主阵地、最前沿。网络媒体要履行好职责使命，旗帜鲜明地捍卫主流价值观。面对重大政治原则和大是大非问题，要敢于出手、敢于碰硬，理直气壮宣传阐释党和政府的立场主张，明辨是非、激浊扬清；面对恶意攻击和谣言，要坚决回击、以正视听；面对网民关切和疑问，要更加注重通过摆事实、讲道理，加强辨析引导、澄清模糊认识，最大限度凝聚共识。

四是奋发有为，做新技术的引领者。

技术是网络媒体发展的“助推器”“加油站”，实践反复证明，谁顺应技术变革大势，适应新技术、用好新技术、引领新技术，谁就能在发展中赢得主动。各网络媒体要切实增强紧迫感，时刻保持对新技术的敏感度和前瞻性，积极谋划、提前布局，不断增强自主创新能力，努力抢占新一轮技术变革先机。要积极运用、更好驾驭新技术，把5G、大数据、云计算、人工智能等，有机融入新闻采集、生产、分发、接收、反馈全流程，让报道搭上技术创新的快车，用个性化定制、精准化生产、智能化推送重塑与用户的连接，全面提高网上舆论引导能力。

五是担当负责，做清朗空间的守护者。

网络空间是亿万网民共同的精神家园，让这个家园清新宜人，是全社会共同的责任。网络媒体是网上内容的主要生产者、供应者，具有广泛的社会影响和强大的舆论动员能力，更要切实履行主体责任，绝不能不择手段博眼球、蹭热点，片面追求点击率和用户使用时长。要加强日常管理，严把导向关、品质关，做好内容“护林员”，当好生态“清道夫”，让虚假新闻无处遁形，让低俗内容无地安身，让有害信息无法传播，营造天朗气清、生态良好的网络环境。

各位嘉宾，各位朋友！

“征程万里风正劲，重任千钧再出发。”希望大家通过中国网络媒体论坛这个平台，充分交流思想、碰撞火花，增进共识、凝聚力量，携手推动中国网络媒体发展新跨越，共同为实现“两个一百年”奋斗目标和中华民族伟大复兴的中国梦提供强大的网上舆论支持。

最后，预祝本次论坛取得圆满成功，谢谢大家！

延伸阅读一

设置领导讲话稿的标题有讲究[①]

俗话说：“题好一半文”。好文章要有神，好标题要传神。在文章中，标题最能凝练传神地表达主题思想，也最能吸引读者的眼球。好标题必定是内在美与外在美的统一，内在美是智慧美、思想美，外在美是语言美、形式美。因此，文章的标题要力求醒目惹眼、新颖别致，这样才能吸引人，激发读者的阅读兴趣。就领导讲话稿来说，有大标题和小标题，那么如何设置讲话稿的标题呢？

一、大标题

大标题就是文章的总题。领导讲话的大标题主要有三种类型：一种类型是交代讲话的场合。如《在纪念辛亥革命110周年大会上的讲话》《在中华人民共和国恢复联合国合法席位50周年纪念会议上的讲话》。另一种类型是交代讲话的内容。如2021年10月18日，习近平在主持我国数字经济健康发展集体学习上发表讲话，题目是《把握数字经济发展趋势和规律 推动我国数字经济健康发展》。这个标题比较具体地交代了讲话的内容，告诉人们讲话中阐述的是如何推动我国数字经济健康发展问题。再一种类型是概括讲话的主题思想或基本观点。这类标题是反映主题的一个命名，也可以说是主题的眼睛，是讲话的各类标题中最讲究、最具艺术性的一类。从形式上看，这类标题多数在大题之下还有辅题，主要是交代讲话的场合，例如2020年3月26日，国家主席习近平在二十国集团领导人应对新冠肺炎特别峰会上的发言，题目是《携手抗疫 共克时艰》，开篇就说：“面对突如其来的新冠肺炎疫情，中国政府、中国人民不畏艰险，始终把人民生命安全和身体健康摆在第一位，按照坚定信心、同舟共

---

① 本节内容主要来源于樊鸿武，《领导讲话稿写作专题讲座（六）》，《应用写作》，2000年第10期，第46—47页。

济、科学防治、精准施策的总要求，坚持全民动员、联防联控、公开透明，打响了一场抗击疫情的人民战争。”可见，《携手抗疫 共克时艰》这个题目正概括了讲话的主题思想和基本观点。比较三种类型的大标题，第一种比较简单。后两种比较讲究，设置这样的大标题，一般应注意三个问题：

一是准确恰当。就是要准确地概括讲话的内容，恰当地反映讲话的思想，做到文题对应，能提纲挈领、准确鲜明地表达文章的核心观点。

二是简洁明快。无论是提示内容，还是表述观点，标题要力求用简明扼要的语言，高度概括讲话的主要内容和思想，做到言简意赅，不能复杂冗长。否则，就失去了标题的意义。

三是新颖生动。标题不仅要准确恰当地反映讲话的内容，而且要有新颖、醒目、生动、活泼的表现形式，做到形神兼备，不落俗套，使听众或读者能够受到强烈的感染，产生浓厚的兴趣。要做到这一点，我们要巧用修辞，使词句具有文学色彩和审美价值，更有生动性和感染力。

二、小标题

一般而言，内容较多、篇幅较长的讲话中会用到小标题。这有三个方面的好处：一是便于突出重点，阐明观点，有助于听众或读者的理解和记忆；二是层次分明，脉络清晰，使人一听或一看就知道全文分几部分，每部分讲什么内容；三是可以减少过渡性的文字，使语言干净利落。领导讲话的小标题大体可分为四种：

一是提示本部分所要阐述的问题。如毛泽东的《论十大关系》，全文共十个小标题，每一小标题都是本部分所要阐述的一种关系，合起来正是“十大关系”。

二是概括本部分的核心观点。例如，2019 年 8 月 19 日，习近平总书记在敦煌研究院座谈时的讲话，全文共五个小标题，依次是：敦煌文化保护研究工作很有意义、很有成效；敦煌文化是各种文明长期交流融汇的结晶；敦煌文化展示了中华民族的文化自信；推动敦煌文化研究服务共建“一带一路”；加强敦煌学研究。很明显，每个小标题都概括地表明了一个基本观点，每一观点都统帅着它那一部分的内容。

三是概括本部分就某一方面问题提出的要求。例如，邓小平在中国共产党第十二届中央委员会第二次全体会议上的讲话中有两个小标题：一个是“整党不能走过场”，另一个是“思想战线不能搞精神污染”。一看都知道，这两个小标题分别是对整党和思想战线提出的要求。

四是概括本部分提出的工作措施。如习近平总书记在统筹推进新冠肺炎疫情防控和经济社会发展工作部署会议上的讲话，就如何统筹推进疫情防控和经济社会发展工作讲了八条意见，每条意见设一个小标题，依次是：落实分区分级精准复工复产；加大宏观政策调节力度；全面强化稳就业举措；坚决完成脱贫攻坚任务；推动企业复工复产；不失时机抓好春季农业生产；切实保障基本民生；稳住外贸外资基本盘。

那么，设立小标题应该注意哪些问题呢?

一是注意设题角度的一致性。我们把讲话的小标题分为五类，其实就是五个设题角度。就同一讲话来说，无论有多少个小标题，每个小标题的设题角度都应该是一致的，或者都从提示内客的角度设题，或者都从表明观点的角度设题，或者都从明确要求的角度设题，或者都从概括任务的角度设题，或者都从提出措施的角度设题，总之不应该多角度设题。这样，可以使通篇讲话具有一致性和整体感。

二是注意设题层次的同一性。同一讲话的各小标题，在内容上应该处于同一层次，也就是高低一致，不能七上八下，参差不齐。不然，就会破坏文章的整体性，给人以失序之感。这是一定要避免的。

三是注意各题之间的联系性。同一讲话的各小标题之间应该具有一定的内在联系。倘若它们是并列的，那就要分别从一定的角度上服务于主题。倘若是递进关系，就要体现事物发展由浅入深的规律性。总之是各小标题之间不能各不相干、互相脱节，那样会使讲话失去核心，散乱无章。

延伸阅读二

校对领导讲话稿常用的方法[①]

校稿作为撰写领导讲话稿的重要一环，是保障成稿质量的最后一道关口，在突显文章主旨、理顺脉络关系、表达领导意图等方面发挥着至关重要的作用。如何校稿?对此有人总结了八种常用的校稿方法。

一、语感阅读法

这是最考验校稿者写作功底的一种方式，校稿时要凭着丰富的校稿经验、对领导意图的准确拿捏、对段落语句的高度敏感，及时准确找到出错的地方并加以改正。当我们拿到一篇领导讲话初稿，首先要总体浏览，然后结合讲话的场所、发言的主题、面对的受众，快速掌握主旨意思、结构框架、语言风格，以便对整篇文稿有全局了解，为后续校对打下基础。

二、错字查找法

这是最基本、最重要的校对方法，也是最容易找出硬伤的方法。在校稿实践中经常会用到源头分析法，即从容易出错的原因来查找错别字。

① 本节内容主要来源于刘厚发：《校对领导讲话稿的几种常用方法》（原载《应用写作》，2015 年第 12 期）。

一是读音相近。

现在很多人都用智能拼音打字，在输入部分拼音时会出现一些相关联的字词，由于选择速度较快而发生错误，形成错词病句。校稿人员要从撰写文章的过程入手，亲自体验出现错误的情景，加深校核印象，对读音相近的字保持高度警惕。

例如，在写“机遇与挑战并存”时，避免把“与”写成“于”；在写“多少名群众参与活动”时，避免把“名”写成“民”；特别是在写“谈笑风生”“老生常谈”时，要警惕“生”字的错用。

二是用法分不清。

由于对字词的用法含混不清，导致用词不准，出现文字错误。其中最容易混淆的是“的、地、得”，网上关于它们之间的区别有很多解释，但关键要把握的就是：“的”是定语的标记，一般模式为“的＋主语或宾语（名词)”；“地”是状语的标记，一般模式为“地＋谓语（动词或形容词)”；“得”是补语的标记，一般模式为“谓语（动词或形容词）＋得”。

再譬如，“做、作”用法区分比较复杂，有时还存在通用的情形，但在写作实践中有其习惯的用法，“做”字后面一般接具体的事物或动作，“作”字后面一般接抽象的事物。

三是字形相似。

在平时的学习阅读中，要善于总结，将字形相似、容易混淆的字归集起来，组建错字库，核稿时有针对性地检查正误。例如，“崇”与“祟”，前者用作崇拜、崇山峻岭，后者用作鬼鬼祟祟；“腾”与“滕”，前者用作奔腾、腾云驾雾，水向上腾涌，后者为姓氏滕；“鹜”与“婺”，前者用作趋之若鹜，后者为地名婺源；“嬴”与“赢”，前者用作输赢，后者为姓氏嬴。

三、标点查正法

标点符号是书面语言的有机组成部分，是准确表达思想感情和理解书面语言的有效载体，它有很多用法规定，其使用应把握以下几点要求：

一是无论字数多少，标题中不能出现逗号。

二是直接引用的话语、需要着重论述的对象、有特殊含义的词语等，要用引号进行标明。

三是注意区分顿号、逗号、分号的用法，标点符号选择不同，表达的意思也会发生相应变化。

四、逻辑顺序法

一篇完整的领导讲话稿，无论是内容的阐述，还是结构框架，都有其内在联系。

作为校对者，就要善于从这些逻辑顺序、内在联系中找出纰漏，精准修正。

一是从发展顺序找错误。

有些事情有固定的先后顺序，不能随意改变。例如要制定一项惠民政策，一般是先调查研究、听取意见、征求建议，再汇总整理、多方协商、民主讨论，最终形成初稿、反复修改、审定下发。因此，在校对讲话稿时，就要特别注意那些描述事情发展的语句，检查其是否存在顺序混乱或颠倒的情形。

二是从轻重缓急找错误。

领导讲话具有权威性，在强调某些事情时，通常会选择一个具体标准，或按照难易程度，或按照紧急程度，或按照轻重程度来讲。因此，要分清写作选定的标准，检查文稿中是否存在难易、紧急、轻重交叉表述或同一标准内顺序错误的情况。

三是从领导排位找错误。

领导的排位顺序也是文稿校对的重点区域。校稿时碰到多位领导的名字时，要形成条件反射，查看领导的排位顺序是否正确，倘若自己把握不准，要及时与专业人士联系，切勿自作主张，避免文稿硬伤。

五、结构分析法

顾名思义，就是把句子分为主、谓、宾、定、状、补等六类成分，然后按照这些成分的组成、要求、用法、范围来鉴别语句是否正确，其优势在于砍去细枝末节，理清句子主干，找出语句错误。

例如，经过干群军民二十多天的英勇奋战，取得了抗洪胜利。通过分析可知，“经过……奋战”是状语，“取得”是谓语，“抗洪胜利”是宾语，整个句子缺少主语，应在谓语“取得”前面加上主语。

六、词语搭配法

在文稿写作中，经常会用到含主谓短语、动宾短语、偏正短语、并列短语等不同类型的语句，要根据文章所表达的意思或突出强调的内容，准确辨别所用的短语类型是否正确；对同类小观点、排比句，重点检查前后短语结构是否保持一致，不能前面用主谓短语，后面用偏正短语，造成中心意思混乱不明。

特别是当一个动词修饰两个宾语时，必须要与两个宾语都能同时搭配使用。例如，同志们要坚持有计划地学习，不断提高个人的内在潜能和综合素质。此处的“提高”就不能改用“激发”，因为“激发”只能与“潜能”搭配，不能同时与“素质”搭配。

七、数据核实法

领导讲话稿中，往往涉及时间、人数、序列、经济指标等各个方面的数据，务必对此保持高度注意，反复校对，确保数据准确无误。尤其是当标题层级比较多，而每级标题包含的小观点也比较多时，要认真检查层级标题序号是否有交叉，同一层级内标题序号是否有重复。

八、精炼加工法

这是文稿校对的最后关卡，是纠正错误、修正文意的重要步骤，也是提高文章水平的关键举措，十分重要，不可轻视。

在经过前面几轮的校核后，校对人员心里难免感到厌烦、疲惫，可“看”改为“读”，通过读出来的方式集中精力，揣摩领导意图，把握整体风格，吃透文章主旨。对表述不准的，进行再加工、再雕琢，使内容更加精准，主旨更加鲜明。

课后实践练习

请同学们仔细阅读下面的领导讲话稿，指出可能存在哪些问题？如何修改？

领导致辞

各位来宾，女士们，先生们：

下午好！

老商城辉煌的20年，是我们全体台州人有目共睹的，现在，新的商城全面开展了创新模式，将批零并举的经营模式引入其中，并独特推出了线上线下实体与电商同步的销售渠道，并着重开发电商渠道的培育和建设，这一点，让我对新商城的未来抱有极大的信心和希望！

我们路桥，“百路千桥万家市，自古繁华商贸地”。“商贸兴区”一直是路桥区委、区政府的工作重心之一，依照这一战略部署，我们在西市场园区规划5500亩用地，开发建设生活资料类市场，配套建设了超大型的物流中心和商务中心，打造现代市场集群，形成立足台州，辐射全浙江，面向全国的大型商贸流通交易平台。同时，区委、区政府主动适应新常态，积极推进经济转型升级。在现代商贸业领域中，以中国日用品商城搬迁为契机，通过新商城的商业规模扩大、商业功能升级、商业模式创新，来打造路桥现代商贸业的标杆力作，把新商城打造为路桥经济发展的四张金名片之一，进一步激发和带动商贸兴区的新活力。

本着做大、做强西市场园区，打造一流的现代商贸流通平台。区委、区政府针对当前市场实际情况，统筹协调园区内各项目的具体功能及业态定位，明确园区内各项目按照“错位经营、有序竞争、规范经营”的原则，以中国日用品商城为主导，走差异化发展之路，进一步提升园区整体的经营品位及对外辐射力，实现路桥现代商贸业在新常态下的“二次腾飞”。

下午，我们欣喜地看到这么多在义乌的台州人关注新商城，相信会有更多、更好的商业项目选择新商城。我们也深信新商城在转型升级的现代商贸领域中，将再写传奇，再创辉煌！

最后，预祝新商城项目招商圆满成功！

第十三章　工作总结

第一节　对工作总结的基本认识

一、工作总结的定义及特点

工作总结是党政机关、社会团体、企事业单位、个人等回顾检查工作、总结经验教训、查找问题、明确努力方向、指导今后工作的一种常用文体。通过总结，可以把零散的、肤浅的感性认识上升为系统、深刻的理性认识，从而得出科学的结论，以便发扬成绩、克服缺点、吸取经验教训，使今后的工作少走弯路、多出成果。同时，工作总结也可以为各级领导和机关提供基层工作的情况和经验，以便加强科学管理和指导。它的特点可归纳为以下几点：

（一）回顾性

通过“回头看”，分析过去工作中哪些方面做得好，哪些方面做得不好，好的方面保持，差的方面改进，从而获取经验教训，为进一步做好工作提供借鉴和参考。

（二）客观性

工作总结要求人们客观公正地分析和认识过去的工作，一是一，二是二，不能夸大成绩、隐瞒缺点、报喜不报忧，更不能弄虚作假、浮夸邀功，要还原过去工作的本来面貌，如实地、一分为二地分析、评价自己的工作，对成绩不要言过其实，对问题不要轻描淡写。

（三）叙议结合

总结的最终目的是得出经验、吸取教训，找出做好工作的规律，因此，总结不能停留在表面现象的认识和客观事例的罗列上，必须从实践中归纳出规律性的结论，形成有益的经验，对今后工作有指导作用，对他人有借鉴作用，因此在表述上要求有叙有议、叙议结合。

（四）自我性

总结是主体自身活动实践的产物，它以客观评价自身工作活动的经验教训为目的，以回顾自身工作情况为基本内容，以自身工作实践的事实为材料，其所总结出来的理性认识也是反映自身工作实践的规律。所以内容的自我性是总结的本质特点。

（五）启发性

一篇总结给人的启发越大，它的作用也就越大，价值也就越高。是否具有启发性，关键在于能不能提出深刻而居于普遍意义的见解，揭示某些规律性的东西，把感性认识上升为理性认识，这才是工作总结的意义所在。

二、工作总结的种类及作用

从不同的角度，可将总结划分为不同的类型，按内容分，有工作总结、业务总结、学习总结、生产总结等；按范围分，有单位总结、部门总结、个人总结；按时间分，有年度总结、季度总结、月份总结、阶段总结等；按性质分，有综合性总结和专题性总结。区分以上总结的种类，目的在于明确重心、把握界限、为构思写作提供方便。但上述分类不是绝对的，相互之间可以相容、交叉。如《××大学2020年度工作总结》，按性质讲是工作总结，按范围讲是单位总结，按时间讲是年度总结，按内容讲是全面总结。同时，大学的工作总结不可能不涉及教学和科研，那么它也包容了教学总结和科研总结的成分。这说明在总结的分类上，应灵活掌握，不必过于拘泥。之所以要撰写工作总结是出于三个方面的需要。

一是工作严谨的需要。一个单位对过去一段时间的工作进行一次总结，一个人对过去一个时期的工作进行一次反思，一项重要工作结束后进行一次系统回顾，这些都是工作严谨细致的表现。有了工作总结，一段时间的工作宣告结束，表明这项工作有始有终。

二是留史存档的需要。一段时间的工作结束了，一项重要任务完成了，如果没有一个文字性的总结材料，时间久了，当时是个什么情况、某个问题是怎么解决的，就容易被人们遗忘。如果对这项工作及时进行总结，形成一个文字材料，作为档案存放起来，日后想了解一下以前这项工作是怎么做的，就变得容易多了。

三是改进工作的需要。工作总结的目的不仅是“留史”，更多的是“资今”。通过分析过去一段时间工作的特点，归纳过去一段时间工作的收获和体会，回想过去一段时间工作中存在的差距和不足，就容易对工作形成规律性认识，从而提高工作水平。陈云同志曾指出：“总结经验是提高自己的重要方法。”讲的就是这个道理。

三、工作总结须注意的四个问题

第一，要考虑周全。总结所要反映的是全局工作或某项工作的全貌，所以在内容安排上要考虑到方方面面，全局工作不能遗漏哪个方面，单项工作不能遗漏哪个环节，否则就会影响工作总结的客观性和全面性。同时，要正确处理好精练与全面的关系，既不能因为片面追求精练而削足适履，把该写到的东西漏掉，也不能因为片面追求全面而毫无节制，把篇幅拉得太长。要在全面的基础上力求精练，二者不可偏废。

第二，要善于抓住重点。总结涉及本单位工作的方方面面，不能不分主次轻重、面面俱到、分散笔墨，而要抓住重点，即工作中取得的主要经验、发现的主要问题、探索出来的主要规律。对这些重点问题要进行深入细致的分析，谈成绩要写清怎么做的，为什么这样做，效果如何，经验是什么；谈问题要写清是什么问题，为什么会出现这种问题，性质是什么，教训是什么。这样的总结，才能对前一阶段的工作有所反思，并由感性认识上升到理性认识。如果总想把一切成绩都写进去，不肯舍弃所有的正面材料，那么必然会导致文章写得臃肿拖沓，没有重点，不能给人留下深刻印象。总结的选材不能求全贪多、主次不分，要根据实际情况和总结的目的，把那些既能展现本单位、本地区特点，又有一定普遍性的材料作为重点选用，写得具体详细，而一般性的材料则要略写或舍弃。

第三，要具有自身特色。要抓住工作中的特色，一个重要的方法就是在掌握情况的基础上对工作进行对比分析：今年与去年的工作在侧重点、方法、措施、力度等方面有什么不同，所取得的效果又有什么不同，而这些“不同”就是工作特色。另一方面，任何单位和个人在开展工作时都有自己一套不同于别人的方法，写总结时要认真分析、比较，写出自己的特色。

第四，要客观真实。总结是对前段社会实践活动进行全面回顾、检查的文种，因此，总结所列举的事例和数据都必须完全可靠、确凿无误，任何夸大、缩小、随意杜撰、歪曲事实的做法都会使其失去应有的价值。尤其需要注意的是，总结的目的在于应用、发展和提高。“成绩不讲跑不掉，问题不讲不得了。”在总结成绩的同时，要客观地查找工作中存在的不足和问题，以警示今后的工作，少走弯路，切忌“报喜不报忧”。要正确地反映客观事物的本来面目，找出正反两方面的经验，得出规律性认识，这样才能达到总结的目的。

第二节　两种主要工作总结的写作要点

一、全面工作总结的要点

全面工作总结，是指某一个组织对计划期内的全面工作进行的总结。它可以是一个地区，也可以是一个单位、一个人在对各方面工作清醒地回顾评估的基础上，权衡得失，对全局工作作出的总体评价。全面性总结一般以一个年度为时限，如各机关、企事业单位的年度工作总结；也可以某项工作的某个时间段为时限，如某地区五年规划执行情况的总结等。

（一）全面工作总结的特点

全面工作总结突出的特点就在“全面”二字，涉及这个组织方方面面的工作，不能有所遗漏。如果是一个政府的工作总结，其范围应包括经济建设、文化建设、社会建设及政府自身建设等分系统，而经济建设又包括工业、农业、财政、金融、外贸等子系统。如果是一个企业的总结，其范围就要包括生产、经营、销售等。

全面工作总结涉及面广、信息量大、关注程度高，这就要求写作者必须具备两方面的能力：一是具有总揽全局的视野与能力，要在掌握各方面材料、熟悉各方面工作、了解各方面形势现状与走势的情况下落笔。否则，不管把哪方面工作遗漏了、疏忽了，或者对哪个方面的工作没写清楚、没写透彻，都会有人提出意见，产生一定的负面影响。二是要求作者具有综合概括的思维与笔力。对于重点工作、主要工作，既要集中笔墨又要高度概括、提纲挈领，而对其他方面的工作则可以一带而过，做到重点突出而不平分秋色。

（二）全面工作总结的写法

全面工作总结一般由标题、正文和落款三部分组成，正文又分开头、主体和结尾三部分。

全面工作总结的标题通常分为单标题和双标题两种。单标题又可分为公文式标题和文章式标题。公文式标题格式为“单位名称 + 时间期限 + 总结内容 + 文种”，如《× ×企业× ×年生产工作总结》等。有的公文式标题中不出现单位名称，如《× ×年教学工作总结》等。文章式标题一般是以单行标题概括主要内容或基本观点，一般标题里不出现“总结”二字，比如《技术改造是振兴企业之路》。双标题是同时使用上述两种标题，一般正题采用文章式标题，副题采用公文式标题，如《构建农民进入市场的新机制——××地区发展农村经济的实践与总结》《开足马力 保持第一——××公司2019年度工作总结》。

全面工作总结的落款方式有两种：一种在文末的右下方署上单位名称或个人的名字及写作时间。如果标题中已有单位名称的，只注明日期即可。另一种，在标题下署上总结单位的名称或个人的名字，完成总结的日期可以省略，公开发表的总结常用这种署名方式。

下面主要介绍正文的写法：

一是开头要简洁概括。全面性总结的开头，一般都采取高度概括的写法，或概括所取得的工作成绩，或对工作进行总体评价，或提炼工作的基本经验。另外，工作经验类的总结，一般要概述单位的基本情况，简明、突出地介绍所取得的成就和荣誉。

二是主体要充实有序。对于一篇总结来说，最起码的要求是能够条理清晰地列出一定时期内所做的工作，也就是所谓的“大事记”；进一步的要求是能将所完成的工作进行分类归纳，材料的组织符合事理逻辑或思维逻辑，充实有序；再进一步是在分类的基础上进行抽象概括。在抽象概括的过程中就涉及主次轻重的问题，至于概括到什么程度，要根据总结的性质和类别而定，原则是涉及的工作面越多、覆盖区域越广的总结，它的概括性就越强。做好这一步还不够，还要在此基础上找出规律、总结出经验，提炼出理论，这是对总结的最高要求和价值衡量标准。

全面性总结的结构主要有横向结构与纵向结构两种形式。横向结构也可以说是总分结构，即在导语部分进行简要概括后，主体部分按照构成要素并列组织材料，各分项之间是横向的并列关系，共同支撑着导语部分作出的总体评价。横向结构的好处是视野宽阔，展示全面。纵向结构是指按照人们的思维习惯或事物发展的自然顺序组织材料，循序渐进，次第深入。纵向结构的好处是自然顺畅，比较符合人们的接受心理。在总结中常用的“总体评价——主要做法——基本经验——存在问题”的写法，就是这种纵向结构的集中体现。

此外，也有横向结构与纵向结构并用的情况，这样安排的好处是既能给人以过去工作全景式的展现，也能帮助人们对过去工作进行系统梳理，对工作形成规律性认识。如，某局在简要叙述了各处室全年主要工作之后，又对全局一年工作的特点进行提炼概括。

总结中最难写也最重要的地方，就是对具有普遍指导意义的“经验体会”的归纳提炼。成绩收获是感性的东西，而经验体会是理性认识。经验是从相应的成绩中总结而来，因此必须善于从各种材料中提炼观点，将感性认识上升到理性认识，使其具有指导意义。这一过程虽然难度大，但也有规律可循，我们可以将其归纳为“三步法”：第一步，从收集到的大量材料中抓主题，确定方向；第二步，找到共同的成绩、做法，进行综合；第三步，列出观点，真正反映该项工作的某种规律和指导意义。

在实际写作中，经验的提炼应该先于具体的写作，也就是说在预先构思时，就要从收集到的材料中把规律找出来。工作涉及方方面面，因此需要预先分类，一是按大的工作项目分，把所取得的成绩列出一些比较主要的、独立的项目放在一类里，这种分类对应关系相对单纯一些。另一种是按同类项合并的方法分，就是把同类性质的工作放在一起，比如，如果写教育管理工作的总结，虽然涉及的各单位不同，但工作中都涉及管理问题，把这方面内容归为一类再进行总结提炼。有了基本的分类，规律就比较好找。至于具体的落笔，可以按照总结写作的模块要求，先写成绩收获，再顺势推出“我们的经验是……”，或者将成绩和经验结合在一起，先摆出经验、认识，上升到某一高度，再谈具体的做法、取得的效果。

在对过去一段时间的工作成绩进行回顾总结，对过去工作的经验体会进行总结提炼后，也要对工作中存在的差距和不足进行评述。

三是结尾要富有张力。全面性总结一般都有结尾，或对经验加以提炼概括，或针对存在的问题提出改进的意见，或提出下一步工作打算，或表明态度。总之，要给人们留下想象空间，展望未来，满怀信心，表示决心，争取更大的成绩。

二、专项工作总结的要点

专项工作总结是针对某一项具体的活动或工作所作的总结，一般可分为两类。一类是日常某项工作的总结，如财务工作总结、工会工作总结等；另一类是临时性、阶段性的一项任务或活动的总结，如某次会议的会务工作总结等。

（一）开头

专项工作总结通常是为了贯彻上级的精神，其开头可以直接交代总结的目的，接着对整个工作进行概括和评价。

（二）主体

如果是上级布置开展的某项工作，在撰写总结主体部分时一般应该具备“重视程度——具体措施——实际效果”这三个方面的内容。第一部分是日常年度总结中不一定写到的，在专项工作总结中却不可缺少，要写充分、写具体。

一是重视程度。对于上级布置开展的工作或活动，总结时首先要讲到本单位的重视程度。这个重视包括思想认识上的、组织上的和行动上的。可以是学习、宣传，可以是成立领导机构、确定负责人，可以是制定工作的方案和步骤等，这些内容都可以放在这部分写。

二是具体措施。这部分要写工作开展的过程和做法，既可以是一个层次，也可以是多层次。

三是实际效果。效果和成绩方面的内容可以和措施合在一起，也可以单独作为一个层次。

当然还有其他的写法。有的专项工作总结是按照工作的进程一步一步从头写到尾的。这种写法突出的是工作的过程。

（三）结尾

专项工作总结的结尾以自然结束为主，即写完最后一部分的措施和效果就自然结束，无需再另起一段结尾。

第三节　高质量工作总结的特点

我们在前面介绍了工作总结的性质、特点和不同类型的工作总结的写作要点，接下来探讨下如何写出高质量的工作总结。先欣赏一篇优秀的工作总结：

范文

凝聚发展共识 汇聚青春力量 推动滨江共青团工作高质量发展

——共青团滨江市委2021年工作总结

2021年以来，共青团滨江市委坚持高举中国特色社会主义伟大旗帜，坚持以习近平新时代中国特色社会主义思想为指导，全面贯彻党的十九大和十九届历次全会精神，深入学习贯彻习近平总书记重要讲话重要指示精神，以推动高质量发展为主题，不断夯实工作体系，着力促进共青团滨江市委工作取得新成效。

一、紧抓关键，对标要点，集中精力做好五项重点工作

（一）认真学习宣传贯彻党的十九大、十九届历次全会精神和习近平总书记“七一”重要讲话重要指示精神

运用团市委“两微”平台广泛宣传党的十九届五中、六中全会基本情况、重大意义，更好地学习党的理论和主张。通过线上线下的形式，组织全市各级团员青年、少先队辅导员、少工委主任举办理论研讨班学习宣讲总书记重要讲话重要指示精神，累计开展学习宣讲活动30余场次，有效引领少先队员成长为担当民族复兴大任的时代新人。

（二）广泛开展庆祝建党100周年主题宣传教育实践活动

一是以“庆”促学，掀起党史学习热潮。紧紧围绕庆祝中国共产党成立100周年、

中国共青团成立99周年，开展系列庆祝活动。举办“学党史、强信念、跟党走”演讲比赛、“我把诗歌献给党”滨江赛区颁奖晚会、“红领巾心向党”主题队日示范活动等不同形式的活动，带领青少年知史爱党、知史爱国，掀起浓厚的党史学习热潮。

二是以“学”促悟，确保党史学习教育入脑入心。在团市委微信公众号、青春滨江电台策划推出“中共滨江历史微诵读”栏目和“丰碑永恒——先进共产党员风采展”党史学习教育专版，为团员青年学习党史提供丰富资料。开展“学党史、强信念、跟党走”线上党史知识有奖竞赛活动，以测促学，有效检验党史学习成效。组织全市少年儿童参加“诵读红色经典、争做强国少年”“红领巾爱学习”主题活动，有效强化了团员青年坚定跟党走的思想自觉和行动自觉。

（三）开展“我为青年办实事”活动

以“我为青少年办件事”为抓手，重点启动了滨江市青少年宫迁建项目的筹建工作，经过不懈的努力，目前已经完成迁建选址、土地划拨及前期费用拨付等十多项工作。规划二宫建设占地50亩，建筑面积4.4万平方米，设置了文化艺术教育、科技类教育、课外实践和拓展训练，整合了少先队实践基地、团校建设、青年服务中心等8类175间功能室，届时可容纳近万名少年儿童同时活动。积极组织实施“希望小屋”儿童关爱项目，向农民工子女相对集中的9所中小学捐助了价值约5.4万元的远程视频授课设备、图书、益智棋类等学习娱乐用品，结合流动少年宫广泛开展才艺学习、科学实验、体育训练等活动，让“希望小屋”建起来、活起来，真正成为孩子们心目中的成长乐园。

（四）深化共青团改革

一是推动《中共中央关于全面加强新时代少先队工作的意见》《关于进一步加强和改进全省中学共青团工作的意见》在滨江的落实。启动了滨江市少先队工作大调研，组织少先队辅导员、校长代表召开《意见》的专题学习和座谈研讨会，形成调研报告。召开了滨江市教育团工委大会，联合市教育局下发了《关于加强县级教育团工委建设的指导意见（试行）》《关于加强县级少工委和学校少工委的通知》《关于进一步加强和改进全市中学共青团工作的意见》，实现了市县两级教育团工委、少工委组织100%全覆盖。试点推行市直中学团委书记岗位专设，教育团工委书记担任同级团委挂职或兼职副书记，着力加强团教协作，有效发挥了学校团组织基础性、源头性、战略性作用。

二是结合镇村两委换届工作推进基层团组织建设星级评定工作，通过基层自评、县级复核、市级验收，评选出“五星”级团队组织15个、“四星”级团队组织13个，成立少先队名师工作室2个，有效促进了基层团组织争先创优积极性，为2022年实现团基层组织“大活跃”奠定坚实基础。

（五）全力做好全运会等大型赛事活动的志愿服务工作

广泛动员全市各级团员青年参与全运会志愿服务工作，依托滨江大学、滨江职业技术学院招募赛会志愿者318人，提供了赛事服务、礼仪引导、新闻宣传、安检保障、疫情防控等志愿服务。围绕23个城市志愿服务站点建设，招募城市志愿者1150名，圆满完成了全运会志愿服务工作，充分发挥了志愿者“来之能战、战之能胜”的青年生力军和突击军的作用，受到了上级领导、参赛运动员的一致认可和好评。

二、夯实宣传工作，强化青少年思想政治引领

（一）深化青年大学习行动

建立“分管领导县区包抓”制度，积极动员青联委员、青年文明号企业、各类青年社会组织成员参与青年大学习，经过市县两级团委共同推动，滨江青年参与学习人数从最初的几千人上升为每期11万余人，据团省委统计，我市参与学习人数位于全省各地市第一，学习参与率稳居全省前三名，青年大学习的参与率和覆盖面空前高涨。

（二）推进青年讲师团计划

在原有35名优秀青年讲师的基础上，今年吸纳了“滨江市十大杰出青年”“滨江好人”以及在党史学习教育中表现突出的人员充实讲师团力量，深入全市各县区学校、企业、社区、乡镇、部门开展党史学习教育市级示范宣讲活动28场次，指导县级讲师团开展各类宣讲活动135场次，有效的引导团员青年从党的百年奋斗伟大成就中感悟信仰力量。

（三）深化青少年社会主义核心价值观培育践行工作

通过举办红色研学活动、征文活动、“唱红歌 感党恩 跟党走”歌唱比赛等丰富多彩的主题活动，进一步引领团员青年传承红色基因，践行“请党放心，强国有我”的铮铮誓言。举办“学党史、强信念、跟党走——党的故事我来讲 争做红领巾讲解员”主题教育实践活动，结合全运会志愿服务活动，组建市县两级“红领巾小小讲解员”队伍，利用节假日、周末常态化开展志愿讲解，传递“滨江好声音”。

（四）加强网络舆论引导

结合党史学习教育和青年关心关注的热点，对官微进行了专栏新设和升级。截至目前，团市委官微累计发文2716篇，其中原创56篇，粉丝数173230名，官博累计发文54273篇，粉丝数22123名。“两微”活跃度一直保持在全省地市级前三强，多次位居第一，利用新媒体矩阵加大了共青团思想政治引领的牵引力。

三、夯实服务体系，动员青年建功新时代

（一）助力滨江经济高质量发展

组织市青企协赴县市区开展“访创业精英、聚发展共识”调研活动12场，走访

企业50余家，广泛聆听青年企业家心声和诉求，搭建了交流合作的平台。举行第三届市青企协会员代表大会，招募新一届会员充实协会力量，并围绕全市经济金融发展工作，邀请市领导做专题讲座，积极引导滨江青年企业家投身滨江转型升级高质量发展主战场。

（二）巩固拓展脱贫攻坚成果同乡村振兴有效衔接

组织团员青年参加网上培训班、农村青年致富带头人培训班、电商直播人才培训班、助力“乡村振兴”青年创业培训等，累计培训3600余人次。最大化的发挥社会化组织优势，举办“我和我的家乡”青年网络活动宣传活动、“青创农品集”直播带货活动，助力销售农产品48万元。建立乡村振兴大病救助站，为大病患者筹集资金30万元。引导青春榜样讲好乡村振兴青春故事，激发更多青年人才在乡村广阔天地大施所能、大展才华。

（三）助力疫情防控

面对复杂严峻的疫情防控形势，通过线上宣传和线下招募相结合的方式，发出“青年志愿者招募令”，全市累计招募青年志愿者2773名，组建疫情防控青年突击队58支，下沉青年干部895人，充分发挥突击队生力军作用。开展“滨江全民核酸检测实战演练”专项志愿服务，积极投入到场地搭建、系统调试、秩序维护、信息登记、政策解读、后勤保障等各个工作环节，有效助力我市圆满完成全员核酸检测。充分发挥团属媒体矩阵作用，累计发送倡议书和疫情防控工作相关文章20篇/次，累计阅读量6100余次，微博累计阅读量5800余次，有效发挥了团组织的引领力和凝聚力，全力筑牢疫情防控共同体。

（四）服务青年创新创业创优

深化“创青春”系列活动，创建市级“青年文明号”集体36家、标兵7家，青年岗位能手35人，青年安全生产示范岗26家，充分发挥“岗号队手”的示范导向作用。结合新经济、新产业、新职业发展，开展无人机课程培训，为广大青年就业创业打开“新窗口”。动员98家企业参与青年人才线上招聘会滨江专场，提供岗位7455个，有效助力青年择业就业。

下一步我们将继续坚持高举伟大旗帜，坚持以思想引领为根本任务，以服务大局为工作主线，以服务青年为工作导向，团结带领广大团员青年为奋力推动滨江高质量发展，谱写壮丽青春篇章。

这是一篇工作总结的上乘之作，主要体现在：第一，标题醒目。大标题“凝聚发展共识 汇聚青春力量 推动滨江共青团工作高质量发展”不落俗套，气势磅礴；小标题概括精炼、形式工整、主题明确。第二，逻辑清晰。比如文章按“紧抓关键，对标要点，集中精力做好五项重点工作”“夯实宣传工作，强化青少年思想政治引领”

“夯实服务体系，动员青年建功新时代”三个方面点线面相结合的逻辑推进，层次清晰，层层递进。第三，实例丰富。一眼看去全是例子，一篇总结用了大量的数据来说明问题，比如“团市委官微累计发文2716篇，其中原创56篇，粉丝数173230名，官博累计发文54273篇，粉丝数22123名”。从中可以窥见实事求是的工作态度和作风。第四，提炼精练。虽然大量列举实例，作者并未忽视观点和语言的提炼，比如“组建市县两级‘红领巾小小讲解员’队伍，利用节假日、周末常态化开展志愿讲解，传递‘滨江好声音’”“有效发挥了团组织的引领力和凝聚力，全力筑牢疫情防控共同体”等。

因此，这就启示我们，要想写出高质量的工作总结应该做到以下几个方面：

一、要言之有物

首先，就内容层面而言，工作总结要言之有物，要有实实在在的内容，不能干瘪空洞。但需要注意的是“有物”，并不意味着面面俱到，而是必须进行必要的概括和提炼，选取最合适的角度来对工作成绩和经验进行梳理。那么，如何选取合适的角度呢？对此，有人总结了八种方法，现摘录如下：

一是根据工作职能进行总结。这是一种最主要的总结角度，常用于年度工作报告，用于对工作进行全面总结。

二是根据工作思路进行总结。如果工作思路与众不同或别有创新，也可以围绕工作思路来总结。总结五年规划制定工作，在回顾做规划的思考准备和理论依据时，从这几个方面总结：一是适应经济新常态，认真转变发展观念；二是认清行业新趋势；三是抢抓改革新机遇；四是把握有利因素。这样就能把工作背后的思路阐述得非常清楚。一般来说，用这种角度来总结工作，效果好坏主要取决于思路是否清晰、深刻、新颖。

三是根据工作特色进行总结。这种方法常用于专项工作的经验介绍，对执笔人要求比较高，不仅需要充分掌握材料，还要有一双善于发现的眼睛，能从大量的资料中挖掘出闪光点来。

四是根据采取的工作措施进行总结。这也是很常见的方法，主要用于对某方面的工作进行总结。

五是根据开展工作的时间进行总结。这种方法一般用于对专项工作进行总结。这种方式能完整描述整项工作的全貌，但缺点是重点不突出，特点不明显，写不好很容易成为流水账，难以给人留下深刻的印象。

六是根据“关键词”进行总结。中央精神和上级公文中往往会提出一些新的理念，出现一些热点词汇。合理利用这些热点词汇来总结工作，既可以体现时代气息，又可以提升文章的高度。

七是根据参与主体来总结。当某方面工作或某个重大项目完成后，一般都要召开会议，总结工作，表彰先进。这种场合的总结部分，往往围绕参与该工作的各主体来构思。

八是根据解决的问题来总结。在总结工作时，针对解决的问题来归纳，往往也会取得很好的效果。①

当然我们在实际的写作过程中，这八种角度并不是单独使用，而是根据实际情况综合运用。一旦找到最合适的角度之后，我们还需要注意以下几点：第一，要重视调查研究，要充分熟悉情况，避免以偏概全的情况。第二，要坚持实事求是的原则，是成绩就是成绩，是不足就写不足，不能弄虚作假。第三，工作总结重点是突出工作经验，经验就是符合客观规律的科学做法，或称好办法。这样总结出来的经验最好，人们愿意听也愿意看。此外，还要注意适当地使用数据和事例来增强说服力。上述范文就是一个很好的例子。

二、要逻辑清晰

一般来说，一篇好的工作总结在结构上应符合条理清晰、层次得当、结构有序、布局合理的标准。关于工作总结的构成，大家都知道主要由标题、正文和结尾三部分组成。标题和结尾已经在前面介绍过了。这里再重点强调下正文部分的写作。

在写业绩总结的时候要简明扼要，将主要业绩指标和重要工作完成情况总结好。工作亮点总结、分析要到位，特别是工作当中的具体做法、措施、成果、影响、启示。困难和问题要概括准确，特别是要找到问题的深层次原因，找到问题的根源所在，并且要注意区分主客观。工作部署的时候要有全局意识，措施要具体到位，并且注意可操作性，以便为今后工作的开展提供有效的指导。

此外，在写引言的时候，要简短。迅速入题，不拖泥带水。写总结的时候，要全面，更要精炼，业绩尽量要全面，亮点一定要突出。写不足的时候，要找准找对，要写深入，写透彻。写改进的时候要写实在，要有具体的办法、措施和步骤。总之，要避免头重脚轻、面面俱到、平铺直叙、就事论事的情况。

三、要有目标导向

工作总结要想发挥出它的价值所在，那么在撰写的过程中，就要明确几个方面：

第一，要明确工作总结的受众。不同的对象，文风、素材和框架就不同，这是由不同受众的兴趣点所决定的。比如，同样是关于工作总结，上级部门想看到对未来工

① 胡森林：《公文高手的修炼之道》，人民邮电出版社 2018 年版，第 116—118 页。

作的目标和具体措施，主管部门想知道的是工作中有哪些值得借鉴的经验，兄弟单位想听到的是对工作中发现的问题和解决的思路，专家则想了解工作中的创新之处和具体成果，至于客户可能更想知道工作中出现问题的解决办法和配合要求。所以，写总结的时候，就要有明确的目标导向和受众意识，学会换位思考，从对方的角度来思考问题，撰写文稿。

第二，要明确工作总结的适用场合。不同的场合和情景，总结的目的是不同的。如果是一份年终总结，那么它更多的是需要总结过去一年的得失，为来年做好安排；如果是一份项目总结，那么它可能需要预判风险，思考应对之策；如果是阶段性工作总结，则要分析完成目标需要哪些资源保障，如何更有效地推进。

第三，要明确工作总结的结构框架。究竟哪种框架最合理，要避免写成流水账，就要提前想好，是面面俱到还是以点带面，是一分为二还是抓大放小。要明确工作总结的结构框架。

第四，要明确工作总结的数据使用。工作总结中适当地使用数据，会给人留下醒目而深刻的印象，增强说服力。那么究竟是使用定性还是定量数据呢？这也是我们需要思量的，通常而言，定性数据往往弹性很大，谁能够概括得更给力，总结得更深刻，谁就更出彩。定量数据相对更客观，更准确。在实际情况中，要考虑清楚。

四、要有创新意识

工作总结想要写的让人印象深刻，过目不忘，就不仅要在内容上、结构上下功夫，还要写得有新意。工作总结要有新意，首先，标题要新。就是标题能吸引读者眼球，让人既有一探究竟的冲动，又能深刻理解文章内容。其次，形式要新。文无定法，虽然工作总结有相对固定的格式，但并不是一成不变的，为更好地体现内容，使文章更有可读性，形式上可以适当予以创新。最后，内涵要新。要在总结经验的基础上以新思维、新视角提出可行的思路、措施，体现创新的思想和办法，为单位工作开辟新局面提出好的建议，当好参谋。

比如，有人曾受命写一篇干休所为老干部服务的工作总结。常规思路都是写如何为老干部服务的工作经验，就是围绕工作人员如何为老干部服务这个主题去写。但如果这样写的话，一方面主题有些重复，另一方面还显得单调，没有新意。于是，撰稿人就换了一个思路，写老干部为干休所建设服务，并举出了大量事例加以说明。比如：建设干休所时，老干部主动站出来帮助他们出主意、想办法；干休所资金紧张时，老干部就主动拉起平板车去收废品，卖废品，为干休所建设增加收入；工作人员生病的时候，出身军医的老干部深更半夜登门治疗，还帮助护送其到医院救治；等等。通过这样一种“颠倒”写法，既写出了老干部的精神风貌，也写出了建设干休所的风采。不仅衬托出工作人员如何全心全意为老干部服务，也证实了干休所在发挥老干部的作用方面很有远见。这个材料就是在深入发掘中写出来的，很有创意。报上去，就被上级选中了。[①]

延伸阅读

工作总结和述职报告的区别[②]

工作总结与述职报告都是谈经验、教训，都要求事实材料和观点紧密结合，但两者之间还是存在本质的区别，具体表现为以下几点：

一、概念不同。工作总结是我们对做过的某一阶段的工作进行系统的回顾、分析，从中找出收获、经验、教训及带有规律性的认识的一种事务文书。述职报告则是各类公职人员向所在单位的组织、人事部门、上级机关和职工群众，如实陈述本人在一定时期内履行岗位职责情况的一种事务文书。所谓述职是陈述职守，报告职责范围内的工作，而不涉及与本职无关的事。

二、目的不同。工作总结是总结出带有规律性的理性认识，借以指导今后的工作，同时，也有助于针对性地克服工作中存在的问题，不断提高自身的工作能力。述职报告则是群众评议组织、人事部门考核述职干部的重要文字依据，不仅有利于述职者进一步明确职责，总结经验、吸取教训、提高素质、改进工作，还有利于增强民主监督的良好风气。

三、回答的问题不同。工作总结是对一项或一段时间里工作给予的归纳，主要回答的是做了哪些工作，有哪些成绩，取得了哪些经验，存在哪些不足，要吸取什么教训，今后有哪些打算等问题。述职报告则要回答的是有什么职责，履行职责如何，是如何履行职责的，称职与否等问题。即要表述履行职责的结果，展示履行职责的过程，又要介绍履行职责的出发点和思路，还要申述处理问题的依据和理由。

此外，两者的结尾也不同。述职报告结束时一般在指出存在的问题后，阐述自己的态度，欢迎大家对自己的述职报告进行评议。常用“以上报告请批评指正”“述职至此，谢谢大家”“专此报告，请审阅”等字样。而工作总结结束时即在指出存在的问题后，还要写上下一步的工作打算、努力方向及解决问题的措施。

我们只有把握他们之间的区别与联系，才能更好地充分发挥这两种应用实用文体的作用。

---

① 隋福军：《如何让工作总结写作富有新意》，《应用写作》2012 年第 4 期。

② 本节内容重点参考了以下文献：吴黎宏：《述职报告莫写成工作总结》（原载《秘书工作》2020 年第 11 期），张冠英：《工作总结与述职报告比较谈》（原载《应用写作》2010 年第 10 期）。

课后实践练习

请仔细阅读这份总结，指出它存在哪些问题，并进行修改。

2016 年度政务公开工作总结

2016 年，市代建局政务公开工作在市政府办的正确领导下，坚持以党的十八大和十八届三中、四中、五中、六中全会精神，自治区党委十一届七次、八次全会精神，市委十三届六次、七次全会和第十四次党代会精神为指导，紧紧围绕《××市委办公厅××市人民政府办公厅印发〈全面推进政务公开工作的实施意见〉的通知》及《××市人民政府办公厅关于印发××市2016 年政务公开事实方案的通知》等公文要求，以公正便民、勤政廉政为基本要求，切实推行了政务公开工作，现将我局 2016 年政务公开工作情况报告如下：

一、加强领导，完善政务信息公开机制

为使政务公开工作不流于形式，不走过场，我局着眼于建立政务公开长效机制，使政务公开成为一种自觉的意识和行为。一是加强和完善领导机制。我局成立了政务公开领导小组，由书记×××、局长×××任组长、副局长×××、××任副组长，各科室负责人为成员，领导小组下设办公室，由局综合科负责日常工作。二是建立健全各项制度。我局通过编制《××市代建局政府信息公开目录》《××市代建局政府信息公开实施方案》《××市代建局政府信息公开指南》等一系列公文，明确政务公开的内容、形式和制度，做到工作有计划、有安排。从而确保了此项工作有程序、有计划的顺利开展，为以后进一步做好政务信息工作奠定了坚实的基础。

二、加强宣传教育，增强对政府信息公开工作的重要性认识

我局多次组织全体干部、职工学习政务公开的有关规定，明确把此项工作作为全局加强作风建设的一项重要内容来抓，并要求全局各科室、各个工作人员要把此项工作作为本科室的一项基本工作抓紧、抓实。要积极协助配合办公室，及时上报公开内容，把政府信息公开工作上升到全面加强机关作风建设的高度上认识，全面完成各项任务。

三、推行政务阳光透明，提升公开实效

一是加快推进决策公开。建立健全行政决策法定程序，确定不能公开的要及时做好解释说明工作。建立健全预先审查和预先公开制度，把能否公开、怎样公开、在什么范围公开等作为必须审核内容；对不能公开的事项说明理由，准确把握公开的内容、范围、形式、程序、时限等；并建立了政务信息公开责任考评制度，实行重大事项决策征询制、执行监督制和结果通报制，推动了政务信息公开工作制度化规范化发展。二是加快推进执行公开。推进重大建设项目执行情况公开，对于我局项目的审批结果，招投标，项目进展，设计变更，质量安全，以及竣工验收等信息进行适当的公开。其中信息涉及两个以上单位，其中任何一个单位公开该信息前，都应当与所涉及的其他单位进行沟通、确认，保证公开的信息准确一致。三是加快推进服务公开。简化优化办事程序，及时编制修订和发布办事指南，通过我局政务网站，局内宣传栏，以及综合科办公人员的引导让办事人员能用最快的速度办好事。四是建立政府信息公开责任追究制度。凡应公开而未公开的要限时公开；凡应公开而拒不公开要坚决查处纠正；凡应公开而未公开，造成不良影响和后果的，要追究有关责任人的责任并视情节给予相应的处理。五是深入推进结果公开。我局主动公开重大项目的决策，重要政策的落实，推进“十三五”规划、工作报告、政府决定事项落实情况的公开。公开一段时间后进行跟踪调查，调查落实情况以及所达到的效果，确保实实在在让人民受益。

四、政务公开内容全面、符合要求

在政务公开方面，我局对照上级关于政府信息公开检查的内容对公开的文章进行了认真的审核，公布了网上服务、查询、举报、信访等全面的联系方式，实现了为民服务、信访举报、反映问题和咨询的功能。

五、政务公开及时、准确

为确保政务公开及时、准确，我局制定了电子政务公开制度，要求政务信息在最短的时间内予以公开，明确规定了各科室每月上报政务信息的时限和数量，确保了网上政务信息的及时更新和充实。建立了政务公开审查程序，对公开的政务信息要由科室负责人、主管领导严格把关，保证符合国家法律政策规定，保证公开内容真实有效。同时，建立了监督评议制度，自觉接受社会各界的监督，主动听取群众意见和建议，通过政务公开，听取群众意见，不断改进我们的工作质量，提高办事效率。

六、目前存在问题和不足

虽然我局在政务公开上做了一些工作，政务公开执行情况有了较大改善，但我们认为仍然存在许多不足之处，主要表现在：

一是因人员编制少，无专人专职负责政务公开工作，如遇中心工作，有的事项未能及时公开。

二是政务信息公开途径还不够多，渠道还不够畅通。

三是有的公开内容不规范、不具体，重点不突出，许多应事前公开的内容变成了事后公开。

四是部分栏目建设仍不够完善，没有本单位的综合服务信息网站。

五是仍需进一步学习其他兄弟单位政府信息网站建设的成功经验。

在今后的工作中，我们要继续积极贯彻落实上级有关公文精神，做好本单位政府信息公开建设维护工作，不断完善栏目设置，丰富信息内容。争取建设本单位自己的网站，为建设政府信息公开做出不懈的努力。

××市工程项目代理建设局（章）

2016 年 12 月 7 日

第十四章　调查报告

第一节　对调查报告的基本认识

一、调查报告的概念及特点

调查报告，顾名思义，是在调查研究的基础上，经过认真分析，针对某些工作或问题写出的综合性材料。调查报告除报送上级机关外，有时还公开发表，因此，它要求严格用事实说话，还应特别注意政策界限。

调查报告通常具备以下几个特点：

（一）真实性

真实性是调查报告写作思维最基本、最重要的特点。调查报告写作这一特点要求用事实说话，真实地反应客观现实。调查报告的写作者必备的素质之一就是一丝不苟的科学态度，务实的科学精神和工作作风，不仅报喜，也要报忧，不仅要充分肯定工作成绩，也要如实反映工作中存在的问题。事实必须是真实可靠的，而不是虚假的、歪曲的；必须是具体的，而不是抽象的；必须是准确的，而不是模糊的；必须是完整的，而不是残缺不全的。如果调查报告不能如实反映客观情况，事实不具体，数据不准确，内容不完整，那就失去了它的意义。只有具备严谨、务实、科学的态度，才能写出对现实生活或工作具有实际意义的调查报告。

（二）针对性

写作调查报告必须要有明确的目的、做到有的放矢。要做到有的放矢，首先应该明确所要面对的读者对象。调查报告是写给别人看的，或领导机关，或专业同行，或一般群众。读者对象不同，写作方法就应该有所区别。其次还应该明确所要解决的问题。调查报告是为解决某一问题而写的，或做学术探讨，或供决策参考，或进行思想教育。一份既没有明确读者对象，又没有明确所要解决的问题的调查报告是毫无意义的。一般来说，完成一份调查报告的写作，从开始调研工作，到完成调查报告，要花费较长的时间、较多的人力和物力，而且是针对一些较为迫切的实际情况，解决一些现实生活、工作中的问题而进行的，故其必须具有很强的针对性。在写作过程中，应做到意图明确，中心突出。确切地提出调查报告所要调查的问题，列出所获得的相关事实材料，合理分析问题的原因所在，进而提出切实可行的解决方案、建议或对策。

（三）时效性

调查报告的写作或发表，必须讲究时效。如前所说，调查报告的写作是针对某些存在问题的实际情况，解决某些亟待处理的问题而进行的，如果调查报告的写作或发表延误了时间，错过了最佳时机，没有及时解答读者迫切需要知道的问题，那么调查报告就失去或降低了其应起到的社会功效和作用。

（四）新颖性

调查报告应该引用当前新近发生的事实，并从中提出一些新观点，形成一些新结论。只有这样，才能提高读者的认识、指导人们的行为。如果调查报告经常使用的都是早已为读者所熟知的陈年旧事，提出的观点陈旧落后，形成的结论众所周知，那么，这样的调查报告就失去了写作的意义和存在的价值。

总之，真实性是写作调查报告的基础，是针对性、新颖性、时效性赖以存在的前提条件；针对性是写作调查报告的目的；新颖性、时效性则是针对性、真实性的客观要求。

二、调查报告的种类

调查报告有多种类型，比较常用的有四种：

（一）情况性调查报告

这种报告主要任务是报情况，包括两个方面的情况。一是综合性的情况报告，就是围绕一个专题，采取自下而上地调查方式，或者组织一个调查组，抓住一个专题，既做纵向调查，又做横向调查；既做宏观调查，又做微观调查；既做单层次调查，又做多层次调查，写出全面、系统的情况报告。二是专题性的情况报告。如对某个单位、某个部门、某个人，贯彻执行某一项方针政策，开展某一种活动的情况进行调查，或者对某一个具体事件发生的情况进行调查。这种情况的调查报告，多是供领导参考，也是为领导做决策的一种主要依据，写好了很受欢迎。作为机关工作的同志应多做这种类型的调查，多研究这种类型的调查报告。

（二）经验性调查报告

这种报告主要是总结经验向上级反映或向下级推广。当某一个单位、部门、个人，在某一方面创造出先进经验，机关根据领导的要求和上级有关指示精神，去进行深入调查研究，找出带规律性的东西，加以总结，写成报告，上报下发。这是一种既受领导欢迎，又受群众欢迎的调查报告，也是一种用典型指导工作的有效方法。

（三）暴露性调查报告

这种报告主要任务是通报情况，揭露问题。当某个单位、某个部门或者某个人发生了什么事件，出了什么问题，犯了什么错误，机关有关部门，根据领导的要求和上级的指示精神，通过调查核实，写明问题发生的过程、形成的原因，造成的危害以及应吸取的教训。这种类型报告，政治性、原则性强，要求结构严密、文字准确，写作难度比较大。必须秉持对人、对事业高度负责的精神，严肃认真地写好这类报告。

（四）新生事物调查报告

这类调查报告主要调查现实生活或工作中涌现出来的具有典型意义的新生事物，通过对其产生、发展过程的阐述，让人们了解其特点、意义及成长的规律，从而给予关注和支持。新生事物往往预示着事物的发展方向，对推动具体工作的开展具有不可低估的作用，相应地，写好这类调查报告也尤为重要。

第二节　调查报告的写作要点

一、调查报告的基本模式

调查报告一般由标题、正文组成，其中正文通常包括前言、主体、结尾三个部分构成。下面介绍各部分的写作要点：

（一）标题

调查报告的标题常见的有三种形式：

1. 公文式标题

即“单位名称＋关于＋事由＋调查报告”，或者“关于＋事由＋调查报告”，或者“事由＋报告”构成。

2. 文章式标题

可运用设问式、判断式、陈述式，如《为什么大学毕业生择业倾向沿海和津京地区》也可以运用比喻、对比、应用等修辞手法，以形象化的语言拟写标题，增强文章的感染力和吸引力。

3. 新闻式标题

即正副标题相结合的方式，正标题突出思想性，副标题体现指向性，说明调查对象、内容、范围和研究的具体问题。这类标题的特点是前虚后实。比如《一元钱就近看病——来自××市医改的调查报告》

（二）正文

前言可以是全文提要，也可以是概括介绍。一般介绍被调查对象的基本状况，如调查的对象、背景、目的、方法步骤等。有时概括正文内容或点明主旨。对一些重大问题的调查，往往要交代清楚调查目的、时间、地点、对象、经过、范围、方式和结果，概述文章的主要内容，以便读者对调查的基本情况和主要内容有一个概括的了解。如果只是用于向领导汇报调查报告，多是采用常规性导语；如果要见诸报刊的调查报告，通常采用自由式。也可根据实际情况，拓展新法。

主体是调查报告的主干部分，是全文的重点。主体包括两项内容：基本事实和得出的结论。基本事实一般包括事件的发展过程、原因与结果、典型案例等。拟写这部分内容，要求具体写明人物、时间、地点、数量，有时还要使用当事人或当地的特定语言，以确保调查报告的真实性、准确性；观点结论是指在调查事实的基础上得出的结论，是分析调查事实得出的实质性看法，有时还包含建议。它是开展调查所获得的结果，是读者最想了解的主要内容。主体通常是按照事物的逻辑顺序，把调查的基本内容，分成互相联系的几个问题来写。按逻辑顺序写能给人以真实、亲切的感觉，看起来很自然。

结语是调查报告的结束语，是对调查报告正文的总结。调查报告结尾要注意与开头相呼应，使结构完整、统一。这部分常常对调查报告的基本观点或结论加以强调，或提出希望与建议。不同类型的调查报告有不同的写法，常见的主要有五种：一是总结全文，升华主题，加深印象；二是表示决心，展望远景，增强信心，鼓舞人心；三是指出存在的问题，找出差距，迎头赶上；四是提出新问题、新见解、新理论、新意见，引人深思；五是提出希望与建议，促使问题尽快解决。从收集的资料看，经验性的调查报告，很少专写一段结束语，多是借用主体部分最后一段作为全文的结束语。但情况性和暴露性的调查报告，一般都要专写一段结尾。有的是为说明当事人、领导、党组织，对问题的重视程度，处理结果的意见。有的是为前后照应，以进一步表明作者的立场、态度。

二、写好调查报告的六个步骤

写调查报告是一项十分艰苦的脑力劳动，必须按逻辑顺序动笔，按步骤进行，无论写哪一种类型的调查报告，都应该按照六个步骤进行。

第一步选好主题。这是起决定作用的一步，抓不住主题，会前功尽弃。主题是调查报告的旗帜，是中心思想，是生命力。主题选得好就能吸引人、说服人。也就是说，主题选得好，报告的生命力就强。既然这么重要，就应在选主题上下苦功夫，选不到理想的主题决不走第二步。选主题，不是天马行空的乱选，而是要紧紧围绕调查得来的全部资料选。通过对资料的认真分析，刻苦思考，找出带有规律性的东西，得出正确的结论，确立报告的主题。

第二步确定格式。就是讨论研究主体部分采用什么格式。是数字和小标题并用，还是只用小标题？如果用小标题，又用什么小标题？如不用小标题又采用何种形式处理？有经验的撰稿人都知道，主体部分不用小标题，一般是遇到了难题，只好采用省事的办法用数字加括号断开，或者什么都不用，按照事物的发展规律，一段、一段地写。要想写好小标题，就必须要知道，主体部分的小标题要求是很高的，它要求对报告各个段落层次起画龙点睛的作用，要对主题思想起逐步深化的作用，对全篇文章起一目了然的作用。

第三步做好分工。主要是根据参加调查的人数、素质和报告的格式，将报告的几个部分、若干问题，落实到人或组。人多可以以组为单位定任务，人少可以按人头和素质定任务。在区分任务中，要注意两个问题，一是坚持能者多劳的原则。动员和鼓励写作能力强的同志或小组多承担任务。二是在分配题目的同时，做好事例、观点、叙述方式的分工。防止写起来，全篇报告一个模式，前后内容重复。这是一步很细致的工作，要舍得花时间和精力。主持拟写报告的人，如果在这一步上图省劲，汇起稿来就会费劲。

第四步分头拟写。一般地说，写调查报告不比给领导写讲话那样时间急，时间相对比较充分，也比较自主，可以采取分头拟写的办法。这是关键的一步，如果这一步没做好，其他的那些步骤就会无济于事。因此，参加拟写的每一个同志，在这个时候，都要以一种对工作极负责的精神，以一种主人翁的责任感，使尽全身招数，写好自己所负担的任务。也就是说在分头拟写中，要充分发挥自己的聪明才智，写好自己所担负的题目，自己不满意，决不交稿。要自觉地严格要求自己，在实践中考验自己，提高自己。

第五步集体会审。这一步主要是在分头写出草稿的基础上，主持人把大家的草稿集中起来会审。会审的通常做法是，先按照报告格式前后的排列顺序，由主笔人先念一遍，使参加拟写的每一个同志，对草稿全文有一个整体概念。而后按报告格式的先后顺序，由主笔人念一个部分，大家评论一个部分，或念一段，议一段。会审的任务，主要看分头拟写的第一个部分是否反映了按照这个总的要求，看哪一部分可以交稿，哪一部分还需要修改，修改什么，怎么修改，群策群力，发表具体的意见和建议。如果不需要动“大手术”，修改的只有一两个问题，一般就不做第二次会审。如果大部分问题需要做较大的返工，就需要来第二次、甚至第三次会审，达不到要求，决不放过。这样严格要求，既是对工作负责，可以保证质量，又是对机关干部负责，可以把集体会审的过程变成对机关干部业务培训的过程，不断提高业务素质。

第六步集中通稿。这一步是主持人在大家分头拟写的基础上，把各部分集中起来，从头到尾做一次细致的把关、定稿工作。任务是取消重复的、多余的内容，调整不科学的顺序，纠正片面性，深化基本思想，润色各段文字。主持人在通稿中，有时因为时间紧，要求急，或者因分工某一题目的同志的素质低，写起来比较吃力，主持人可以早点动手，按照既定的格式和会审的情况，拟写好一部分就“通”一部分，写好一个问题，就修改一个问题。但大多数情况下，是在各部分拟写好之后，再进行通稿，这样便于统观全局，前后照应，一气改成。

三、撰写调查报告应当注意的几个问题

（1）调查报告要有针对性，必须注意它的目的性。在没有动手之前，首先要弄清撰写这个报告是为了什么，是为了反映上级的某一个决策的正确性，还是为了探索新的方针政策；是为了总结经验，还是为了吸取教训；是为了给党委“当参谋”，还是为了给下属指路子；是为了使人们看了之后受到振奋，还是为了引起人们的反思；是以个人的名义向领导汇报，还是以组织的名义向上级报告；是为了在内部传阅，还是为了见诸报刊，等等。如果对这些目的没有搞清，就糊里糊涂上阵，硬着头皮写，肯定写不好。

（2）调查报告要有新闻性，必须注意与新闻的不同点。新闻消息这种文体的主要特点，是告诉人们在什么时间、什么地点、发生了什么事情、结果怎样、有什么意义；而调查报告，不仅要写明这些内容，还要用大量事实，全面地、系统地阐述和剖析事件的发展过程，发生的原因，造成的影响，有什么经验教训，内容比新闻消息丰富。只有抓住这些不同点做文章，才能写出有力度的调查报告。

（3）调查报告要有求实性，必须注意用事实说话。用事实说话，并非把事例堆积的越多越好，而是要对调查的材料进行深刻的分析，选用能反映事物本质和规律的材料。谁对事物分析得透，对规律抓得准，谁写出的报告质量就好。

（4）调查报告要有主张性，必须注意言辞的语气。写指示、命令、决定、讲话、意见、通知等公文，提倡什么，反对什么，要怎么办，不该怎么办，多是用指令性的口语。而调查报告这种文体多是用于个人向组织报告，用于下级向上级报告，用于部门向上级报告，提倡什么，反对什么，强调什么，注意什么，多是用探讨性的语气，

很少用指令性的语气。

（5）调查报告要有翔实性，必须注意简明扼要。写调查报告不是越长越好，越全越好。应该从实际出发，该长则长，能短则短。无论写情况复杂的报告，还是写情况简单的报告，都不能片面追求大而全，长而多。就是写那些情况复杂、牵扯面广的调查报告，也要力求短，防止洋洋万言，离题千里。

范文

关于新生代农民工的调查报告

随着我国社会经济的飞速发展，大量的新生代农民工涌入城市，为城市建设、发展和方便市民生活作出了重要贡献。但同时，问题也随之产生，他们在就业、教育、维权等方面遭遇着种种不公平待遇。

新生代农民工出生在20世纪80年代，数量巨大，目前占到农民工总数的60%，大约1亿人。不同于第一代农民工，他们不再依恋农村生活，而是更加向往城市生活；他们有较好的文化基础，对工作有更高的要求；他们不再是谋求生计，而是谋求发展；他们不安于现状，而是更多地关注自身公平；他们喜欢新事物，更希望能够融入城市，真正成为城市中的一员。为了更好地了解他们的工作、生活，我们进行了细致的调查。

价值观——实现自我，充实自我

来自广西玉林的廖婉怡，把大部分工资攒下，设想过几年回到玉林开间服装店。“我出来就是想长点见识，可不想一辈子打工。”廖婉怡每次逛街都会留意街上的小店，看看有什么新鲜花样。她说：“这里比我家乡时尚得多，回家开店时好多东西可以直接照搬。”

来自湖南省怀化市洪江区的小廖，初中毕业后做过许多份工作。2007年前后，小廖考取从业资格证书。2009年通过深圳市“招调工”考试，终于结束了自己“深圳外来工”的身份，拥有了深圳市的户籍。

他们的工作经历显示出了他们对自我人生价值的定位与实践，通过确定价值观来给自己树立奋斗的目标，进而通过不断学习，充实自我来达成自己的理想——或回家创业或扎根城市。

择业观——要发展，要维权

三年前来到深圳龙岗打工的小孙，至今已经换了10多家企业，在现在的手袋厂工作不到半年时间，又准备跳槽。像小孙这样频繁跳槽的新生代农民工并非少数，对于跳槽的原因，他们给出一个类似的答案：要“饭碗”，更要有发展。

受国际金融危机的影响，湖南桃源县的童方标所在的工厂好久未能发工资，他便向老板讨薪。父亲知道后大为紧张，不停打电话来劝阻。“我不会像父辈那样逆来顺受，我会主动维护自己的合法权益。”童方标说。

当前，新生代农民工工作目的已经不限于生计，而是更多地考虑发展前途问题。同时，工作中面对切身权益保障问题，他们已经开始积极维权，不再像一代农民工那样逆来顺受，这显示出了新生代农民工维权和公平意识在不断增强。

生活观——充实多彩，拒绝单调

“唱歌、泡吧、上网、听歌、聊QQ”，这是河南的一位90后对理想的打工生活的解读。“已经慢慢习惯了很多城里人的消费方式。”19岁的何建玲说。她手机下载的是最流行的歌曲，她经常去KTV或出游，和朋友一起消费时实行AA制。

廖婉怡说：“以前在乡下没有什么娱乐，现在最喜欢和朋友一起去唱歌和逛街买衣服。”她和何建玲对工作环境的要求都是少“物质”多“精神”。他们更在意的，似乎是环境带来的心理感受。

新生代农民工对生活的要求远远高于第一代农民工，他们对精神的需求多于物质，工作之余的生活追求多姿多彩，丰富充实，他们向往城市的生活方式，并且已经慢慢适应了城市的消费方式。

通过调查发现，新生代农民工更加向往城市生活，但是城市却没有给他们享受与市民相同的权利。究其原因根本还是在于户籍制度的存在。所以，政府在今后的工作中应该着力进行户籍制度改革，放开户籍限制，最大限度地给予进城务工人员与市民平等的权利，做好他们的就业、维权和子女教育等方面的工作，使他们能够扎根城市，成为城市中的一员，更好地为城市发展和建设做出积极的贡献。

延伸阅读

调查报告和调研报告的区别

调查报告和调研报告虽然只有一字之差，但两者存在很大的不同。调研报告不同于调查，调查报告是因为发生了某件事（如案件、事故、灾情）才去做调查，然后写出报告。调研报告的写作者必须自觉以研究为目的，根据社会或工作的需要，制定出切实可行的调研计划，即将被动的适应变为有计划的、积极主动的写作实践，从明确的追求出发，经常深入到社会第一线，不断了解新情况、新问题，有意识地探索和研究，写出有价值的调研报告。

调查报告侧重调查过程，而调研报告的核心是实事求是地反映和分析客观事实。

调研报告主要包括两个部分：一是调查，二是研究。调查，应该深入实际，准确地反映客观事实，不凭主观想象，按事物的本来面目了解事物，详细地钻研材料。研究，即在掌握客观事实的基础上，认真分析，透彻地揭示事物的本质。至于对策，调研报告中可以提出一些看法，但不是主要的。因为，对策的制定是一个深入的、复杂的、综合的研究过程，调研报告提出的对策是否被采纳，能否上升到政策，应该经过政策预评估。

课后实践练习

一、选择题

1. 调查报告的结构一般包括（　　）。

A. 标题、导语、正文、结语　　B. 标题、正文

C. 开头、导语、主体、结尾　　D. 标题、正文、结语

2. 调查报告的特点是（　　）。

A. 具有明确的针对性

B. 具有法定的权威性和执行性

C. 作者广泛

D. 根据调查研究成果写成的用于揭示事物真相与规律的报告

3. 调查报告具有明显的特点，突出表现为（　　）

A. 真实性、针对性、新颖性、时效性

B. 真实性、准确性、时效性、规律性

C. 正确性、针对性、规律性、时效性

D. 真实性、自然性、规律性、时效性

4.《遵化市组织家庭规模养猪的经验值得推广》属（　　）。

A. 基本情况的调查报告　　B. 典型经验的调查报告

C. 说明情况的调查报告　　D. 研究性和预测性调查报告

二、思考题

结合教材。简述调查报告的定义、用途、特点、分类，并阐述调查报告的写作要求。

参考答案

第二章　公文写作的基础知识概述

（略）

第三章　公文写作的基本格式和行文

（略）

第四章　公文写作的语言要求与结构模式

（略）

第五章　法规性公文：以条例和规定为例

一、（略）

二、（略）

三、写作训练

滨江市历史建筑和历史文化街区保护条例

第一章　总　则

第一条　为了加强对本市历史建筑和历史文化街区的保护和管理，传承和弘扬滨江优秀历史文化，促进城乡建设与社会文化协调发展，根据《中华人民共和国城乡规划法》《历史文化名城名镇名村保护条例》等法律、法规，结合本市实际，制定本条例。

第二条　本条例适用于本市行政区域内历史建筑和历史文化街区的保护和管理。

本条例所称历史建筑，是指经市、县（市）人民政府确定公布的具有一定保护价值，能够反映历史风貌和地方特色，未公布为文物保护单位，也未登记为不可移动文物的建（构）筑物。

本条例所称历史文化街区，是指经省人民政府核定公布的保存文物特别丰富、历史建筑集中成片、能够较完整和真实地体现传统格局和历史风貌，并有一定规模的区域。

第三条　历史建筑和历史文化街区的保护和管理，应当遵循科学规划、有效保护、合理利用、规范管理的原则，维护历史建筑和历史文化街区的真实性、完整性、可持续性。

第四条　市、县（市、区）人民政府负责本行政区域内历史建筑和历史文化街区的保护管理，建立历史建筑和历史文化街区保护联动工作机制。

乡（镇）人民政府、街道办事处履行历史建筑和历史文化街区日常巡查和现场保护等职责。

…………

第二章　历史建筑的认定

第十二条　符合下列条件之一的建（构）筑物，可以认定为历史建筑：

（一）建筑样式、结构、材料、施工工艺或者工程技术具有建筑艺术特色或者科学研究价值的；

（二）反映滨江历史文化和民俗传统，具有时代特征和地域特色的；

（三）作坊、商铺、厂房、仓库、码头和桥梁等在滨江经济社会发展史上具有一定代表性或者典型性的；

（四）与重大历史事件或者著名人物有关的；

（五）其他具有历史、科学、艺术、社会价值，或者纪念、教育意义的。

第十三条　城乡规划行政主管部门应当定期组织开展历史建筑普查工作。

建（构）筑物的所有权人可以向市、县（市）城乡规划行政主管部门提出历史建筑认定申请，并根据要求，提供相关材料。

其他单位和个人发现具有保护价值，但是尚未确定为历史建筑的建（构）筑物，可以向市、县（市）城乡规划行政主管部门推荐。

…………

第三章　历史建筑和历史文化街区的保护

第一节　历史建筑的保护

第十九条　历史建筑根据其历史文化、艺术价值以及存续年份、完好程度等实行分类保护，由市城乡规划行政主管部门制定分类保护技术规范，并颁布实施：

（一）一般保护：对于构成城市历史风貌整体特色，体现地域特色的历史建筑，建筑结构损坏严重，外部细节缺失，整体保持状况较差的，采用以改善、维护为主的保护方式，保护现存的主要历史信息、地理信息与物质载体。

（二）重点保护：对于构成历史风貌整体特色，或者体现地域特色，以及具有代表性的历史建筑，建筑结构较为完整，外部装饰仍有一定遗存的，采用维修、改善的保护方式，不改变历史建筑的外部特征，调整、完善内部布局和设施。

（三）特殊保护：对于具有历史时期典型特征和特殊历史纪念意义，结构保存较为完好，外部装饰与内部空间保存较为完整的历史建筑，采用修缮的保护方式，不得改变建筑外部特征与内部布局和设施，具体包括日常保养、防护加固、现状维修、重点修复等。

第二十条　历史建筑的保护责任人按照下列规定确定：

（一）国有历史建筑，其代管人为保护责任人；没有代管人的，其使用人为保护责任人；代管人、使用人均不明确的，由市、县（市、区）人民政府指定保护责任人；

（二）非国有历史建筑，其所有权人为保护责任人。

市、县（市、区）人民政府可以与历史建筑保护责任人签订历史建筑保护协议。

…………

第五章　法律责任

第三十八条　县（市、区）人民政府，市、县（市、区）有关主管部门、乡（镇）人民政府、街道办事处有下列行为之一的，由其上级行政机关或者监察机关责令改正，对直接负责的主管人员和其他直接责任人员依法给予处分：

（一）未按照规定建立、管理历史建筑保护名录的；

（二）未按照规定设置、管理历史建筑和历史文化街区保护标志的；

（三）未按照规定采取预先保护措施的；

（四）未按照规定出具、管理历史建筑保护图则的；

（五）未按照规定采取抢险保护措施的；

（六）未按照规定制定消防安全等专项措施的；

（七）未按照规定建立历史建筑档案的；

（八）不履行监督管理职责或者发现违法行为不予查处的；

（九）有法律法规规定的其他违法行为的。

…………

第六章　附　则

第四十三条　本条例经省人民代表大会常务委员会批准后，由市人民代表大会常务委员会公布，自 2018 年 3 月 1 日起施行。

第六章　指示性公文：以通知和意见为例

一、(略)

二、(略)

三、病文修改

这篇意见主要问题体现在：

第一，既有“根据……”，又有“按照……”，还有“依据……”，让读者眼花缭乱。

第二，把“依据国家和本市有关法律规定”放在最后，明显不妥，且本市也不可能作出法律规定。

第三，语言表述顺序一般为目的在前，依据在后。而现在却是根据在前，目的在后，有点别扭。公文的开头，应当以概括的笔触切入主题，语句环环相扣、衔接紧密，形成一种吸引读者的力量。

修改稿：

“为进一步落实中央综治办关于加强公共交通安防工作电视电话会议精神，中央综治办《关于加强公共交通安保工作的若干意见》和公安部、交通运输部《关于切实加强城市公共交通安保工作的通知》，市委、市政府有关要求，固化世博安保工作机制和‘亚信峰会’安保工作成功做法，保证本市公共交通各行业日常运作安全有序和平稳健康发展，现就进一步加强本市公共交通安全防范工作提出如下实施意见：……”

四、写作训练

××分局关于召开党风廉政建设动员会的通知

各科、室、工商所：

为认真抓好我局党风廉政建设和反腐败工作，分局决定于4月27日召开全局党风廉政建设工作会议，现将有关事项通知如下：

一、会议主要内容

（一）总结分析去年党风廉政工作，安排部署今年党风廉政建设工作任务。

（二）由一名主要点导代表领导班子成员在大会上做表态发言。

（三）签订党风廉政建设责任书。

二、会议时间、地点

（一）会议时间：4月27日上午9：00至11：00。

（二）地点：分局三楼会议室。

三、参加会议人员

分局全体干部职工。

四、有关要求

（一）请参加会议人员统一着春秋装，打领带。

（二）请与会人员带好笔、本，做好会议记录。

（三）如有事不能参加，请提前向人事科请假。

××分局人事科（章）

2019年4月20日

第七章　知照性公文：以公告和通报为例

一、（略）

二、（略）

三、病文修改

1．文种使用不当。公告适用于向国内外宣布重要事项或者法定事项。改开个校门，没必要用公告，用“通告”比较合适。通告适用于公布社会各有关方面应当遵守或者周知的事项。标题可改为“关于开启滨江路校区西区南门东侧门封闭西侧门的通告”。

2．“公告”“通告”都是普发知照性文体，可以不写主送单位。“全校师生员工”可删去。

3．“因滨江路校区图书馆已经启用”，作为情况说明，可删去“因”字，直接说“滨江路校区图书馆已于×月×日启用。”

4．“为了进一步营造安静的学习环境”，“为了”可删去“了”字，更简洁。

5．标点符号使用不当。“为了进一步营造安静的学习环境，加强校园车辆管理，经学校研究决定，自2012年4月26日7：00起，开启滨江路校区西区南门东侧门、封闭西侧门，”“开启滨江路校区西区南门东侧门、”后面的顿号应改为逗号。“封闭西侧门，”后面的逗号应该改为句号。

6．“感谢全校师生员工对学校工作的理解与支持，请遵照执行并遵守学校门卫管理规定。”这句话没有提供新的信息，不说自明，没有必要说，可删去。

7．落款不规范。“开启滨江路校区西区南门东侧门，封闭西侧门”这样的事由，发文单位写“××大学”不合适，改为“××大学保卫处”为宜。

四、写作训练

关于表彰××见义勇为先进事迹的通报

各部（室）：

青年工人××到我厂以来，严格遵守公司制定的各项制度，服从领导安排，团结同志，爱岗敬业，工作认真负责，均得到线长及全体员工的好评。

2010年11月25日，××同志下班途经广州登丰北路时，看见一个歹徒抢了一位女青年的皮包后逃走。××跳下车截住歹徒并把他抓住，但被另一个随后接应的歹徒从背后扎了一刀，××大臂受伤，但紧紧抓住歹徒不放。随后闻讯赶来的几位民警和保安将两名歹徒抓获归案。

面对歹徒的恶劣行径，××同志毫无畏惧，敢于和坏人坏事做斗争。

鉴于××同志工作的积极表现及其见义勇为、乐于助人的先进事迹，经公司领导研究决定：

一、为表彰××同志先进事迹，特奖励人民币5000元。并在公司内予以通报表扬。

二、根据公司《关于公司奖惩管理办法》第二十三条，岗位突出贡献（附加分）中规定：凡做出突出事迹，被公司通报表扬或媒体表扬的，奖励人民币800元以上10000元以下。

公司号召全体员工向××同志学习，学习他的见义勇为、不图回报、乐于助人、认真负责的精神。并将这种精神化为工作动力，搞好本职工作

特此通报。

机械厂宣传部（章）

2019年8月26日

第八章　呈请性公文：以请示和报告为例

一、(略)

二、写作训练

关于丹霞山风景区列为国家重点风景名胜的请示

国务院：

丹霞山风景名胜区位于广东省韶关市境内，面积290平方千米，分丹霞山、韶石山、大石山、矮寨、锦江五个景区。距韶关市区近处10千米，远处50千米，柏油公路直达主峰景区，观光旅游的交通十分方便。

据地质考证，6500万年前丹霞山所在地是一个大湖泊，由于造山运动，形成红岩峭壁和嶙峋洞穴，构成奇异自然风景。在全世界同类地形中，以丹霞山为典型，“丹霞地貌”已成为国际地质学名词。现丹霞山景区已开发接待游人的范围为12平方千米，主要经景点有87处，山、瀑、江、湖兼备，绿化良好，兼之摩崖石刻、寺、亭台楼阁点缀其间，自然人文景观丰富。靠丹霞山南侧的韶石山景区，是历史上尧帝南巡奏乐之处，内有“三十六石”的奇景；丹霞山两侧的大石山景区，类似丹霞山的奇山异峰，有岩柱等自然景观。

在丹霞山风景名胜区附近，有“金鸡岭”“九龙是吧滩”“古佛岩”“南华寺”“马人遗址”等风景及名胜古迹。目前，粤北地区以丹霞山风景名胜区位中心形成了我省一条重要的旅游线。根据国务院《风景名胜区管理条例》，我们对丹霞山风景名胜区进行了资源调查、评价，编制了总体规划。现申请把丹霞山风景名胜区列为国家重点名胜区，请审批。

广东省人民政府

2015年3月23日

三、病文修改

1. 文种选择有误。

从标题看，这篇公文是向省行提出灾区贷款专项指标的申请，目的是获得省行的批准。从正文的主体部分看，两条措施确属报告性质，但随后出现的专项贷款请求，就不是报告应有的内容了。从结语看，“以上报告妥否，请批示”，有着很强的期复性。综合起来看，这篇公文应该写成请示。

2. 内容偏离中心话题。

原文提出的两条措施：“对恢复生产所需的资金，以自筹为主”；“对受灾严重的困难户，优先适当贷款”，既不是请示缘由，也不是请示事项，不应该写入文中。

3. 语言瑕疵较多。

如“×江两岸乡、村同时发生洪水”，×江两岸所有村庄都遭受洪灾似不可能，说洪水是在这些乡村“发生”的更是荒唐。“据初步不完全统计”，“初步”和“不完全”语意重复。

第九章　指挥性公文：以决定和命令为例

一、（略）

二、病文修改

修改思路：

第一点：重点向李春芳学习什么。

第二点：要不要定一个月为“学习活动月”＋谁具体负责抓宣传、教育＋安排学习时间＋学习的做法。

第三点：通过学习，制定什么计划，开展什么活动促生产。

第四点：召开学习、总结大会，表彰学习成绩突出的车间、班组。

第五点：提出希望。

参考答案：

关于开展学习李春芳同志活动的决定

各党支部，各车间、班组：

我厂装配车间职工李春芳在8月15日的特大洪水灾害中，为抢救国家财产不幸身亡。我厂失去了一位好职工，祖国失去了一位好女儿。为了以实际行动纪念李春芳同志，促进我厂“两个文明”的建设，厂党委、厂委会决定在全厂范围内开展学习李春芳同志的活动。现就有关开展学习活动的事项决定如下：

一、认真学习李春芳同志公而忘私、乐于奉献、奋勇保护国家财产的高尚品德，以及爱祖国爱人民、不怕牺牲的革命精神。

二、今年9月份为“学习李春芳同志活动月”。宣传科和工会，负责将李春芳同志的事迹编成小册子、墙报，广泛宣传。

三、各党支部、各车间、班组要结合实际开展学习活动。通过学习，各车间、班组需制定10月至12月的生产计划，开展比、学、赶、帮活动，促进生产上一个新台阶。

四、厂党委、厂委会将在适当时候召开学习李春芳同志总结大会，对在学习李春芳同志活动中涌现出来的先进集体和个人予以表彰。

厂党委、厂委会号召全厂党员、职工努力工作，创造更好的成绩，为改革开放事业作出更大的贡献。

××厂党委（章）　××厂委员会（章）

××××年×月×日

第十章　记录性公文：以会议记录和纪要为例

一、（略）

二、（略）

三、病文修改

评析：这篇会议记录不合规范，存在的“病症”较多，主要有以下几点：

首先，标题“××学院2008年第二次会议记录”，只标示出会议的组织者，次数及会议记录名称，但未突出会议的性质和内容，显然失当。并且，在标题中也没有必要标明年代，不然，就与下文重复。根据正文所述内容，标题可写为“××学院第二次办公会议记录”，既明确又具体，合乎规范。

其次，会议的基本组织情况部分，至少存在三方面问题：一是时间、地点有失详细，具体。2008年10月7日，究竟是上午，中午，还是晚上？几时召开的。“××学院三楼”究竟是哪个房间（会议室），而且，“××学院”与标题显然重复，应予以删掉。因此，对于时间和地点，应特别注意要更明确、具体，不能含糊。二是出席人、主持人、记录人的身份不够清楚。例如“主持人魏××”，魏××是何种职务？他有什么资格主持会议？令人生疑。对此，均应在各自姓名之后用括号标明身份，以求规范。三是缺席人一项。除未标明身份外，也未交代其缺席的缘由，有失妥当。因此，应在姓名之后用括号注明（如外出开会等）。

再次，记录内容不够完整，格式项目不够齐全。这篇会议记录的正文，总共包括两大部分：一是报告，二是讨论。这两部分内容是会议记录的重点“工程”，除一些小型会议外，一般不能缺漏。但是，仅有这些内容是不够的，还应写明“议决结果”，它是会议记录重点的重点，决不能漏。这篇会议记录最后决议结果如何，只字未提，令人惑然。因此，应将会议决议列为第三部分，准确、具体地做出记录。此外，这篇会议记录的格式也不够规范。主要表现为“有头无尾”，在正文部分结束后，没有主持人，记录人的签名，显失规范，应予补正。

这篇会议记录，各类要素交代不清，内容项目缺漏，是不符合写作格式的记录。

第十一章　商洽性公文：以函为例

一、（略）

二、（略）

三、病文修改

修改稿：

关于请求解决进修教师住宿问题的函

××大学教务处：

我校开办不久，师资力量不足，决定派××位年轻教师到贵校旁听进修一年。经我校与贵校有关部门协商，贵校同意我校派员进修，但××位教师进修住宿问题，较难得到解决。今特函恳请贵处设法在贵校帮助解决住宿问题。

过去贵校为我校办学提供了很大的帮助，这次我校进修教师的住宿问题，又给贵校增添了麻烦。敝校谨再致以深深的感谢。有关进修教师的住宿的解决情况，恳请函复为盼。

××市公关学校（章）

2019 年 12 月 10 日

四、写作训练题

邀请函

深圳市人民政府：

我市人民政府拟于 12 月份举办招商商洽谈会，特邀请贵市前来参加，一同商洽招商会事项，地点在××市人民政府会议大厅，恳请贵市前来参加，静候回复。

××市人民政府（章）

20××年××月××日

第十二章　领导讲话稿

病文修改：

这是一篇政府领导应邀参加某国有企业主办的新商城项目推介会致辞，初稿以《领导致辞》为题，除去开头的称呼、问候与最后的祝语，正文部分共有 4 段，共 677

字，由主办方提供。根据工作安排，推介会届时将在义乌商城宾馆举办。

初览致辞初稿，4段正文部分存在明显不足：第一部分，入题突兀，开篇语气定调儿过高，有骄傲自满之嫌，不适合作为政府领导项目推介会致辞的开头；第二部分，笔者想展示的是地方的区情与特色，但视野不够开阔，表述层次不够清晰；第三部分，笔者想展示的是新商城项目的定位与意义，但表述用语过粗，不够精准；第四部分，笔者对未来提出希望，用语比较朴实，但没有贴合听众的需求与感受。

致辞是具有一定身份的人在重大节日、重要活动、特定场所发表的一种礼仪性讲话，意清、气顺、文短、礼足是其主要特点。文贵立意，致辞也不例外，“意清”是致辞的首要要求。按照“3W”原则：“Why——为什么要讲？Who——向谁讲？What——讲什么？”这份致辞的“意”应定位为“展示发展——感召客商——投资家乡”。从结构上看，可结合推介会举办地义乌的特色切入，开篇亮明身份。全文可分五个层次进行布局：一是借势入题，亮明身份表谢意；二是介绍区情，三言两语展态势；三是层层推进，突出重点强推介；四是立足双赢，寄语未来话期许；五是一言收口，美好祝愿伴明天。

标题部分，由“领导致辞”调整为“在2015新商城项目推介会上的致辞”。在标题下方，横向居中，分两行，分别写领导姓名、致辞日期。

正文部分，第一段的称呼，由“各位来宾，女士们，先生们”调整为“尊敬的各位嘉宾、各位乡贤，女士们、先生们”，顶格对齐。第二段的问候语，由“下午好！”调整为“大家下午好！”第三段的入题语调整为“义乌是全球最大的小商品集散中心，这里是商品的海洋、购物的天堂、创业的沃土。改革开放以来，数以万计的台州人走进义乌，开创了自己事业的新天地。今天，我非常高兴能够与大家一起出席2015新商城项目推介会。首先，我代表×××向各位嘉宾、各位乡贤表示热烈的欢迎和衷心的感谢！”第四段通过几个关键数据的比较，用排比的手法，三言两语向义乌客商展示区域发展态势，为后续项目推介、招商做好铺垫。第五段，从面到点，从大到小，层层推进，突出重点介绍项目的意义、定位与概况。第六段，立足双赢，寄语未来，提出希望：“我真诚地希望，各位能够抽空去新商城走一走，看一看。我相信，大家一定能够抓住机遇，抢占市场，创造新的财富！我相信，我们的明天一定会更加美好！”第七段，“祝新商城项目推介会取得圆满成功，祝各位来宾生意兴隆、万事如意！”用一句话结尾，表达对推介会和与会客商的美好祝愿。

修改稿：

在2015新商城项目推介会上的致辞

×××

（2015年×月×日）

尊敬的各位嘉宾、各位乡贤，女士们、先生们：

大家下午好！

义乌是全球最大的小商品集散中心，这里是商品的海洋、购物的天堂、创业的沃土。改革开放以来，数以万计的台州人走进义乌，开创了自己事业的新天地。今天，我非常高兴能够与大家一起出席2015新商城项目推介会。首先，我代表×××向各位嘉宾、各位乡贤表示热烈的欢迎和衷心的感谢！

×××是台州市三大主城区之一。1994年建区，至今已经有20多年的历史。20年来，××建城区面积从原来的3.5平方千米扩展到现在的43平方千米，扩大了11倍；20年来，×××的年度财政总收入从原来的1.62亿元提高到现在的60亿元，增长了36倍；20年来，×××用台州3%的土地、7%的人口、创造了台州14%的财富。

近年来，×××致力打造现代商贸城和现代汽车城。今天向各位推介的新商城项目是××新城区建设和市场商贸业转型升级的龙头项目，项目投资方为×××公司。该公司是×××政府直属的全资国有企业，旗下单体市场年成交额超百亿元，有着丰富的现代市场运营与管理经验。新商城是一个集商品展示、休闲购物、商务办公、物流配送等多种功能于一体的现代城市商业综合体，项目总用地228亩，建筑总体量50万平方米。与传统专业市场相比，新商城将会实现“三个同步”：一是购物体验与订单消费同步；二是线上交易与线下交易同步；三是商品批发与精品零售同步。

各位嘉宾、各位乡贤，女士们、先生们！

新商城是温台地区千万人休闲购物的中心，是浙江现代市场旺铺的窗口，更是各类商品展销的理想之选。我真诚地希望，各位能够抽空去新商城走一走，看一看。我相信，大家一定能够抓住机遇，抢占市场，创造新的财富！我相信，我们的明天一定会更加美好！

最后，祝新商城项目推介会取得圆满成功，祝各位来宾生意兴隆、万事如意！

第十三章　工作总结

病文修改：

综观全文，从“加强领导”“加强宣传教育”“推行政务阳光透明”“政务公开内容全面、符合要求”“政务公开及时、准确”“目前存在问题和不足”等六个方面对××市代建局全年的政务公开工作进行了总结。大体上看，该总结写出了该局在政务公开方面所做的种种努力，较为具体切实，有值得肯定之处，但深入分析不难发现，仍然存在着内容安排不尽合理，语言文字不尽准确、规范等问题。

1. 内容安排不尽合理

原文第一点的第二小点是“建立健全各项制度”，按照题文一致的写作原则，此处应扼要交代政务公开的各项制度都有哪些，但原文却语焉不详，一笔带过。结合下文来看，应加上相应制度名称为宜。后面先后提到了预先审查和预先公开制度、责任考评制度、政务公开责任追究制度、监督评议制度、电子政务公开制度等，显然都属于制度范畴，皆应置于此处，后面相应地方再稍做展开阐述即可。

原文第二点顺序欠妥。从内容的重要性而言，原文第一点最重要，放在开头来说没有问题，但接下来应该说如何推进政务公开的，这是总结的核心内容，但原文却将其放在第三点来说，似乎欠妥。原文将“加强宣传教育”放在第二点，虽然有“提高认识”的意味，但结合全文来看，如果把“加强宣传教育”放在第三点来说，并变为“加强宣传引导，营造政务公开的良好氛围”这一分旨，似乎更为妥当。或者，将这一部分内容纳入第一点“加强领导”之中，作为引领性的内容。

原文第四、第五点，显得单薄，不够厚重，和其他几点不在一个维度上。从结构布局的角度来审视，也有结构失衡之感。并列欠妥，应根据情况加以调整。从内容上来看，似乎可以归并到第二点和第一点中。

2. 分旨提炼欠准确

原文第一点的小标题“加强领导，完善政务信息公开机制”，似乎可以。但对照下文不难发现，主要说的是建立健全的事情，用“建立健全……”更为准确。另外，原文第五点第二句话实际上说的也是机制方面的问题，放在这里更合适一些。再者，为保证行文的一致性，宜将标题中的“政务信息公开”统一为“政务公开”。原文第二点的改法如前所述。原文第三点“推行政务阳光透明，提升公开实效”也有点儿泛泛，结合文中内容来看，可以考虑改为“推进‘四个公开’，提升政务公开实效”，更有针对性，也更加具体明确。原文第四、第五点则宜取消单列，与其他内容做合并处理。

3. 用语不够严密、到位

引言第一句话“市代建局政务公开工作在市政府办的正确领导下”中的“政务公开工作”多余，应删去，否则，后面的“坚持以……”的承前省略就会出现主谓不搭配的问题。引言最后一句话“……报告如下”应改为“……总结如下”。

原文第一点中的“为使政务公开工作不流于形式，不走过场”一句，目标定位有点儿低，未能准确反映“建立政务公开长效机制”的意图，可考虑改为“为使政务公开工作更加规范、有序、高效”。另外，根据《标点符号用法》（GB/T15834—2011）

的规定，原文第一点的几个书名号之间不应加顿号。

原文最后一点第一句话“……但我们认为仍然存在许多不足之处”中的“我们认为”多余，可考虑删除；“许多”在程度上有点儿重，可考虑改为“一些”。

此外，还有一些个别字词及标点符号使用不当的问题，此不赘述，详见改后文。

修改稿：

2016 年度政务公开工作总结

2016 年，在市政府办的正确领导下，市代建局坚持以党的十八大和十八届三中、四中、五中、六中全会精神……现将我局 2016 年政务公开工作情况总结如下。

一、加强组织领导，建立健全政务公开的体制机制

为使政务公开工作更加规范、有序、高效，我局着眼于建立政务公开长效机制，推进政务公开工作常态化、制度化。一是成立了政务公开领导小组。由书记×××、局长×××任组长，副局长×××、××任副组长，各科室负责人为成员，领导小组下设办公室，由局综合科负责日常工作。二是建立健全各项制度。通过编制《××市代建局政府信息公开目录》《××市代建局政府信息公开实施方案》《××市代建局政府信息公开指南》等一系列公文，明确政务公开的内容、形式和制度，做到有章可循。目前已建立了预先审查和预先公开制度、责任考评制度、责任追究制度、监督评议制度、电子政务公开制度等。三是建立健全政务公开审查程序。对公开的政务信息要由科室负责人、主管领导严格把关，保证符合国家法律政策规定，保证公开内容真实有效。

二、推进“四个公开”，提升政务公开实效

一是加快推进决策公开。建立健全行政决策法定程序，确定不能公开的要及时做好解释说明工作。以预先审查和预先公开制度为依据，把能否公开、怎样公开、在什么范围公开等作为必须审核内容；对不能公开的事项说明理由，准确把握公开的内容、范围、形式、程序、时限等。以责任考评制度为依据，实行重大事项决策征询制、执行监督制和结果通报制，推动了政务信息公开工作制度化规范化发展。二是加快推进执行公开……三是加快推进服务公开……四是深入推进结果公开。主动公开重大项目的决策，重要政策的落实，推进“十三五”规划、工作报告、政府决定事项落实情况等。公开一段时间后进行跟踪调查，调查落实情况以及所达到的效果，确保实实在在让人民受益。同时，以电子政务公开制度、监督评议制度等为抓手，要求政务信息在最短的时间内予以公开，明确规定了各科室每月上报政务信息的时限和数量，确保了网上政务信息的及时更新和充实，并自觉接受社会各界的监督，主动听取群众意见和建议，不断改进工作质量，提高办事效率。

三、加强宣传引导，营造政务公开的良好氛围

一是多次组织全体干部、职工学习政务公开的有关规定，明确把此项工作作为全局加强作风建设的一项重要内容来抓，并要求全局各科室、各个工作人员要把此项工作作为本科室的一项基本工作抓紧、抓实。二是积极协助配合办公室，及时上报公开内容，把政务信息公开工作上升到全面加强机关作风建设的高度上认识，全面完成各项任务。三是对照上级关于政务公开检查的内容对公开的文章进行了认真的审核，适时公布了网上服务、查询、举报、信访等全面的联系方式，实现了为民服务、信访举报、反映问题和咨询的功能。

四、目前存在问题和不足

虽然我局在政务公开上做了一些工作，政务公开执行情况有了较大改善，但仍然存在一些不足之处，主要表现在：一是因人员编制少，无专人专职负责政务公开工作，如遇中心工作，往往导致有的事项未能及时公开。二是……

在今后的工作中，我们要继续积极贯彻落实上级有关公文精神，做好本单位政务信息公开工作，不断完善栏目设置，丰富信息内容。争取建成本单位自己的网站，为推进政务信息公开作出不懈的努力。

第十四章　调查报告

（略）

参考文献

［1］仇润喜. 牍海笔踪：中国古代书信精品48篇解［M］. 天津：天津社会科学院出版社，2015.

［2］谢亦森. 大手笔是怎样炼成的修炼篇［M］. 武汉：长江文艺出版社，2016.

［3］刘伟伟. 公文写作中最常见的100个错误［M］. 北京：中国人民大学出版社，2015.

［4］黄春霞. 公文写作与范例大全［M］. 北京：中国言实出版社，2017.

［5］胡森林. 公文高手的修炼之道［M］. 北京：中国邮电出版社，2018.

［6］何新国. 机关文字工作五十讲［M］. 杭州：浙江大学出版社，2013.

［7］张廷玉. 明史［M］. 北京：中华书局，1974.

［8］刘勰. 文心雕龙［M］. 北京：人民文学出版社，1958.

［9］李渔. 闲情偶寄［M］. 杭州：浙江古籍出版社，1985.

［10］傅西路. 中华秘书全书［M］. 北京：人民日报出版社，2006.

［11］翁勇青，连念，林秀莲. 中国古代公书品析［M］. 厦门：厦门大学出版社，2013.

［12］岳海翔. 中国党政机关公文写作与处理答疑解惑指导全书［M］. 杭州：浙江人民出版社，2016.

［13］叶圣陶. 叶圣陶教育文集［M］. 北京：人民教育出版社，1994.

［14］唐彪. 家塾教学法［M］. 上海：华东师范大学出版社，1992.

［15］毛泽东. 毛泽东选集［M］. 北京：人民出版社，1964.

［16］范晔. 后汉书［M］. 北京：中华书局，1965.

［17］王弼，韩康佰，注. 周易正义［M］. 孔颖达，疏. 北京：中华书局，1980.

［18］高明. 帛书老子校注［M］. 北京：中华书局，1996.

［19］鲁迅. 鲁迅全集（编年版）［M］. 北京：人民文学出版社，2013.

［20］郭绍虞. 中国历史文论选［M］. 上海：上海古籍出版社，1979.

［21］曾国藩. 曾国藩日记［M］. 长沙：岳麓书社，2015.

［22］孔安国，传，孔颖达，等正义．尚书正义［M］．上海：上海古籍出版社，1990.
［23］左丘明，杜预，注．春秋左传集解［M］．上海：上海古籍出版社，2016.
［24］吕东升．学习与研究文集［M］．武汉：湖北人民出版社，2012.
［25］庄子．庄子集释［M］．北京：中华书局，2016.
［26］董仲舒．春秋繁露［M］．上海：上海古籍出版社，1989.
［27］韩愈．韩昌黎文集校注［M］．上海：上海古籍出版社，1986.
［28］李荫臣．公文写作基本功（二）［J］．秘书，1997（6）：3.
［29］眭达明．古代公文写作趣闻杂谈［J］．秘书，2004（10）：2.
［30］樊鸿武．领导讲话写作实用问答（二）［J］．应用写作，2000（6）：2.
［31］王立安．如何写出高质量的领导讲话稿［J］．应用写作，2007（10）：2.
［32］王竹洁．把握材料写好工作总结［J］．应用写作，2007（12）：2.
［33］梁巧丽．简论我国古代的公文保密制度［J］．淮北煤炭师范学院学报（哲学社会科学版），2008（2）：187－188.
［34］汪辉．领导讲话稿写作的“黄金法则”［J］．应用写作，2009（3）：20－21.
［35］鞠文博．调查报告的写作技巧［J］．秘书之友，2010（10）：28－30.
［36］刘会芹．公告的使用条件及写作要点［J］．应用写作，2010（12）：3.
［37］姜英伟．论请示写作的古今中外法［J］．应用写作，2012（1）：3.
［38］隋福军．如何让工作总结写作富有新意［J］．应用写作，2012（4）：3.
［39］魏勇．怎样写会议记录［J］．应用写作，2012（6）：3.
［40］李江玲．撰写工作总结：寻常之处见不同［J］．应用写作，2012（12）：3.
［41］张清湘，邵杰．调查报告的写作思路辨析［J］．应用写作，2014（2）：24－25.
［42］党路源．关于函的写作要点的探讨［J］．长安学刊（哲学社会科学版），2015（5）：2.
［43］岳海翔．通知写作的几个问题［J］．新闻与写作，2016（4）：3.
［44］许根来．从六个角度写好通知缘由［J］．秘书之友，2016（7）：5.
［45］邢修桂．如何“当好”讲话稿中的领导［J］．秘书之友，2016（8）：3；
［46］卢新宁．让新闻现场激荡历史回声［J］．新闻战线，2017（5）：2－5；
［47］杨红星，黄蓉蓉．会议邀请函写作中礼貌原则的运用［J］．秘书之友，2017（10）：3.
［48］徐拥军．古代公文保密工作的特点［J］．人民论坛，2021（29）：3.
［49］周森甲．《尚书》——我国早期公文写作的总结［J］．湘潭大学学报（哲学社会科学版）1998（4）：125－128.
［50］周森甲．中国现代公文写作原理与方法（增订版）［M］．西安出版社，2006.

编后记

离离暑云散，袅袅凉风起。

编校完这本小书，已届九月，疫情与暑气渐收，凉爽的秋天就在眼前，静寂的校园又恢复往日的喧闹，我的心情也为之舒张，手持清茶一盏，眺望远处的秀山，思绪又回到了往昔。

说实话，和“公文写作”结缘，谈不上“乍见之欢”，但时间一长竟也生出了“久处不厌”的情感。“公文写作”重应用重规范，它既不像文学史的课形象生动，也不像文学写作课可以自由的驰骋才思，所以刚开始接受这样的任务，我的内心是有点不情愿的，但是既然答应了，我下定决心还是要把这门课上好。事实上，在这过去的五年里，因为“公文写作”让我受益良多，它不仅让我拓展了新领域，学习了新知识，也让我的应用写作能力和教学能力得到显著提升。

在实际教学过程中，我发现市面上虽然有不少相关教材，但有的教材内容有些陈旧，有的教材过于严谨缺少趣味性，有的教材理论知识过多而实践部分太少。渐渐地，我萌生了一个想法，我想编一本既注重理论讲授又注重实践应用、既内容丰富又不失生动有趣、既继承公文经典理论又联系当下社会热点的教材。这本小书，就是按照自己当初的想法，五易其稿，终于完成了。可以肯定地说，她还不够成熟，不敢妄议水平，但编写态度确实是认真的、用心的。

这本小书的出版得到了湘潭大学文学与新闻学院经费资助。感谢雷磊院长给予了大力的支持，感谢宋德发副院长的热心牵线和推荐，这本小书才有出版的可能。此外，我还要感谢秦凡森同学帮忙设计本书的封面，感谢我的研究生张晓雪、谢香梅、朱文静、李雨薇帮我核对部分引文。

佛教缘起（Pratitya－samutpada）理论认为，每一事物的存在都是依赖于事物彼此间的存在而存在，孤立的事物是不存在的。教材编写也是如此。从表面上看是个体行为，但实际上是集体智慧的结晶。本书从选题、构思到写作、修改，每一环节都参考或吸收了他人的成果，不敢有贪天之功为已有的做法，凡引用他人成果之处，尽可能在书中注明。当然，难免也有个别之处参考或引用有遗漏未能注明，敬请各位专家、同仁、读者批评指正！

谷文彬

2022年9月3日